Uma revolução
na produtividade

R454　Uma revolução na produtividade : a gestão lucrativa dos postos de trabalho / Junico Antunes ... [et al.]. – Porto Alegre : Bookman, 2013.
xiv, 194 p. : il. ; 25 cm.

ISBN 978-85-65837-87-3

1. Administração. 2. Gestão da produção – Postos de trabalho. I. Antunes, Junico.

CDU 658.5

Catalogação na publicação: Ana Paula M. Magnus – CRB 10/2052

junico antunes
altair flamarion klippel
andré seidel
marcelo klippel

Uma revolução na produtividade
A GESTÃO LUCRATIVA DOS
POSTOS DE TRABALHO

2013

© Bookman Companhia Editora, 2013

Gerente editorial – CESA: *Arysinha Jacques Affonso*

Colaboraram nesta edição:

Capa: *Márcio Monticelli*

Imagem da capa: ©*iStockphoto.com / gerenme, 2011: Gear Wheel*

Preparação de originais: *Maria Eduarda Fett Tabajara*

Leitura final: *Ronald Saraiva de Menezes*

Projeto gráfico e editoração: *Techbooks*

Reservados todos os direitos de publicação à
BOOKMAN EDITORA LTDA., uma empresa do GRUPO A EDUCAÇÃO S.A.
Av. Jerônimo de Ornelas, 670 – Santana
90040-340 – Porto Alegre – RS
Fone: (51) 3027-7000   Fax: (51) 3027-7070

É proibida a duplicação ou reprodução deste volume, no todo ou em parte, sob quaisquer formas ou por quaisquer meios (eletrônico, mecânico, gravação, fotocópia, distribuição na Web e outros), sem permissão expressa da Editora.

Unidade São Paulo
Av. Embaixador Macedo Soares, 10.735 – Pavilhão 5 – Cond. Espace Center
Vila Anastácio – 05095-035 – São Paulo – SP
Fone: (11) 3665-1100   Fax: (11) 3667-1333

SAC 0800 703-3444 – www.grupoa.com.br

IMPRESSO NO BRASIL
PRINTED IN BRAZIL
Impresso sob demanda na Meta Brasil a pedido de Grupo A Educação.

Autores

José Antonio Valle Antunes Júnior (Junico Antunes) é natural de Rosário do Sul (RS), próximo à fronteira com o Uruguai. É graduado em engenharia mecânica pela UFRGS, especialista em engenharia de manutenção pela Petroquisa, especialista em engenharia mecânica pela UFSC, mestre em engenharia de produção pela UFSC e doutor em administração pela UFRGS. Há mais de 25 anos trabalha em universidades brasileiras exercendo atividades acadêmicas e de pesquisa ligadas à engenharia e à administração. Atualmente é professor do mestrado e do doutorado em administração e do mestrado em engenharia de produção e sistemas da Unisinos. Tem uma história de vida ligada à prática e à consultoria em engenharia de produção, atuando em um diversas empresas gaúchas e brasileiras com a Produttare Consultores Associados, da qual é diretor. É autor do livro *Sistemas de Produção: Conceitos e Práticas para Projeto e Gestão da Produção Enxuta*, publicado pela Bookman em 2008.

Altair Flamarion Klippel, gaúcho de Porto Alegre, graduou-se em engenharia de minas em 1970, com mestrado e doutorado em engenharia no final da década de 1990, todos realizados na UFRGS. Dedicou sua vida profissional à engenharia de minas. A partir dos anos 1990, depois de ter contato com os conceitos de engenharia de produção, mais especificamente com os conceitos do STP, passou a exercer sua atividade profissional buscando reunir estes dois ramos da engenharia, atuando, também, com consultoria e implementação de melhorias em empresas de diversos segmentos industriais além da mineração. É professor de cursos de extensão universitária e cursos *in company* e sócio-consultor da Produttare Consultores Associados.

André Seidel é gaúcho de Santa Cruz do Sul. Graduou-se em engenharia mecânica pela UFRGS. No início da década de 1990, ainda estudante, começou carreira em uma indústria da cadeia automotiva, onde vivenciou as transformações do mercado automobilístico. Trabalhou intensamente em troca rápida de ferramentas e desenvolveu um programa amplo de gestão dos tempos de *setup*, adquirindo vasta experiência em controles de chão de fábrica e melhorias no processo produtivo. Atuou como gerente de produção e produto em indústrias dos ramos automobilístico, de alimentos e aeronáutico. É especialista em administração da produção pela UFRGS e mestre em administração de empresas pela Unisinos. É sócio-consultor da Produttare Consultores Associados e leciona em cursos de graduação e pós graduação, sendo o coordenador do curso de engenharia de produção do Unilasalle-Canoas.

Marcelo Klippel é natural de Porto Alegre e hoje reside na cidade de Criciúma/SC. É graduado em administração de empresas pela PUCRS. Em 1998, começou suas atividades na Produttare Consultores Associados, inicialmente como estagiário e posteriormente como consultor especialista em engenharia e gestão da produção e sistemas de programação e controle da produção e dos materiais. Exerceu atividades de assessoria e capacitação nas principais empresas do Rio Grande do Sul, incluindo diversas organizações nacionais e multinacionais com unidades fabris também no centro do país. Em 2005 concluiu o mestrado em administração de empresas na Unisinos. Foi professor das disciplinas de PCP, sistemas produtivos, fundamentos de logística e pesquisa operacional em cursos superiores de administração, logística e gestão ambiental. Publicou em periódicos e congressos nacionais e internacionais, além de ser co-autor do livro *Sistemas de Produção: Conceitos e Práticas para Projeto e Gestão da Produção Enxuta* (Editora Bookman, 2008). Além de sócio e consultor da Produttare, atua como diretor industrial de sua própria empresa.

Colaboradores

Ariel Peixoto Possebon fez o curso de administração de empresas na Unopar e é mestrando em engenharia de produção e sistemas na Unisinos. É especialista em planejamento, programação e controle da produção e materiais (PPCPM) e em produção enxuta, e sócio-consultor da Produttare.

Cristiano Valer é mestre em engenharia de produção e sistemas pela Unisinos. Tem MBA em gerenciamento de projetos pela Fundação Getúlio Vargas e especialização em informática com ênfase em banco de dados na Ulbra. Graduado em ciência da computação também pela Ulbra, é consultor em sistemas de informação para o ambiente fabril com experiência de mais de 10 anos na área.

Ronaldo Merlo Barreto é mestre em engenharia de produção e sistemas pela Unisinos. Engenheiro químico pela Universidade de Caxias do Sul, é professor de graduação em administração e sistemas de produção. Tem experiência em implementação de sistemas de produção, com atuação em empresas de grande porte do ramo de autopeças e implementos rodoviários.

Apresentação

O conteúdo desta obra me faz lembrar uma conversa com um antigo professor da Escola de Engenharia da Universidade Federal do Rio Grande do Sul quando compartilhávamos ideias e pensamentos sobre os desafios impostos aos gestores de empresas, como os problemas e dificuldades em competir em um mercado global, de grande diversidade cultural, exigente e ansioso por inovações e personalização. Discutíamos as incontáveis técnicas e ferramentas disponíveis para manter bons clientes e conquistar novos, e refletíamos sobre as novas formas de atrair, reter, gerenciar e estimular as diversas gerações de profissionais na busca de resultados sustentáveis e duradouros. Após um bom tempo de conversa o professor refletiu por alguns instantes e disse: "meu filho, você, sua equipe e a organização somente serão capazes de obter resultados superiores quando conseguirem elevar a educação média dos funcionários que trabalham para gerar os resultados". Despediu-se e seguiu seu caminho.

Tal afirmação me fez pensar em como aplicar este conceito nas organizações e nos ambientes onde atuo e quem seria o agente de mudança capaz de realizar tal desafio. Sem dúvida, cabe à gestão o papel fundamental de elevar a educação nas organizações, sejam elas governamentais ou privadas, com cunho social ou não.

Os capítulos da presente obra apresentam aos gestores – e aos profissionais em geral – caminhos, alternativas e aplicações práticas para elevar o nível de educação e conhecimento dos indivíduos que compõem as organizações que desejam ter destaque e obter resultados em um ambiente adverso, embora cercado por infinitas oportunidades.

As próximas páginas garantem fonte de conhecimento aos gestores e profissionais que continuamente procuram melhorar práticas e padrões de trabalho e insistentemente mantêm esforços para disseminar e fixar este conhecimento. Com métodos concretos que organizam as pessoas para melhorar continuamente seus processos de trabalho, alcançam repercussões positivas no aprendizado individual e organizacional, bem como em melhores produtos, processos e serviços.

Agradeço imensamente aos autores do livro *Uma Revolução na Produtividade – a Gestão Lucrativa dos Postos de Trabalho* que me honraram com o convite para fazer esta apresentação. Após a leitura posso afirmar que a obra se tornará uma referência para as boas práticas na gestão de organizações. E será também um utilíssimo recurso educativo para apoiar as empresas que necessitam atender as crescentes demandas da sociedade global por produtos e serviços diferenciados, os quais devem estar disponíveis para aquisição a qualquer momento e local, seja físico ou virtual, por um preço justo e com qualidade excepcionalmente surpreendente.

Como mencionei no começo da apresentação, resultados superiores no processo industrial estão intimamente associados à questão educacional. Este livro está plenamente alinhado com essa visão.

Sandro A. Trentin
Diretor de Operações, Keko Acessórios S.A.

Prefácio

A leitura atenta da obra de Taiichi Ohno constitui fonte inesgotável de aprendizado em engenharia de negócios, de forma ampla, e em engenharia de produção de modo particular. Um dos extratos pouco compreendidos de sua obra encontra-se no livro clássico *Sistema Toyota de Produção: Além da Produção em Larga Escala*. Nele, Ohno expõe de forma simples e direta o que denomina de 'engenharia de produção geradora de lucro'. Ali, a boa teoria e prática da engenharia de produção estão associadas com a compreensão de um diversificado conjunto de disciplinas, entre as quais se destacam engenharia, economia e administração.

Há uma diferença entre a engenharia de produção tradicional, aqui uma referência direta ao modelo taylorista/fordista clássico e seus desdobramentos, e a engenharia de produção ao estilo Toyota (*moreku* – engenharia de produção geradora de lucro). Segundo Ohno, a engenharia de produção só tem sentido se resultar em redução de custos e aumento de lucro. Este é precisamente o sentido da engenharia de produção *moreku*. As soluções técnicas e de gestão no âmbito da engenharia de produção necessitam estar, por assim dizer, subordinadas a uma ótica mais ampla com foco nos aspectos econômicos associadas ao problema, o que poderíamos, talvez, denominar de microeconomia da firma. Este é um dos pontos centrais deste livro que ora chega ao mercado.

Outro aprendizado que resultou dos ricos e inestimáveis diálogos com o imprescindível 'professor' José Bautista Vidal, responsável pela concepção e implantação do Programa Nacional do Álcool, projeto tecnológico e de negócios genuinamente construído no Brasil. Seus ensinamentos foram muitos, e um deles tem particular importância no contexto deste livro. Trata-se do conceito de tecnologia, aqui refletido a partir de uma perspectiva autônoma. Segundo Bautista Vidal, tecnologia (autônoma) implica em utilizar em todos os projetos uma lógica de maximização dos recursos abundantes, porque são proporcionalmente mais baratos, e a minimização da utilização dos recursos escassos, porque são proporcionalmente mais onerosos. Este é o segundo aspecto que serve como pressuposto para justificar a concepção e o lançamento de *A Revolução da Produtividade: a Gestão Lucrativa do Posto de Trabalho*.

Tratemos agora de tecer alguns comentários sobre o livro. Segundo Ohno um dos pontos centrais do Sistema Toyota de Produção é a busca sistemática da chamada força minimizada de trabalho, ou seja, produzir com o menor número de pessoas possível para uma dada demanda. Por que este conceito é tão central para explicar o STP, na obra de Taiichi Ohno? Ocorre que ao analisar os fatores de produção, e em particular os custos do capital e do trabalho, é possível observar no contexto econômico do Japão que os custos da mão de obra/hora na indústria metalmecânica são mais de oito vezes superiores ao custo da depreciação/hora. Ou seja, o fator de produção escasso no Japão, tanto à época da construção do STP com Shigeo Shingo e Taiichi Ohno, como agora, são os trabalhadores. Ora, diria Bautista Vidal, se o fator abundante é o capital, em particular as máquinas, e o fator escasso se localiza nas pessoas, qual seria a regra básica de projeto subjacente ao Sistema Toyota de Produção em sua aplicação no Japão? A minimização da utilização das pessoas; vale dizer, a força minimizada de trabalho. Sendo assim, pode-se ter nas fábricas da Toyota uma superabundância de máquinas (supercapacidade de máquinas), que permitem a flexibilização da produção. De outra parte, todos os esforços de gestão do STP são praticados no sentido de obter a força minimizada de trabalho. Isso significa por em prática um dos aspectos do problema de projetar sistemas produtivos eficazes da engenharia de produção lucrativa (*moreku*), preconizada por Taiichi Ohno para a realidade japonesa. E, no caso do Brasil, cabe a pergunta: deveríamos seguir acriticamente essa lógica priorizando a adoção de indicadores que propiciem uma tomada de decisão de projeto e de operação com foco na força minimizada de trabalho?

A resposta está na economia, ou seja, nos custos dos fatores de produção em um dado contexto/ambiente histórico. Nas empresas brasileiras, de forma geral, os custos da mão de obra/hora e da depreciação/hora tendem a ser parecidos no momento atual do desenvolvimento do mercado. Ou seja, no ambiente de negócios brasileiro, que vem se modificando, a aquisição de máquinas é proporcionalmente vultosa tornando-se um recurso escasso, diferentemente do contexto japonês – e também de países como EUA e Alemanha. Portanto, adotar os conceitos universais de engenharia de produção lucrativa recomendados por Ohno e, simultaneamente, o conceito de tecnologia autônoma sugerido por Bautista Vidal implica, no contexto específico da realidade brasileira, em privilegiar ações concretas direcionadas à maximização da utilização dos ativos associados com as máquinas nas diferentes empresas que aqui mantêm suas operações. Esta é a base do raciocínio e o pano de fundo deste livro.

Uma vez entendido os motivos do tema proposto (*know-why*) é necessário responder as perguntas que se seguem – e em ordem de prioridade – ou seja, o que e como fazer as mudanças necessárias. Neste sentido, o livro propõe a adoção de métodos que têm por objetivo explícito a melhoria incremental e radical da utilização dos ativos e das máquinas da empresa.

Um dos métodos propostos é intitulado de Gestão do Posto de Trabalho (GPT). Para a construção do método foram utilizados alguns aspectos de duas teorias principais, a saber: Sistema Toyota de Produção (STP) e a Teoria das Restrições (TOC). Além disso, foram adicionadas a estas teorias duas outras tecnologias de gestão específicas: a Manutenção Produtiva Total (TPM) e o Controle de Qualidade Total (TQC). No núcleo do método de GPT está o conceito central do TPM de eficiência global dos equipamentos, aqui denominado de Índice de Rendimento Operacional Global dos Equipamentos (IROG). Este se constitui, além do conceito principal para aumentar a eficiência das máquinas, em um indicador que introduz pensamento científico no método proposto. Assim, para gerenciar, via método do PDCA – base do TQC – como está proposto no GPT, é fundamental realizar medições objetivas como as propostas no IROG.

Analogamente, é importante referir que as contribuições da Teoria das Restrições no método do GPT são: i) determinar os recursos gargalo e Capacity Constrained Resources (CCRs) ou Recursos com Restrição de Capacidade; ii) diferenciar a medição do IROG em máquinas gargalos (neste caso a medição será feita através do Total Effective Equipment Productivity (TEEP) e em máquinas não restritivas (aqui a medição será realizada através do Overall Equipment Efficiency (OEE). É fácil, portanto inferir que as contribuições centrais do STP englobam aspectos relacionados ao espírito geral do tema da engenharia de produção lucrativa e aos métodos/ferramentas para melhorias do IROG, onde um exemplo paradigmático é o método da Troca Rápida de Ferramentas.

O segundo método adotado é o da redução dos tempos de processamento. Novamente nesse modelo são utilizados os pressupostos teóricos da TOC e do STP, além da tecnologia de gestão do TQC através da abordagem do PDCA. Neste caso, as técnicas utilizadas para realizar as melhorias passam, desde a análise tradicional de métodos e tempos, até as técnicas mais sofisticadas como análise de valor e engenharia de valor.

É importante destacar que o livro, além de apresentar em detalhes o método privilegiando as etapas lógicas e sequenciais para a solução de um dado problema, mostra como obter melhorias significativas na utilização dos ativos da empresa. A obra ainda apresenta um conjunto de casos práticos que ilustram a potencialidade do uso desse método em empresas brasileiras de diferentes segmentos industriais, como é caso dos setores metalmecânico, mineração, químico, medicamentos e alimentos.

Finalmente, cabe destacar que a concepção e a execução dessa obra, que posicionou lentes acuradíssimas sobre o método do GPT, partiu do olhar de dezenas de profissionais de altíssima qualificação e senioridade. Essa pluralidade confere, sem dúvida, uma riqueza teórica e prática de grande relevância. Portanto, cabe aqui um agradecimento a todos esses parceiros, os quais estão devidamente registrados a seguir: Adelto Pelisser, Adriano Lopes Rodrigues, Adriano Proença, Aguimar Nunes, Alcindo Sparremberger, Alexandre Andreazza, Amarildo Zambiase, Anderson dos Santos, André Ávila, Andre Dreher Giovannini, André Dupont, Anselmo Passos, Bruno Baccin, Arlindo Dambróz, Carlos Gustavo Bortolotto, Carlos Eduardo Vargas, Carlos Rauch, Celso Catarina, Celson Casagrande, Daniele Lopes, Daniel Hofstaetter, Douglas Veit, Edelar de Souza, Edison Martins, Eduardo Manenti Vargas, Eduardo Ribeiro, Enrique Munaretti, Esdânio Pereira, Fabian Becker, Fernando Dal Picol, Fernando Fischer, Fabricio Cruz da Rosa, Flávio Pizzato, Gelson Dalberto, Geovani Porto Dalla Barba, Gilberto Carlos Crosa, Gilmar Teodoro, Gláucia Bielak, Heitor Fernando Soares, Heitor Mansur Calliraux, Isabel Hertz, Ivan De Pellegrin, Ivan Miranda, Jácome Barbosa da Cruz, João Carlos Vieira, João Zucco, Juares Cardoso dos Santos, Juliano André Schaeffer, Juliano Machado da Silva, Juliano Scheer Mantovani, Lauren Zanetti Rocha, Mailson Muller, Marcelo André Wendling, Marcelo Saraiva, Mario Andreazza, Manuela da Costa Soliz, Marco Antonio Camargo, Márcia Pontes, Márcio Laenio Manoel Junior, Maria Susana Muniz Zorzanello, Marli Salete Balbinot Mattes, Michael Turella, Murilo Nuemberg, Patricia Lima, Paulo Cesar Vigolo, Paulo Holtrup, Paulo Regner, Paulo Regner Boeira, Priscila Paraboni, Rafael Andreazza, Ricardo Luvison, Roberto Alvarez, Rodolfo Alfredo Linck, Rodrigo Batista Piffer, Rogerio Rodrigues, Rossano Noronha, Sandro Yung, Tamara Hoffmann Führ, Thomas Vieira, Tiane Carissimi, Valdecir Andriolo da Silva e Walter Otto Beiser. Um agradecimento especial ao jornalista Marcello Vernet de Beltrand pela sua importante contribuição na concepção do título desta obra.

Fazemos também aqui um reconhecimento muito particular a Áureo José Pilmann Chiaradia, professor e mestre em engenharia de produção, pelas importantes contribuições acerca do tema proposto na presente obra, compartilhando conosco sua experiência profissional de cunho teórico e prático, adquirida ao longo do tempo em universidades e empresas multinacionais do Brasil e dos EUA.

Durante todos esses anos de vida profissional, muitas pessoas foram fonte de aprendizado para nós e de alguma forma contribuíram também para este livro. Seria impossível nomear todas aqui, mas queremos deixar a elas também registrado o nosso profundo agradecimento.

Os esforços coletivos sempre produzem resultados superiores. *Uma Revolução da Produtividade: a Gestão Lucrativa do Posto de Trabalho* é um exemplo disso. E a Produttare Consultores Associados tem orgulho de organizar intelectualmente essa obra e, com isso, contribuir para o avanço do pensamento científico em um tema tão complexo como o da produtividade lucrativa.

Desejo a todos uma ótima e profícua leitura.

José Antonio Valle Antunes Júnior
Diretor da Produttare Consultores Associados

Sumário

1 As condições gerais dos mercados mundial e brasileiro 1
1.1 Histórico 1
1.2 As condições gerais de mercado e as dimensões da competitividade 1
1.3 O mercado brasileiro – considerações gerais 5
1.4 Os fatores de produção na realidade brasileira e nos países de primeiro mundo 11
1.5 Considerações finais 15

2 A importância do método 17
2.1 O método segundo Descartes 17
2.2 O método e a gestão das empresas 18
2.3 O ativo do conhecimento e o ativo do capital 19
2.4 O método dos métodos: o PDCA 22
2.5 Considerações finais 26

3 Abordagem conceitual do índice de rendimento operacional global, do índice de multifuncionalidade e do índice de eficiência das pessoas 27
3.1 Histórico 27
3.2 Mecanismo da função produção (MFP): a função processo e a função operação 32
3.3 Gargalos e recursos com restrição de capacidade (CCR) 34
3.4 Cálculo do índice de rendimento operacional global 35
3.5 Os índices que compõem o índice de rendimento operacional global 39
3.6 Cálculo do índice de rendimento operacional global: visão genérica 44
3.7 Cálculo do índice de rendimento operacional global – em uma empresa com vários postos de trabalho monitorados simultaneamente 45
3.8 A importância das paradas administrativas no cálculo do IROG 46
3.9 Cálculo do índice de multifuncionalidade 47
3.10 Cálculo da eficiência de utilização das pessoas 49
3.11 Exercício numérico para o cálculo do IROG 55
3.12 Exercício numérico para o cálculo do IROG em posto de trabalho no qual o fenômeno físico não é representado na unidade de tempo 58
3.13 Considerações finais 60

4 O método de gestão do posto de trabalho: implementação, manutenção e realização de melhorias............. 63
4.1 Aspectos gerais do método de trabalho 63
4.2 Implementação do método GPT..67
4.3 Manutenção e melhoria dos resultados do método GPT....................79
4.4 Elementos estruturantes e operacionais do método de gestão do posto de trabalho 89
4.5 Manual do método GPT 90
4.6 Considerações finais..91

5 Estudos de casos de aplicação do método GPT 93
5.1 Casos práticos de cálculo do índice de rendimento operacional global...93
5.2 Considerações finais..123

6 O método de tempos de processamento (TP) 127
6.1 A lógica do método de tempos de processamento (TP) 128
6.2 O método de tempos de processamento.....................................129
6.3 Implementação do método de TP..132
6.4 Indicadores do método de TP 138
6.5 Considerações finais..141

7 Gestão da capacidade *versus* demanda: a ferramenta C × D 143
7.1 A capacidade de produção e os postos de trabalho restritivos.....................143
7.2 Apresentando a ferramenta capacidade *versus* demanda (C × D) 145
7.3 Análise crítica da ferramenta Capacidade *versus* Demanda (C × D) 150
7.4 Estudos de caso de aplicação da ferramenta capacidade *versus* demanda (C × D)...151
7.5 Considerações finais..174

8 O Sistema Produttare de Produção e a inserção dos métodos GPT e TP 175
8.1 Introdução..175
8.2 O conceito de unidade estratégica de negócio............................177
8.3 Análise gerencial de custos nas UENs..178
8.4 Metodologias de gestão como base conceitual do Sistema Produttare de Produção..181
8.5 Circuitos de melhoria contínua do SPP......................................186
8.6 A matriz de responsabilidades..188
8.7 Considerações finais..190

Índice... 193

1

As condições gerais dos mercados mundial e brasileiro

Este capítulo tem por objetivo apresentar ao leitor uma visão geral sobre o cenário de acirrada competitividade atualmente vivenciado pelas empresas. Esse cenário desafia as empresas a concentrarem seus esforços nas diferentes dimensões da competitividade – custo, prazo, velocidade, flexibilidade, qualidade e tecnologia/inovação – como forma de assegurar sua sobrevivência. Apresenta-se também uma análise comparativa da evolução e da realidade do mercado brasileiro neste ambiente competitivo em relação a países como Estados Unidos, Japão, Alemanha, China e Coreia do Sul. Além disso, são abordados os custos dos fatores de produção (capital e trabalho), evidenciando-se os contrastes entre as conjunturas brasileira e daqueles países. Esses contrastes são ilustrados por meio de um exemplo didático de implantação de uma célula de manufatura.

1.1 Histórico

O intuito neste capítulo é mostrar aos leitores a realidade existente no cenário altamente competitivo – agravado nos últimos anos pela voracidade com que a China e suas empresas têm se introduzido na economia mundial – no qual as empresas estão inseridas, tanto no âmbito nacional como internacional. Inicialmente são discutidas as condições gerais de mercado e as dimensões da competitividade; na sequência, a realidade do mercado brasileiro. É também realizada uma análise comparativa entre os fatores de produção no Brasil e nos países do Primeiro Mundo.

1.2 As condições gerais de mercado e as dimensões da competitividade

A partir da década de 70, quando a crise do petróleo alterou as normas gerais de concorrência no mercado internacional, as empresas foram obrigadas a melhorar a sua eficiência tanto nos processos operacionais como nos processos de gestão a fim de assegurarem sua sobrevivência. Esse fenômeno não se restringiu a um segmento industrial; ele abrangeu todos: automotivo, siderúrgico, têxtil e de confecções, eletrônico, de plásticos e bens de consumo duráveis, entre outros.

Mais recentemente, as crises financeiras que se iniciaram no segundo semestre de 2008 com a quebra do Banco Lehman Brothers nos Estados Unidos – agravadas em 2011 com o rebaixamento da classificação dos títulos norte-americanos de AAA para AA+ pela agência de análise de risco Standard & Poors –, combinadas com a crise econômica dos países europeus como Portugal, Grécia, Espanha e Itália, provocaram uma recessão global. Dessa forma, a capacidade de produção das empresas tornou-se significativamente maior do que a demanda existente.

Assim, se a partir da crise do petróleo na década de 70 as empresas tiveram que ser eficientes em seus processos produtivos e de gestão para se tornarem competitivas (pela redução de seus desperdícios), a partir do segundo semestre de 2008 essa competitividade tornou-se ainda mais acirrada, obrigando as empresas a se concentrarem fortemente em critérios competitivos.

Miltenburg (2008) define esses critérios como sendo um conjunto consistente de padrões que a empresa tem de valorizar para competir no mercado. Assim, em função das competências internas da empresa, das características do mercado em que ela quer atuar, do grau de concorrência desse mercado e do tipo de produto, a empresa terá de escolher entre as prioridades competitivas, aproveitando seus recursos, capacidades e oportunidades de mercado. É preciso então que se compreenda os critérios competitivos mais adequados e que se estruture a função da produção de forma a dar suporte a essa escolha.

Paiva, Carvalho Junior e Fensterseifer (2004) identificam cinco critérios competitivos na área de administração da produção que se relacionam com a estratégia de negócios da organização: *custo, qualidade, desempenho na entrega, flexibilidade* e *inovatividade*. O último critério, a *inovatividade*, é tradicionalmente definido como a capacidade da empresa em lançar novos produtos e/ou serviços em curto espaço de tempo.

Além dos cinco critérios competitivos citados, Antunes Júnior e colaboradores (2008) acrescentam um sexto critério: *atendimento no prazo*, que, assim como o desempenho na entrega, relaciona-se com a variável tempo. Atendimento diz respeito ao cumprimento de datas prometidas para entrega, e o tempo de resposta é uma medida da velocidade na qual o sistema de produção reage a uma demanda externa.

De uma maneira geral, consideram-se os seguintes critérios denominados dimensões competitivas da estratégia de produção: *custo, atendimento no prazo, velocidade, flexibilidade, qualidade* e *inovatividade*.

Segundo Paiva, Carvalho Junior e Fensterseifer (2004), uma empresa que procura valorizar a dimensão competitiva *custo* deve buscar sua redução ao máximo, baseando-se em três conceitos clássicos: economias de escala, curva de experiência e produtividade. A dimensão *custo* propicia a redução dos preços de venda (quando a redução no custo é repassada aos preços) ou o aumento da margem de lucro (quando a redução do custo não é repassada aos preços), sendo um fator determinante de competitividade.

A dimensão *custo* foi fortemente afetada pela evolução das normas de concorrência quando a relação entre preço, custo e lucro levou as empresas a adotarem a lógica de um gerenciamento sistêmico de redução de custos pela interpretação da equação *custo = preço – lucro*.

A respeito dessa interpretação, Antunes Júnior (1998) afirma que "nessa equação, observa-se que os custos não são mais pensados em termos de controle, mas sim entendidos como metas ou referenciais a serem atingidos. Trata-se da noção do custo-alvo (*Target Cost*). A partir de preços projetados pela empresa no mercado, negocia-se o preço de custo a ser obtido pela organização. É necessário explicitar que o custo-alvo é estipulado levando em conta toda a organização" (Antunes Júnior, 1998, p.87).

Antunes Júnior e colaboradores (2008) observam que as dimensões *atendimento no prazo* e *velocidade* estão vinculadas a uma mesma variável: o tempo. O *atendimento no prazo* refere-se ao cumprimento de datas prometidas para entrega. Já a dimensão *velocidade* está relacionada à rapidez com que o sistema de produção reage a uma demanda externa, ou seja, a velocidade de entrega se caracteriza pela capacidade da empresa de entregar produtos com prazos menores que os da concorrência.

Considerando essas duas dimensões, o desempenho em relação ao tempo tem grande importância. Isso porque, mantidos um mesmo nível de qualidade e custos, a entrega dentro dos prazos prometidos e acordados com os clientes é uma exigência cada vez mais forte. Além disso, os tempos de resposta (velocidade) mais exíguos, tanto no lançamento de produtos (do projeto até o mercado) como na produção, permitem que as empresas atendam às expectativas de disponibilidade cada vez mais imediatas dos consumidores, ganhando vendas sobre os concorrentes e mantendo níveis de atendimento competitivos com maior giro de estoques e inventários menores (o volume de estoque no ponto de venda para atender à demanda é inversamente proporcional ao tempo de resposta, ou velocidade, do sistema de produção).

A dimensão *flexibilidade* reflete a mudança de comportamento do mercado. A famosa frase de Henry Ford "produzir carros de qualquer cor desde que sejam pretos" caracteriza bem a evolução dessa dimensão: anteriormente a produção era realizada em grandes lotes de poucos produtos, atualmente é necessário produzir pequenos lotes de uma grande variedade de produtos, o que obriga as empresas a serem flexíveis.

A dimensão *flexibilidade* é importante na medida em que a turbulência e o dinamismo dos mercados exigem das empresas rápida adaptação às mudanças. Para ajustar o funcionamento do sistema de produção às mudanças externas, são necessárias modificações no *mix*, nos produtos, nos volumes de produção, nos roteiros, etc. Empresas capazes de responder a isso de forma flexível estão potencialmente mais habilitadas a manter e conquistar participação de mercado.

Segundo Corrêa e Corrêa (2004), a partir dos anos 80 a indústria ocidental passou por movimentos intensos no sentido de alterar substancialmente os conceitos de qualidade e de sua gestão como forma de enfrentar a concorrência oriental. A dimensão *qualidade* no atual cenário é muito importante. No advento da revolução industrial, quando a capacidade instalada era inferior à demanda existente, aceitava-se determinado nível de defeitos. Na era da competitividade, porém, em que a demanda é inferior à capacidade instalada, a dimensão qualidade é intrínseca ao produto, não sendo questionável. Para se manter no mercado, o produto deve ter qualidade assegurada.

Para Antunes Júnior e colaboradores (2008) a dimensão *qualidade* é absolutamente central para a competição no mercado. Isso ocorre tanto porque o funcionamento correto (sem falhas) dos produtos é uma pré-condição para sua comercialização, como porque a diferenciação dos produtos (por exemplo, por "níveis de qualidade" distintos) é cada vez mais importante para conquistar e/ou manter os novos clientes. Mantidos fixos os custos, a dimensão *qualidade* é definitiva para ampliar ou assegurar a participação das empresas no mercado.

A noção de qualidade é ampla, indo desde a qualidade intrínseca até o serviço oferecido ao cliente, passando pela confiabilidade. Zilbovicius (1999) destaca uma conceituação já consolidada na literatura (Juran, 1979; Toledo, 1986), segundo a qual é possível referir-se a dois tipos de *qualidade*:

- A qualidade do projeto: tanto maior quanto o próprio projeto, garante a qualidade do produto e a satisfação do consumidor.
- A qualidade da conformação: tanto maior quanto o processo de fabricação, garante a conformidade dos produtos fabricados às especificações de projeto.

Zilbovicius (1999) registra, ainda, que a forma como uma empresa atinge um grau satisfatório de qualidade de conformação é uma questão interna à fabricação e à empresa. Se, do ponto de vista do consumidor do produto final, o produto atende às suas necessidades, não importa se foi retrabalhado diversas vezes, se a fábrica que o produziu opera com estoques gigantescos ou se há um exército de pessoal que verifica a qualidade. A qualidade da conformação está diretamente vinculada ao custo de produção, e sua elevação implica benefícios não apenas vinculados a atributos conferidos aos produtos, mas ao melhor desempenho do processo de fabricação propriamente dito.

Após o lançamento do produto no mercado, ocorre um período no qual o produto cresce e se mantém no mercado em função do volume de vendas, seguindo-se um período de declínio devido à queda nas vendas até a sua retirada do mercado. Essas etapas caracterizam o que a literatura conceitua como "ciclo de vida do produto". Segundo Kotler (1991) citado por Corrêa e Corrêa (2004), "o ciclo de vida do produto representa estágios distintos na história das vendas do produto". Esses estágios incluem diferentes oportunidades e problemas com respeito a várias estratégias mercadológicas, operacionais e financeiras, e dividem-se em quatro: introdução no mercado, crescimento no volume, maturidade e declínio." (Corrêa e Corrêa, 2004, p.331).

Em função dos ciclos de vida dos produtos serem cada vez menores (como é o exemplo da indústria eletrônica e de informática), a dimensão *inovatividade* é central para que as empresas se mantenham na vanguarda do mercado.

A Figura 1.1 representa a curva do ciclo de vida do produto.

A dimensão *inovatividade* está relacionada também à necessidade de reavaliar os processos existentes, tornando-os mais enxutos e, consequentemente, reduzindo seus custos operacionais, bem como à substituição de materiais e matérias-primas utilizados por outros de menor custo. Por outro lado, novos mercados devem ser desenvolvidos visando aumentar a participação no mercado (*market share*) atendendo, igualmente, à dimensão *inovatividade*. A inovação

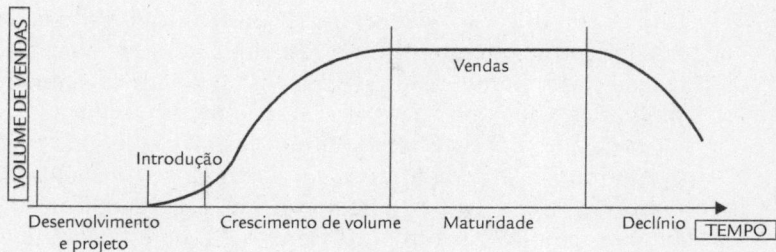

Figura 1.1 Ciclo de vida do produto.

Fonte: Corrêa e Corrêa (2004, p.331).

na gestão está relacionada com as anteriores na medida em que sustenta todas as demais inovações (exemplo: inovação de produto e de processo).

Para Antunes Júnior e colaboradores (2008) pode-se considerar, portanto, que os mercados tendem a evoluir em complexidade e no aumento de sua segmentação. Dessa forma, as empresas precisam de sistemas capazes de responder ao mesmo tempo de forma efetiva e eficiente, segundo as diferentes dimensões da competitividade requeridas pelo mercado, observando-se que diferentes mercados priorizam diferentes dimensões da competitividade.

Os sistemas podem ser compreendidos como um grupo de componentes inter-relacionados que trabalham juntos rumo a uma meta comum recebendo insumos (entradas no sistema) e produzindo resultados (saídas do sistema), em um processo organizado de transformação.

Para Black (1998), pode-se dizer que um sistema de manufatura recebe um conjunto de entradas (materiais, informações, energia, etc.) a partir das quais os materiais são fisicamente processados e acabam adquirindo valor agregado pela utilização de um conjunto de elementos complexos (máquinas e pessoas), o que resultará em saída: produtos acabados, destinados diretamente aos consumidores, ou bens semiacabados que serão utilizados pelos clientes para fabricar outros produtos acabados.

1.3 O mercado brasileiro – considerações gerais

A globalização da economia deu origem a uma nova realidade nas relações comerciais entre as nações. Com a queda das barreiras alfandegárias no Brasil, o país se inseriu nessa nova realidade, provocando uma mudança radical no comportamento de suas empresas: novos produtos e tecnologias surgiram, ocasionando o desaparecimento de produtos consagrados; empresas sólidas se pulverizaram e outras, virtuais, floresceram; novos princípios e técnicas de gestão são discutidos e implantados; a competitividade se tornou acirrada.

Dessa forma, com o objetivo de adequar os processos de produção às necessidades competitivas de seus respectivos mercados, as empresas precisam entender as características do ambiente econômico, que diferem de nação para nação, no qual elas estão inseridas.

Para exemplificar e evidenciar essas diferenças, pode-se analisar a realidade da indústria automobilística brasileira e internacional, uma vez que ela é a principal cadeia industrial brasileira em termos de faturamento e há grande disponibilidade de dados para análise. A Tabela 1.1 apresenta a evolução da produção de automóveis e autoveículos[1] no país no período de 1957 a 2010.

Conforme registrado na Tabela 1.1, no período de 2000 a 2010 a produção brasileira duplicou, com um incremento anual acentuado a partir de 2007. Esse aumento de produção ocorreu não só em virtude do incremento da produção das empresas instaladas antes de 1980, mas também devido à instalação de novas montadoras no país, como se observa na Tabela 1.2. Essa conjuntura caracteriza o acirramento da competição entre as montadoras instaladas no país.

A entrada de novos competidores no mercado proporcionou uma ampliação na variedade de produtos, com forte impacto na cadeia de suprimentos. As Figuras 1.2 e 1.3, a seguir, elaboradas a partir da Tabela 1.2, evidenciam esse fato.

A diversidade dos itens produzidos em um fabricante nacional de autopeças é apresentada por Monteiro (2009) para exemplificar o aumento da variedade de produtos. Trata-se de um fornecedor que, além de atender o mercado nacional, fornece para outros países, como África do Sul, Alemanha, Argentina, Austrália, China, Colômbia, Estados Unidos, Índia, Inglaterra, Malásia, México, Tailândia e Uruguai. A crescente diversificação dos itens produzidos ao longo dos anos por esse fabricante é constatada na Figura 1.4.

Tabela 1.1 Produção brasileira de automóveis e autoveículos (x 1000 unidades)

Ano	Automóveis	Autoveículos
1957	1.166	30.542
1960	42.619	133.041
1970	306.915	416.089
1980	867.595	1.091.205
1990	602.535	843.429
1995	1.147.914	1.459.676
2000	1.284.944	1.605.848
2001	1.376.444	1.674.522
2002	1.371.013	1.633.790
2003	1.374.245	1.684.715
2004	1.685.818	2.124.177
2005	1.869.261	2.375.763
2006	1.914.918	2.403.693
2007	2.270.141	2.825.221
2008	2.410.201	3.050.226
2009	2.487.881	3.075.441
2010	2.584.690	3.381.728

Fonte: Associação Nacional dos Fabricantes de Veículos Automotores, 2011, p.60.

---

[1] Os autoveículos compreendem, além dos automóveis, os veículos comerciais leves, caminhões e ônibus.

Tabela 1.2 Montadoras de automóveis instaladas no país

Empresa	Início das atividades	Produção 1980	Produção 2010
Volkswagen	1959	467.040	968.649
General Motors	1959	186.977	530.977
Fiat	1976	145.199	576.307
Ford	1967	123.380	236.862
Renault	1999	xxx	161.525
Peugeot Citröen	2001	xxx	132.860
Honda	1997	xxx	131.455
Toyota	1998	xxx	64.588
Mitsubishi	1998	xxx	37.558
Hyundai CAOA	2007	xxx	24.777
Mercedes-Benz	1999	xxx	12.260
Nissan	2009	xxx	10.491

Fonte: Associação Nacional dos Fabricantes de Veículos Automotores (2011, p. 88 a 116).

Além das questões da diversidade de itens, o mercado brasileiro, comparado ao mercado dos Estados Unidos, apresenta uma escala de produção aproximadamente dez vezes menor. A frota de autoveículos no Brasil era da ordem de 19,3 milhões de unidades em 2000 e atingiu a marca de 29,6 milhões de unidades em 2009, apresentando um incremento de 35%. No mesmo período, a frota de autoveículos dos Estados Unidos passou de 221,4 milhões de unidades para 248,4 milhões de unidades, apresentando um incremento de 11% (Associação Nacional dos Fabricantes de Veículos Automotores, 2011, p. 146).

Em comparação com os países desenvolvidos, a produção brasileira participa com um percentual reduzido na produção mundial de autoveículos. Em

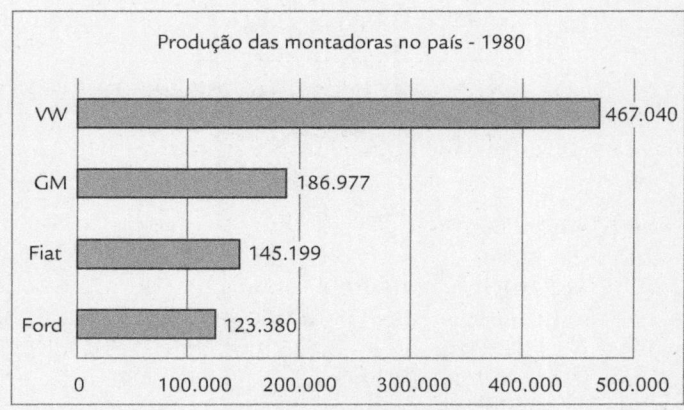

Figura 1.2 Produção das montadoras instaladas no país em 1980.

Fonte: Adaptada de Associação Nacional dos Fabricantes de Veículos Automotores (2011, p. 88 a 116).

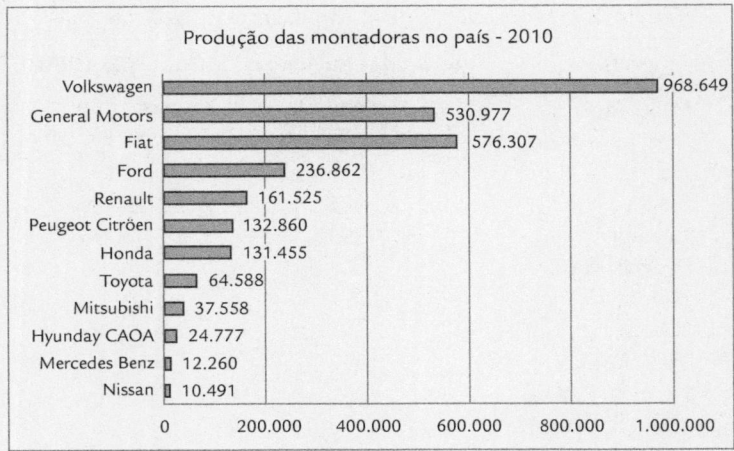

Figura 1.3 Produção das montadoras instaladas no país em 2010.

Fonte: Adaptada de Associação Nacional dos Fabricantes de Veículos Automotores (2011, p. 88-116).

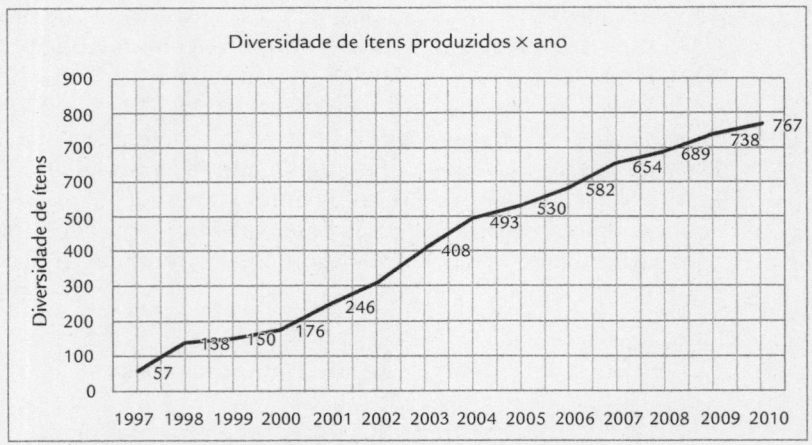

Figura 1.4 Diversidade de itens produzidos em um fabricante nacional de autopeças.

Fonte: Adaptada de Monteiro (2009, p. 19).

2001, essa participação na frota mundial era de 3,22% – 1,817 milhão de unidades produzidas no Brasil para um total de 56,304 milhões de unidades –, passando a 4,70% em 2010 – 3,646 milhões de unidades produzidas no Brasil para um total de 77,610 milhões de unidades – (Associação Nacional dos Fabricantes de Veículos Automotores, 2011, p.147).

A Figura 1.5 mostra os investimentos realizados na indústria automobilística brasileira no período de 1980 a 2010. Pode-se constatar que, comparati-

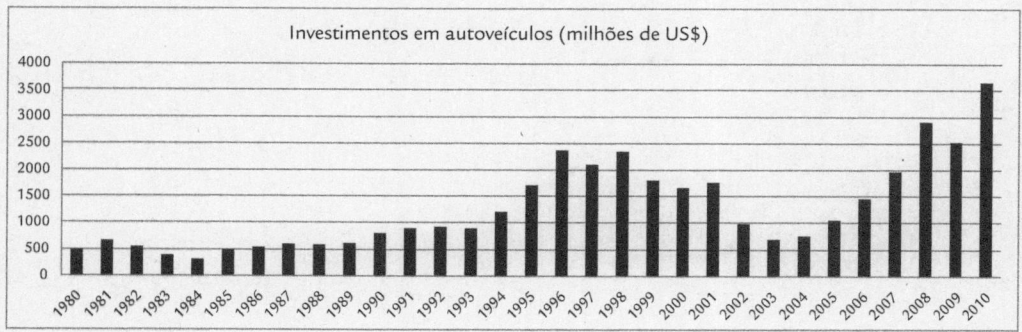

Figura 1.5 Investimentos na indústria automobilística brasileira.
Fonte: Associação Nacional dos Fabricantes de Veículos Automotores (2011, p. 42).

vamente, no período que antecede a entrada de novas montadoras (final dos anos 90) os investimentos eram reduzidos.

A Tabela 1.3 e a Figura 1.6 mostram a evolução da produção brasileira em relação a dos Estados Unidos, Japão, Alemanha, China e Coreia do Sul. Nelas, observa-se que a produção chinesa era pouco superior à produção brasileira em 2001, ocorrendo um forte crescimento da produção chinesa no período de 2001 a 2010. Em 2009, a China se tornou a maior produtora de autoveículos do mundo.

No período de 2001 a 2010, observa-se ainda uma tendência de queda da produção de autoveículos nos Estados Unidos, acentuada a partir de 2006. O Brasil, nesse mesmo período, manteve um lento e constante crescimento da produção, como a Coreia do Sul, até 2008. Já a Alemanha manteve uma produção nivelada.

A partir da década de 90, o mercado brasileiro de automóveis sofreu uma profunda alteração em função da entrada de novas montadoras no país. Com o ingresso dessas montadoras ocorreu um aumento na variedade de produtos

Tabela 1.3 Produção de autoveículos: Brasil × outros países (× 1000 unidades)

Ano	Brasil	EUA	Japão	Alemanha	China	Coreia do Sul
2001	1.817	11.425	9.777	5.692	2.334	2.946
2002	1.792	12.280	10.257	5.469	3.287	3.148
2003	1.828	12.115	10.286	5.507	4.444	3.178
2004	2.317	11.989	10.512	5.570	5.234	3.469
2005	2.531	11.947	10.800	5.708	5.708	3.699
2006	2.612	11.292	11.484	5.820	7.278	3.840
2007	2.980	10.781	11.596	6.213	8.883	4.086
2008	3.126	8.694	11.576	6.046	9.299	3.827
2009	3.183	5.731	7.934	5.210	13.791	3.513
2010	3.646	7.761	9.626	5.906	18.265	4.272

Fonte: Associação Nacional dos Fabricantes de Veículos Automotores (2011, p.147).

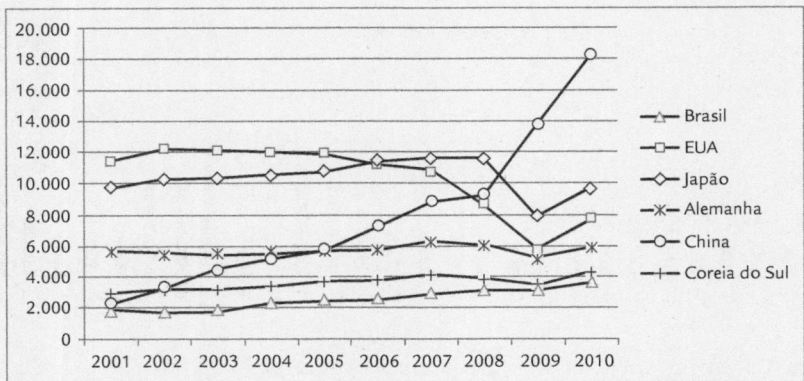

Figura 1.6 Produção de autoveículos: Brasil × outros países (× 1000 unidades).

Fonte: Adaptada de Associação Nacional dos Fabricantes de Veículos Automotores (2011, p.147).

ofertados, com reflexos diretos na cadeia de suprimentos, cujo aumento na diversidade de itens é da ordem de dez vezes, como mostra a Figura 1.4.

Para compreender as normas de concorrência do mercado brasileiro de automóveis, Antunes Júnior e colaboradores (2008) relacionam as seguintes características desse mercado:

- Baixa escala de produção em comparação com os padrões dos países desenvolvidos (Estados Unidos, Alemanha e Japão).
- Produção focada no atendimento do mercado local (Brasil) e do Mercosul.
- Boas perspectivas de crescimento a médio e longo prazo para a demanda interna, em decorrência da relação automóvel/habitante, das condições macroeconômicas em equilíbrio e do aumento da renda das famílias.
- Crescimento lento da produção brasileira de automóveis no período histórico recente, especialmente entre 1997 e 2002.
- Forte acirramento da concorrência no país com o ingresso de novas montadoras a partir da década de 90.
- O acirramento da competição levou a um grande incremento da variedade de produtos no mercado.
- O aumento da variedade é uma atitude natural dos fabricantes para a busca de novos clientes e segmentos de mercado quando a demanda cresce menos do que as capacidades instaladas.
- Cadeia de suprimentos fortemente afetada pelas condições da montagem: a variedade de itens cresceu de modo significativamente mais forte que o volume de autopeças produzidas.
- Tendo que produzir a mesma quantidade total de peças, mas de modelos diferentes, as empresas têm forte necessidade de flexibilizarem seus sistemas de produção e de se manterem competitivas, produzindo, de forma eficiente, pequenas quantidades/pequenos lotes de produção.

1.4 Os fatores de produção na realidade brasileira e nos países de primeiro mundo

Segundo Wild (1972) citado por Zilbovicius (1999), os economistas definem os fatores de produção como terra, trabalho e recursos, sendo que a combinação desses três fatores forma a riqueza das nações quando reunidos na presença de uma autoridade ou organização e de um catalisador, a gestão, sem o qual os recursos da produção continuam como recursos e nunca se tornam produção. A prática da gestão envolve a tomada de decisões, a elaboração de planos e estratégias e a utilização generalizada de recursos da maneira mais eficaz com relação aos objetivos da empresa ou órgão em questão. Portanto, a gestão pode ser definida como uma função de governar, envolvendo a determinação e a coordenação das atividades da empresa.

Uma questão importante quando se analisa os sistemas produtivos na realidade brasileira é entender como se comportam os fatores de produção envolvidos – capital e trabalho (mão de obra) – em relação aos denominados países de Primeiro Mundo.

Na Tabela 1.4, pode-se comparar o custo da mão de obra no Brasil em relação ao de outros países.

Tabela 1.4 Comparação dos custos de mão de obra em vários países

País	Custo mão de obra US$
Noruega	$48,50
Alemanha	$37,66
Bélgica	$35,45
Austrália	$30,17
Reino Unido	$29,73
Canadá	$28,91
França	$28,57
Itália	$28,23
EUA	$24,59
Espanha	$20,98
Japão	$19,75
Coreia	$16,02
Cingapura	$8,35
Portugal	$8,27
Taiwan	$6,58
Brasil	$5,96
México	$2,92
China	$ 0,97
Índia	$ 0,74

Fonte: United States Department of Labor (2009).

Conforme se constata na Tabela 1.4, o custo da mão de obra no Brasil é cerca de três a seis vezes mais barato do que o custo da mão de obra dos países desenvolvidos e cerca de seis vezes mais caro do que o custo da mão de obra dos países em desenvolvimento.

Passos Junior (2004) citado por Antunes Júnior e colaboradores (2008) apresenta o exemplo de uma célula de manufatura na qual é possível comparar os custos de produção em três países – Brasil, Estados Unidos e Japão – considerando-se as diferenças nos preços dos fatores de produção capital (máquina) e mão de obra.

A análise é feita em uma célula de manufatura responsável pela fabricação de um *mix* de produtos em um fluxo unitário de peças, supondo-se que as tecnologias de gestão e de máquinas sejam similares.

A célula em questão é composta de dez máquinas com seis operadores, dispostas de acordo com o leiaute mostrado na Figura 1.7. Trata-se de um exemplo real de uma indústria do ramo metalomecânico, em uma empresa que mantém o mesmo tipo de operação em diversos países.

Para a análise dos custos dos fatores de produção, é necessário saber quanto se paga pelo trabalho e pelas máquinas em cada um dos ambientes considerados.

Para a obtenção dos dados sobre equipamentos, foram realizados contatos com profissionais de empresas fabricantes de equipamentos (brasileiras e transacionais) e com profissionais, que atuam no Brasil e no exterior, que realizam a aquisição de equipamentos para a empresa transacional usuária das máquinas, que tem uma subsidiária no país. Os dados obtidos de fontes distintas levaram a resultados muito semelhantes, que estão sintetizados na Tabela 1.5.

Os custos observados para o Brasil, apresentados na Tabela 1.5, correspondem aos valores médios levantados para a aquisição de máquinas, e incluem impostos de importação. É importante lembrar que tanto os Estados Unidos como o Japão são grandes fabricantes de máquinas e são autosuficientes no fornecimento pelo mercado interno de bens de capital para a manufatura, o que não é o caso do Brasil, que depende de importação total ou parcial de alguns equipamentos.

Antunes Júnior e colaboradores (2008) destacam que esses custos de mão de obra foram levantados a partir das seguintes fontes:

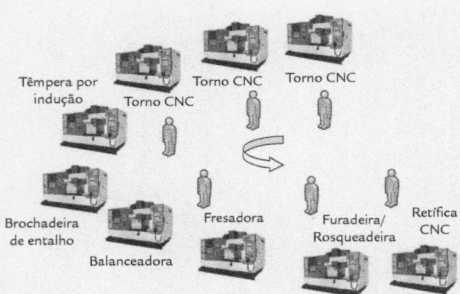

Figura 1.7 Leiaute da célula de manufatura utilizada para exemplificações.

Fonte: Adaptada de Antunes Júnior e colaboradores (2008, p. 49).

Tabela 1.5 Aquisição de equipamentos para célula de manufatura (em US$)

Equipamento	Brasil	EUA/Japão
Tornos CNC	100.000,00	65.000,00
Têmpera por indução	350.000,00	228.000,00
Brochadeira de entalhe	500.000,00	325.000,00
Balanceadora	80.000,00	52.000,00
Fresadora	120.000,00	78.000,00
Furadeira/Rosqueadeira	60.000,00	38.000,00
Retífica CNC	450.000,00	293.000,00
Custo total	**1.660.000,00**	**1.079.000,00**

Fonte: Antunes Júnior e colaboradores (2008, p.50).

- No Brasil, os valores foram obtidos junto ao sindicato dos metalúrgicos do ABC paulista e a partir de fontes de empresas que atuam no setor metalomecânico em São Paulo.
- Os dados internacionais foram obtidos por meio de pesquisas internas em uma empresa transacional, com matriz nos Estados Unidos e subsidiárias em vários locais do mundo, inclusive no Japão.

Os parâmetros adotados para esse estudo comparativo foram os seguintes:

- Valor da hora de trabalho (mão de obra): Brasil: US$ 5,29/hora
  Estados Unidos: US$ 30,33/hora
  Japão: US$ 25,00/hora
- Número de trabalhadores na célula: 06 trabalhadores
- Duração da jornada mensal de trabalho: 176 horas
- Número de turnos de trabalho: 03 turnos

O custo da mão de obra, calculado a partir dos parâmetros supracitados, totaliza:

Brasil: US$ 16.761,90
Estados Unidos: US$ 96.085,44
Japão US$ 79.200,00

De acordo com Antunes Júnior e colaboradores (2008), considerando-se os dados apresentados na Tabela 1.5 para aquisição dos equipamentos no Brasil no ano de 2004, o valor total para montagem da célula é de US$ 1.860.000,00. Devido à existência de três tornos CNC na célula e a um período de depreciação de dez anos, chega-se ao valor mensal de US$ 15.500,00 para o capital. Somando-se o custo da mão de obra de US$ 16.761,90, obtém-se o valor final de US$ 32.261,90 para os fatores de produção (máquinas e mão de obra) da célula de manufatura no Brasil.

Seguindo-se um raciocínio análogo para os Estados Unidos e o Japão, pode-se elaborar a Tabela 1.6:

A análise dessa tabela permite concluir que o custo dos fatores de produção de uma célula de manufatura é mais barato no Brasil do que nos Estados Uni-

Tabela 1.6 Análise comparativa dos fatores de produção de uma célula de manufatura (US$/mês)

País	Brasil	EUA	Japão
mão de obra	16.761,90	96.085,44	79.200,00
equipamentos	15.500,00	10.075,00	10.075,00
custo total	32.261,90	106.160,44	89.275,00

Fonte: Antunes Júnior e colaboradores (2008, p.52).

dos e no Japão, sendo fator determinante para o baixo custo da mão de obra no Brasil em relação aos outros países.

Por outro lado, deve-se analisar o custo do capital com vistas aos investimentos necessários para a implantação de sistemas produtivos. Antunes Júnior e colaboradores (2008) afirmam que diferentes variáveis relacionadas à configuração e ao funcionamento de uma empresa industrial influenciam as necessidades de capital, podendo-se destacar as seguintes:

- Estoques globais da empresa: matéria-prima, estoque em processo (*work in process* – WIP), produtos acabados, materiais de consumo.
- Ativos fixos: máquinas, ferramentas, dispositivos, equipamentos, obras civis, etc.
- Tempo de atravessamento (*lead time* de atendimento): tempo transcorrido entre a entrada de um material na fábrica e a entrega do produto ao cliente.

O processo de produção pode ser analisado como sendo o processo de transformação do capital utilizado na compra de ativos fixos, estoques, etc., no valor recebido após a venda dos produtos manufaturados, por meio da agregação de valor. Dessa forma, quanto maior for o tempo de atravessamento, maior será a necessidade de capital de giro para possibilitar o funcionamento do sistema produtivo.

Considerando-se que as taxas de juros no Brasil são significativamente maiores do que as dos Estados Unidos, Japão e Alemanha, a redução dos estoques, a maximização do uso dos ativos fixos e a redução do tempo de atravessamento afetam diretamente o resultado econômico das empresas.

Segundo Vasconcellos e Vidal (1998), o conceito de tecnologia pode ser sintetizado como "a maximização da utilização dos recursos abundantes (porque são proporcionalmente mais baratos) e a minimização dos recursos escassos (porque são proporcionalmente mais caros)".

Nesse sentido, ao se analisar a realidade brasileira, pode-se concluir que as tecnologias disponíveis, e eventualmente desenvolvidas em outros países, devem ser adaptadas à realidade de cada país. Exemplificando, em função do alto custo da mão de obra no Japão, o desenvolvimento do Sistema Toyota de Produção (STP) foi projetado considerando-se fortemente a necessidade de redução do efetivo para produção pela aquisição de equipamentos, o que não corresponde à realidade brasileira atual.

Dessa forma, a implantação do leiaute celular em substituição ao leiaute em linha no ambiente fabril (um homem/um posto/uma tarefa, segundo

Taylor) teve como foco eliminar/reduzir os desperdícios resultantes do deslocamento de matérias-prima/materiais, bem como reduzir os custos de mão de obra, por meio da implantação do conceito de multifuncionalidade: um colaborador é responsável por operar mais de um equipamento simultaneamente.

O cenário de alta competitividade atualmente vivenciado pelas empresas faz com que elas busquem maximizar a utilização de seus recursos, constituídos de máquinas, pessoas e instalações, com o objetivo de reduzir os custos operacionais.

Analisando-se a utilização dos recursos disponíveis para produção (ativos fixos e mão de obra) no Brasil, constata-se que em muitos casos eles têm um baixo rendimento operacional. É necessário, portanto, aumentar sua eficiência operacional. Para tanto, esses recursos devem estar em condições favoráveis de produção, ou seja, os ativos fixos devem estar em bom estado de conservação e os operadores devidamente habilitados[2] para operá-los.

1.5 Considerações finais

Conforme discutido neste capítulo, com a mudança das condições gerais de concorrência e o fenômeno da globalização da economia, ocorreu o acirramento da competitividade não só entre as empresas de um mesmo país, mas entre as empresas em nível mundial. Nesse cenário, é necessário que as empresas implantem novas formas de gestão com vistas à eliminação/redução de seus desperdícios, tornando-se enxutas e reduzindo, consequentemente, seus custos de produção.

Considerando-se as condições gerais do mercado, a realidade brasileira e os fatores de produção analisados neste capítulo, bem como o conceito de tecnologia proposto por Vasconcellos e Vidal (1998), um dos pontos essenciais de estratégia de gestão consiste em maximizar a utilização dos recursos escassos (mais caros) que, no caso do Brasil, vem a ser os ativos fixos. Essa maximização é passível de ser obtida pelo aumento da eficiência operacional desses recursos no chão de fábrica, resultando de um eficiente sistema de gestão suportado por um método de gestão (apresentado no Capítulo 4 deste livro). O método de gestão deve identificar as restrições do processo de produção e, pela implantação de ações de melhoria, alavancar os resultados de todo o sistema produtivo. No Capítulo 2 é discutida a importância da utilização do método para atingir esses objetivos.

Atualização na internet

Associação Nacional dos Fabricantes de Veículos Automotores - Brasil (ANFAVEA).
http://www.anfavea.com.br

Just-Auto. http://www.just-auto.com

Agência Brasileira de Desenvolvimento Industrial. http://www.abdi.com.br/Paginas/Default.aspx

---

[2] A capacitação dos operadores está relacionada a um dos ativos da empresa – o Ativo do Conhecimento, discutido no Capítulo 2.

Referências

ASSOCIAÇÃO NACIONAL DOS FABRICANTES DE VEÍCULOS AUTOMOTORES. *Anuário da indústria automobilística brasileira*. São Paulo: ANFAVEA, 2011.

ANTUNES JÚNIOR, J. A. *Em direção a uma teoria geral do processo na administração da produção:* uma discussão sobre a possibilidade de unificação da teoria das restrições e da teoria que sustenta a construção dos sistemas de produção com estoque zero. Tese (Doutorado em Administração) - Programa de Pós-graduação em Administração, Universidade Federal do Rio Grande do Sul, Porto Alegre, 1998.

ANTUNES JÚNIOR, J. A. et al. *Sistemas de produção*: conceito e práticas para projeto e gestão da produção enxuta. Porto Alegre: Bookman, 2008.

BLACK, J. T. *O projeto da fábrica com futuro*. Porto Alegre: Bookman, 1998.

CORRÊA, H. L.; CORRÊA, C. A. *Administração da produção e operações*: manufatura e serviços: uma abordagem estratégica. São Paulo: Atlas, 2004.

JURAN, J. M. *Quality controle handbook*. New York: McGraw-Hill, 1979.

MILTENBURG, J. Setting manufacturing strategy for a factory-within-a-factory. *International Journal of Production Economics*, New York, v.113, n.1, p.307-323, 2008.

MONTEIRO, J. L. *O preset como ferramenta de competitividade na indústria metal mecânica brasileira*: um estudo de caso. Monografia (Trabalho de conclusão de curso) - Universidade do Vale do Rio dos Sinos, São Leopoldo, 2009.

PAIVA, E. L.; CARVALHO JUNIOR, J. M.; FENSTERSEIFER, J. E. *Estratégia de produção e de operações*: conceitos, melhores práticas e visão de futuro. Porto Alegre: Bookman, 2004.

PASSOS JUNIOR, A. A. *Os circuitos da autonomação*: uma abordagem técnico-econômica. Dissertação (Mestrado) - Universidade do Vale do Rio dos Sinos, São Leopoldo, 2004.

TOLEDO, J. C. *Qualidade e controle da qualidade industrial*: conceitos, determinantes e abordagens. Dissertação (Mestrado) - Coordenação dos Programas de Pós-Graduação em Engenharia, Universidade Federal do Rio de Janeiro, Rio de Janeiro, 1986.

UNITED STATES DEPARTAMENT OF LABOR. *Bureau of labor statistics*: 2009. Washington: BLS, 2009. Disponível em: <http://www.bls.gov/>. Acesso em: 20 set. 2012.

VASCONCELLOS, G. F.; VIDAL, J. W. Poder dos trópicos: meditação sobre a alienação energética na cultura brasileira. São Paulo: Casa Amarela, 1998.

ZILBOVICIUS, M. *Modelos para produção, produção de modelos*: gênese, lógica e difusão do modelo japonês de organização da produção. São Paulo: FAPESP, 1999.

Leituras sugeridas

DUPONT, A. C. *Proposição de um método para concepção da estratégia de produção*: uma abordagem a partir do conceito de subunidade de negócios. Dissertação (Mestrado) - Universidade do Vale do Rio dos Sinos, São Leopoldo, 2010.

KLIPPEL, M. *Estratégia de produção em empresas com linhas de produtos diferenciadas*: um estudo de caso. Dissertação (Mestrado) - Universidade do Vale do Rio dos Sinos, São Leopoldo, 2005.

2
A importância do método

Para o perfeito entendimento e implementação dos conceitos relacionados com a eficiência operacional dos ativos que compõem um sistema produtivo, independentemente deste sistema constituir-se em um ambiente fabril, em uma ideia originando um projeto ou, ainda, em uma prestação de serviços, é necessário utilizar métodos robustos de gestão. Neste capítulo é discutida a importância do método, bem como os princípios e conceitos a ele relacionados.

2.1 O método segundo Descartes

Em 1637, com a publicação de *O Discurso do Método*, René Descartes (1596 – 1650) deu início à discussão sobre a importância do método. Nesse livro, o filósofo critica a lógica dialética,[1] afirmando que ela parte de verdades já conhecidas e é inútil para desvendar novas verdades. Descartes (2009) propõe quatro regras simples que devem ser seguidas e adotadas para se avançar nas vias do conhecimento verdadeiro, despojado de preconceitos e aberto ao livre exame, ao questionamento mais aberto:

- A primeira regra preconiza que não se deve aceitar nada como verdadeiro sem antes ter passado pelo crivo da razão, evitando a prevenção e a precipitação, não se deixando levar por preconceitos, o que implica em uma ordem a ser seguida em todo o processo do conhecimento.
- A segunda regra sugere que tudo que parece complexo deve ser dividido em tantas partes simples quanto possíveis, pois a razão, ao enfocar um problema perfeitamente delimitado, tem mais condições de resolvê-lo do que se encarar algo composto de várias maneiras. A simplificação do ponto de vista do pensamento se afirma como uma regra lógica.
- A terceira regra proposta por Descartes é a de que, uma vez feito esse processo de simplificação, ele deve seguir um ordenamento, de modo que a remontagem para o composto ou complexo possa ser feita sem desvios. Trata-se aqui do estabelecimento da ordem lógica, necessária entre esses elementos simples.

---

[1] A lógica dialética tem origem no método dialético proposto por Sócrates (470 a.C. – 399 a.C.), composto de tese, antítese e síntese. A tese é uma afirmação ou situação inicialmente dada. A antítese é uma oposição à tese. Do conflito entre a tese e a antítese surge a síntese, que é uma situação nova que carrega dentro de si elementos resultantes desse embate. A síntese, então, torna-se uma nova tese, que contrasta com uma nova antítese, gerando uma nova síntese, em um processo em cadeia infinito (Wikipédia, 2012).

- Finalmente, a quarta regra considera que esse procedimento pode ser retomado e repetido por qualquer pessoa, devendo dar lugar a tantas revisões quanto necessárias, de modo que as contribuições e objeções de todos possam ser levadas em consideração.

Assim, para melhorar a eficiência dos equipamentos (utilização dos ativos) é necessário definir um método, isto é, um conjunto de passos lógicos que permita passar de uma situação atual de resultados ineficientes para uma situação futura de resultados eficientes.

2.2 O método e a gestão das empresas

Segundo Falconi (2009), o método pode ser entendido como o "caminho para o resultado" ou uma "sequência de ações necessárias para se atingir certo resultado desejado". Essa definição parte da origem grega da palavra método = *meta* + *hódos*. Meta significa "resultado a ser atingido" e *hódos* significa "caminho".

Pode-se definir método, então, como sendo uma *sequência de passos lógicos para partir de um ponto A e se atingir um ponto B*. Os pontos A e B podem ser entendidos como os resultados de uma empresa, e o método representa o caminho para sair de uma situação atual (A) e chegar a um objetivo ou situação futura projetada/desejada (B).

Todas as organizações têm princípios, fazem uso de conceitos, utilizam ferramentas/técnicas e aplicam métodos. Mas é preciso definir a relação entre essas palavras e a importância de cada uma:

- Princípio é uma atitude compromissada da organização com o seu modo de "ser". Imutável e inflexível, é um conjunto de posturas inegociáveis, independente do meio de atuação, que reflete o "caráter" e a forma de pensar da organização. Os princípios pertencem à dimensão permanente da organização, são intangíveis e formam a cultura da organização e seus valores.
- Conceito expressa o que algo é ou como funciona. Um conceito é uma explicação que pode ser contestada, acrescentada e modificada. Todas as organizações utilizam conceitos como de gargalo, perdas e produtividade.
- Ferramentas/técnicas são dispositivos que propiciam uma vantagem mecânica ou mental para facilitar a realização de tarefas diversas. As ferramentas técnicas estão associadas ao conhecimento explícito, à prática da organização, podendo ser adquiridas por ela. No campo da engenharia de produção, são exemplos de ferramentas técnicas: troca rápida de ferramentas (TRF), *kanban*, *poka-yoke*, operação padrão, etc.
- Método, conforme definido anteriormente, é um conjunto de passos lógicos para se alcançar um objetivo ou situação futura a partir de uma situação atual.

A relação entre essas quatro palavras, bastante comuns no ambiente empresarial, é a de que o método faz a conexão entre os princípios, os conceitos e as técnicas/ferramentas. Pode-se, portanto, concluir que ao método estão subordinadas as diversas técnicas/ferramentas utilizadas. Na verdade, como os métodos são constituídos de diversos passos/etapas, as diferentes ferramentas técnicas utilizadas estão associadas às distintas etapas do método.

Exemplificando, pode-se analisar a compra de um determinado *software* por duas empresas diferentes. Em uma das empresas, a implementação e o uso do *software* é um sucesso, enquanto na outra é um fracasso. Isso talvez possa ser explicado pelo fato de um *software* ser uma ferramenta subordinada a um determinado método. A diferença no resultado da implementação e do uso do *software* nessas empresas está no método como o *software* está sendo implementado e operacionalizado.

Na empresa onde houve sucesso, há um método definindo o uso do *software*: quem alimenta os dados, como eles são configurados, que relatórios são gerados, qual é o uso desses relatórios, quais são os treinamentos associados, etc. Na empresa em que a implementação do *software* fracassou, não houve preocupação suficiente com o método. Já que o *software* é uma ferramenta muito sensível à qualidade dos dados, a má qualidade destes gera a má qualidade das informações, responsável pelo insucesso da utilização do *software* nessa empresa.

Antes da preocupação com as técnicas/ferramentas, deve-se definir qual será o método utilizado e só então definir qual a melhor técnica/ferramenta a ser utilizada em cada um dos passos do método proposto.

Falconi (2009) destaca que existem três fatores fundamentais para a obtenção de resultados em qualquer iniciativa: liderança, conhecimento técnico e método, independentemente de se tratarem de fundações, empresas, órgãos públicos, etc., já que o conhecimento por si só não cria valor. O valor é criado quando o conhecimento é utilizado na construção de planos de ação cuja execução é garantida pela liderança. Conforme o autor, gerenciar é perseguir resultados; não existe gerenciamento sem método. O método é, então, a essência do gerenciamento.

Neste livro, a gestão do posto de trabalho (GPT) é definida como um método, constituído de um conjunto de conceitos e técnicas/ferramentas, que deve fazer parte da cultura da organização, pois é um relevante ativo do seu conhecimento.

2.3 O ativo do conhecimento e o ativo do capital

Os ativos de uma organização podem ser considerados como sendo de dois tipos distintos: os ativos do capital e os ativos do conhecimento.

O ativo do capital é aquele direcionado pelo mercado pela realização de investimentos diretos feitos pelos acionistas ou proprietários. Ele está relacionado com a capacidade da organização de adquirir tecnologias de processos, equipamentos e instalações. Essa capacidade possibilita à organização melhorar sua produção a partir de uma perspectiva de curto prazo.

Já o ativo do conhecimento é construído com a agregação de conhecimento e crescimento intelectual dos colaboradores da organização. Esse ativo está relacionado diretamente com as pessoas e com sua capacidade de adquirir e desenvolver conhecimentos por meio de treinamentos, melhorando-as e melhorando os métodos utilizados, o que ocorre a médio e longo prazo.

A busca de um método de gestão voltado para a implementação de melhorias contínuas implica, necessariamente, na mudança comportamental de todos colaboradores da organização por meio da agregação de conhecimento, isto é, por meio do aumento do seu ativo do conhecimento.

A partir da assimilação de um novo conhecimento, realizada por meio de treinamento e capacitação tecnológica, os participantes vivenciam na prática, em sua realidade, a aplicação desse novo conhecimento, obtendo como resposta novos resultados. Trata-se, portanto, de um processo contínuo e de cunho teórico-prático de assimilação de conhecimento.

A análise desses novos resultados permite que os participantes desenvolvam novos conceitos, o que possibilita o surgimento de uma nova teoria que irá se incorporar ao conhecimento já adquirido. Fecha-se, assim, o ciclo do conhecimento, aumentando o ativo do conhecimento da organização, conforme representado na Figura 2.1.

Para a obtenção de resultados sólidos e permanentes, é preciso que, na construção do ativo do conhecimento, os participantes desenvolvam as habilidades destacadas na Figura 2.2:

a) Humildade e empatia, reconhecendo que não se sabe tudo e que o conhecimento dos demais participantes pode contribuir para o aumento do conhecimento global.
b) Criatividade e comunicação, evidenciando a necessidade do diálogo e da criatividade para que o conhecimento seja disseminado em toda a organização.
c) Trabalho em grupo, evidenciando que a troca de experiências entre os participantes, aliada às habilidades anteriores, desenvolve o trabalho em grupo de forma que o ativo do conhecimento aumente coletivamente na organização.

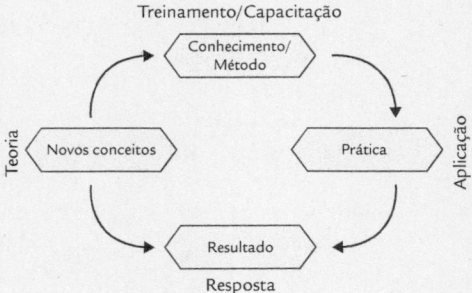

Figura 2.1 Ciclo do conhecimento.

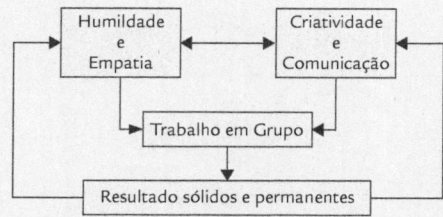

Figura 2.2 Habilidades necessárias para aumento do ativo do conhecimento.

Ao desenvolver uma cultura voltada para o aumento do Ativo do Conhecimento, a organização tende a se tornar uma organização de aprendizagem, deixando seus colaboradores habilitados para a assimilação de novas tecnologias e novos métodos de gestão, o que contribui para a competitividade e sobrevivência da empresa. Assim, o método de gestão entendido, disseminado e vivenciado pelos colaboradores da organização é uma parte viva e crucial do ativo do conhecimento das empresas.

Para a acumulação do conhecimento, Falconi (2009) cita alguns fatores básicos indispensáveis:

a) **Tempo**, pois o conhecimento é acumulado em diferentes velocidades por cada indivíduo. Existe uma "curva de aprendizagem".
b) **Metas** bem distribuídas para todas as pessoas da empresa que sejam a força motriz para a aquisição do conhecimento.
c) **Cultura** de insatisfação e voltada para o desempenho e busca contínua de melhores resultados, inclusive inovação, questionando sempre o nível atual. Cultura de indignação com o *statu quo*.
d) Elevada **motivação** do pessoal por meio de políticas de recursos humanos que devem ser utilizadas para preservar a saúde mental de todos os indivíduos da organização.
e) Sistema de **padronização** bem estabelecido, pois o padrão é o registro do conhecimento assimilado na prática (do conhecimento explícito).
f) Baixo *turnover* de pessoal. A mente humana é o registro do conhecimento tácito desenvolvido nas organizações.

Na Figura 2.3, Falconi (2009) mostra como o conhecimento é criado (ponto 1), aprendido (ponto 2), copiado (ponto 3) e difundido (ponto 4) na organização.

Segundo Falconi (2009), o método gerencial (método de solução de problemas) é único, tendo várias denominações. A denominação utilizada por Falconi é oriunda dos japoneses e muito difundida no Brasil e no mundo; é o PDCA (*Planejar – Executar – Verificar – Agir*)[2], que é, também, utilizado na aplicação dos conceitos discutidos neste livro.

---

[2] Do inglês, *Plan–Do–Check–Act*.

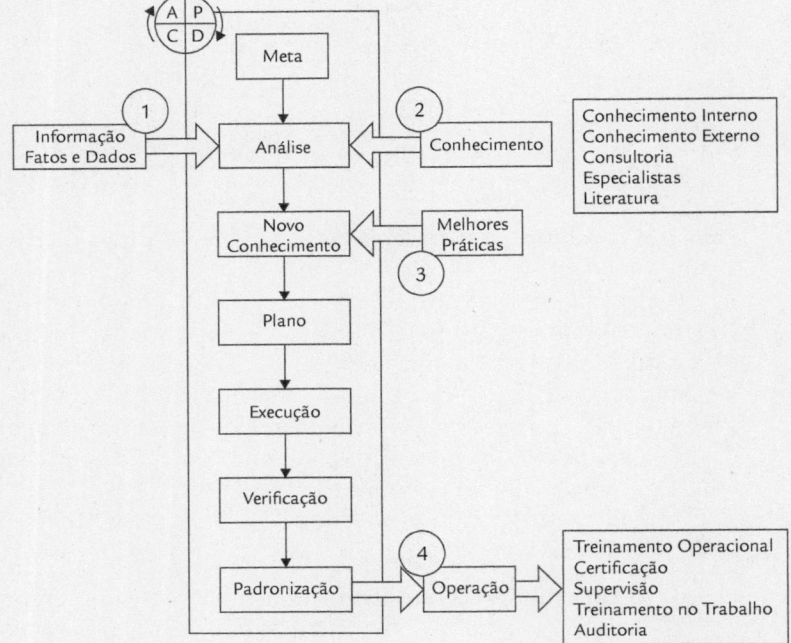

Figura 2.3 Habilidades necessárias para aumento do ativo do conhecimento.

Fonte: Falconi (2009, p.114).

2.4 O método dos métodos: o PDCA

O método PDCA deve ser empregado não só para buscar resultados, mas também para manter os resultados alcançados. Na Figura 2.4 está representado o método PDCA para buscar resultados, ou seja, para implementar melhorias buscando melhores resultados operacionais. A etapa de planejamento (*planejar*) compreende a definição das metas e os métodos a serem utilizados para alcançá-las. A etapa de execução (*executar*) compreende a educação e o treinamento dos colaboradores segundo os métodos definidos, a realização do trabalho e a coleta de dados. Na etapa de verificação (*verificar*), a partir dos dados coletados, é feita a comparação para verificar se os resultados alcançados estão de acordo com as metas planejadas. Por fim, na etapa de atuação corretiva (*agir*), atua-se no processo em função dos resultados obtidos.

Na Figura 2.5 está representado o método PDCA para manter os resultados alcançados pela implementação de melhorias, denominado SDCA.[3] A etapa de planejamento da figura anterior é substituída pela etapa de padronização (*padronizar*), na qual devem ser estabelecidos procedimentos operacionais padrão com vistas a assegurar que os resultados alcançados sejam mantidos.

---

[3] Do inglês, *Standard–Do–Check–Act*.

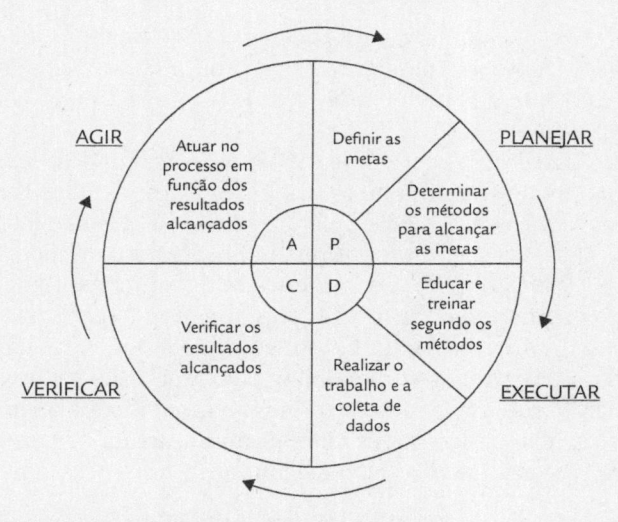

Figura 2.4 Método PDCA para implementar melhorias.

Fonte: Falconi (1994, p.195).

O método PDCA, segundo Falconi (2009), permite:

a) A participação de todas as pessoas da empresa em seu efetivo gerenciamento (melhoria e estabilização dos resultados).
b) A uniformização da linguagem e a melhoria da comunicação.
c) O entendimento do papel de cada um no esforço empresarial.
d) O aprendizado contínuo.
e) A utilização de várias áreas da ciência para a obtenção de resultados.
f) A melhoria da absorção das melhores práticas empresariais.

Figura 2.5 Método SDCA para manter melhorias.

Fonte: Falconi (1994, p.196).

O gerenciamento para *melhorar* os resultados com o emprego do método PDCA é mostrado na Figura 2.6. Da mesma forma, o gerenciamento para *manter* os resultados melhorados com o emprego do método SDCA é mostrado na Figura 2.7.

Na realidade, devem-se melhorar os resultados, manter os resultados melhorados e, de forma contínua e simultânea, rodar o método PDCA para se atingir novos níveis de excelência. Essa lógica está explicitada na Figura 2.8.

Ao rodar de forma contínua e simultânea o método PDCA para a realização de melhorias e para a manutenção de melhorias, estabelece-se na empresa o ciclo da melhoria contínua, representado na Figura 2.9.

A análise da Figura 2.9 mostra que é possível realizar melhorias em um processo produtivo com o objetivo de atingir novos níveis de excelência tanto atuando nas atividades de rotina, melhorando a eficiência operacional dos recursos disponíveis e, então, realizando melhorias contínuas (*kaizen*), quanto pela inovação (*kaikaku*), com mudança no processo produtivo. É o caso, por

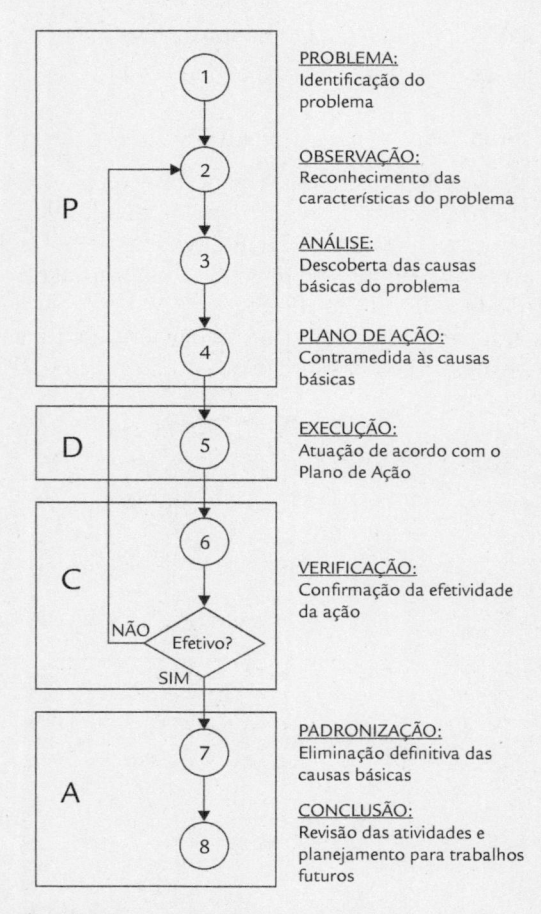

P	1	**PROBLEMA:** Identificação do problema
	2	**OBSERVAÇÃO:** Reconhecimento das características do problema
	3	**ANÁLISE:** Descoberta das causas básicas do problema
	4	**PLANO DE AÇÃO:** Contramedida às causas básicas
D	5	**EXECUÇÃO:** Atuação de acordo com o Plano de Ação
C	6	**VERIFICAÇÃO:** Confirmação da efetividade da ação
	Efetivo? NÃO / SIM	
A	7	**PADRONIZAÇÃO:** Eliminação definitiva das causas básicas
	8	**CONCLUSÃO:** Revisão das atividades e planejamento para trabalhos futuros

Figura 2.6 Método PDCA para melhorar os resultados.

Fonte: Adaptada de Falconi (1994, p.198).

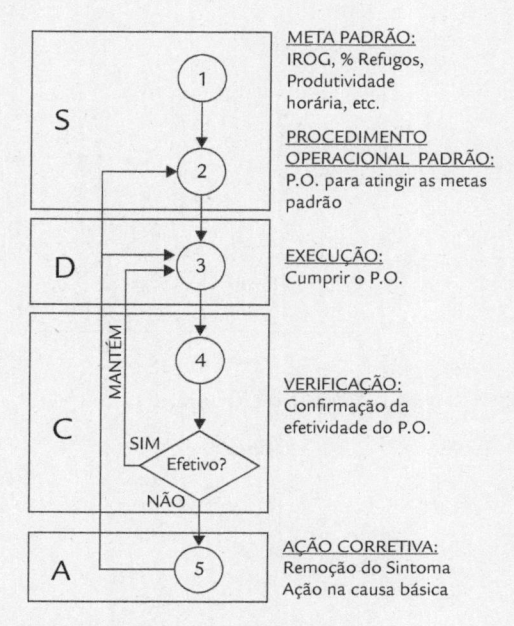

Figura 2.7 Método SDCA para manter os resultados.

Fonte: Adaptada de Falconi (1994, p.197).

exemplo, de avanços tecnológicos, quando se substitui em um posto de trabalho restritivo um equipamento de tecnologia ultrapassada por outro de mais nova geração, resultando em aumento imediato na capacidade de produção.

Finalmente, um ponto relevante de destaque é que os diferentes métodos desenvolvidos representam um ativo de conhecimento próprio e exclusivo das organizações. Trata-se de um processo contínuo de melhoria nos métodos de gestão das empresas. Portanto, na maior parte das vezes (e de forma distinta

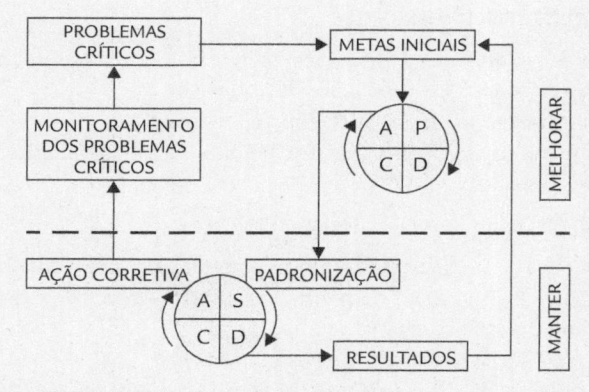

Figura 2.8 Método PDCA/SDCA para melhorar e manter os resultados.

Fonte: Adaptada de Falconi (2009, p.26).

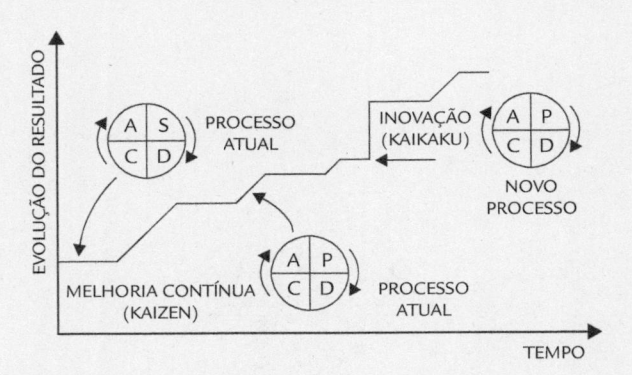

Figura 2.9 Método PDCA e o ciclo da melhoria contínua.

Fonte: Adaptada de Falconi (1994, p.200).

da aplicação de técnicas/ferramentas feita de forma isolada), esses métodos representam um ativo muito difícil de ser copiado/imitado pelos concorrentes.

2.5 Considerações finais

Conforme discutido neste capítulo, as organizações têm princípios, fazem uso de conceitos, utilizam ferramentas/técnicas e aplicam métodos para atingir os resultados a que se propõem, devendo, inicialmente, definir o método a ser utilizado para então definir qual a melhor técnica/ferramenta a ser utilizada na busca de seus objetivos. Dessa forma, o método, que faz parte do ativo do conhecimento das organizações, torna-se uma forma concreta de obtenção de vantagens competitivas por parte delas e deve ser aperfeiçoado ao longo do tempo.

A construção do método de gestão dos postos de trabalho para o aumento da eficiência operacional dos ativos das empresas é suportada por um conjunto de conceitos, que são discutidos no Capítulo 3.

Atualização na internet

Consciência.org – René Descartes: biografia, ideias, pensamentos.
    http://www.consciencia.org/descartes.shtml
T. W. Edwards Deming Institute. http://deming.org
Quality Management Institute. http://qualitymanagementinstitute.com

Referências

DESCARTES, R. *Discurso do método*. Porto Alegre: L&PM, 2009.
FALCONI, V. *TQC*: gerenciamento da rotina do trabalho do dia-a-dia. 3. ed. Rio de Janeiro: Block, 1994.
FALCONI V. *O verdadeiro poder.* Nova Lima: INDG, 2009.
WIKIPÉDIA. Dialética. In: WIKIPÉDIA. [S.l.]: Wikimedia Foundation, 2012. Disponível em: <http://pt.wikipedia.org/wiki/Dial%C3%A9tica>. Acesso em: 25 set. 2012.

3

Abordagem conceitual do índice de rendimento operacional global, do índice de multifuncionalidade e do índice de eficiência das pessoas

Durante a construção dos sistemas de produção enxuta, foram desenvolvidas ferramentas para acabar com as perdas no fluxo da produção. Uma dessas ferramentas é a manutenção produtiva total (MPT[1]), cujo objetivo é desenvolver um método de gestão do processo produtivo no intuito de "manter" os equipamentos operando e, consequentemente, aumentando o seu rendimento operacional. A MPT propõe um indicador de eficiência operacional denominado índice de rendimento operacional global (IROG). Neste capítulo, são discutidos os conceitos relacionados com esse indicador de desempenho, além dos aspectos ligados ao índice de multifuncionalidade dos postos de trabalho e à eficiência da utilização das pessoas.

3.1 Histórico

A construção do Sistema Toyota de Produção (STP), realizada pela Toyota Motor Company na busca da sua excelência operacional, resultou na quebra de muitos paradigmas vigentes durante o período anterior à crise do petróleo nos anos 70, os quais, até então, possibilitaram a construção de sistemas produtivos suportados pela lógica da produção em massa, como o Sistema Fordista de Produção.

A partir da quebra desses paradigmas, foram desenvolvidas ferramentas para eliminar (ou pelo menos reduzir) os desperdícios existentes no fluxo da produção com vistas a aumentar sua produtividade e obter melhores resultados operacionais. Destaca-se entre essas ferramentas a MPT.

O propósito da MPT é "manter" os equipamentos operando por meio de um sistema de gestão para aumentar a eficiência operacional deles, eficiência essa que é medida pelo IROG.

A MPT, segundo Nakajima (1989), é a "manutenção conduzida com a participação de todos", o que significa:

a) A busca da maximização do rendimento operacional das máquinas e equipamentos.

---

[1] Tradução do original em inglês *Total Productive Maintenance* – TPM.

b) Um sistema total que engloba todo o ciclo de vida útil da máquina e do equipamento.
c) Um sistema onde participam o *staff*, a produção e a manutenção.
d) Um sistema que congrega a participação de todos, desde a alta direção até o nível operacional.
e) Um movimento rotacional na forma de trabalho em grupo pela condução de atividades voluntárias.

Além disso, a letra T, que designa *total* na sigla MPT, apresenta três significados: *i*) rendimento *total* das máquinas, proveniente da maximização do rendimento operacional global; *ii*) sistema *total*, proveniente do enfoque global do envolvimento da engenharia, produção e manutenção; e *iii*) participação de *todos* (Nakajima, 1989, p.12).

Observa-se, portanto, que a forma de gestão proposta pela MPT busca o envolvimento de todos os colaboradores da organização no intuito de assegurar o funcionamento dos postos de trabalho. Assim, operadores e equipe de manutenção se integram em uma equipe única na busca desse objetivo comum. Aos primeiros cabe a responsabilidade de realizar as atividades básicas de manutenção como lubrificação, limpeza e pequenos reparos, enquanto as atividades que requerem um maior conhecimento técnico, como consertos, reformas e melhorias dos equipamentos, ficam sob responsabilidade da equipe de manutenção. Essa postura resulta em um aumento do tempo efetivo de produção dos equipamentos e, como consequência, há um aumento em sua eficiência operacional devido à redução do tempo gasto com a manutenção.

Nakajima (1989) definiu seis grandes perdas que influenciam diretamente na produtividade dos equipamentos. Essas perdas são descritas por Chiaradia (2004, p.38) na sequência (em parênteses a denominação dada por Nakajima (1989)):

1. Perda por quebra (perda por parada acidental), caracterizada pela parada de função, ou quando o equipamento fica indisponível por um determinado tempo, até que se restabeleça a condição original e se inicie novamente a operação, seja pela atividade da manutenção, *preset*, engenharia ou outro departamento.
2. Perda por *setup* e regulagens (perda durante a mudança de linha), relacionadas à mudança de produtos e regulagens até que seja concluído o *setup*. Cabe salientar que as regulagens feitas depois de concluído o *setup* devem ser caracterizadas como perdas, mas relacionadas à perda 1 (por quebra). A regulagem é, de modo geral, responsável pela maior parte do tempo perdido.
3. Perda por ociosidade e pequenas paradas (perda por operação em vazio/pequenas paradas), caracterizada por interrupções dos ciclos dos equipamentos; paradas intermitentes de linhas de produção gerando partidas e paradas constantes. Diferente da perda 1 (por quebra) por apresentar interrupções de tempo relativamente curtas.
4. Perda por redução de velocidade (perda por queda da velocidade de trabalho), quando a velocidade real é menor que a velocidade teórica ou de engenharia, implicando em tempos elevados de ciclo. Essas per-

das podem ser ocasionadas por problemas de manutenção, operação, qualidade ou processo, que levam os operadores e técnicos de manutenção, entre outros, a reduzirem as velocidades de trabalho dos equipamentos, permitindo que eles se mantenham em operação, encobrindo, porém, as reais causas do problema.

5. Perda por problemas de qualidade e retrabalhos (perda por defeito no processo), relacionada à geração de produtos não conformes, causada pelo mau funcionamento dos equipamentos.
6. Perda por queda de rendimento (perda por defeito no início de produção), relacionada às restrições técnicas dos equipamentos, que exigem um período para estabilização das condições dos equipamentos após períodos de parada.

As metas para a redução dessas perdas propostas por Nakajima (1989) e Chiaradia (2004) são mostradas na Tabela 3.1:

Tabela 3.1 Metas de diminuição de perdas

Tipo de perda	Meta	Explicação
1 – Quebra	0	Reduzir para zero em todo o equipamento
2 – *Setup* e ajustes	minimizar	Reduzir os tempos de *setup* para menos de 10 minutos
3 – Ociosidade e pequenas paradas	0	Reduzir para zero em todo o equipamento
4 – Redução de velocidade	0	Igualar o tempo de ciclo ao tempo de engenharia e fazer melhorias para reduzir o tempo de engenharia
5 – Defeitos de qualidade e retrabalho	0	Aceitar somente ocorrências extremamente pequenas. Exemplo: 100 ppm a 330 ppm
6 – *Startup*	minimizar	

Fonte: Chiaradia (2004), adaptada de Nakajima (1989).

Hansen (2006) classifica as perdas segundo as seguintes cinco categorias:

1. Perda por parada não programada (DT – *downtime*). Todos os eventos que ocasionam paradas não programadas do equipamento, que podem ser classificadas como:

    1.1 DT técnica. Parada não programada por falha no equipamento que afeta a máquina ou processo.
    1.2 DT operacional. Parada não programada causada pela não observação de procedimentos operacionais; operação fora das especificações; erros do operador; etc.
    1.3 DT qualidade. Parada não programada causada por suprimentos e matérias-primas fora das especificações; problemas de controle do processo; testes não planejados; produtos não manufaturáveis e sujeira oriunda do produto ou processo.

2. Tempos de parada (ST – *stop time*). Paradas que podem ser planejadas ou não:

   2.1 ST operacional. Tempo de parada planejada. Inclui ações operacionais como paradas para troca de produto e mudanças de tamanho, bem como testes-padrão, carregamento de material planejado e recebimento de documentação.
   2.2 ST induzido. Tempo de parada não planejada, quando a linha para por razões externas (não relacionadas à máquina), como falta de matérias-primas, de suprimentos, de pessoal, de informações e por causa de reuniões não planejadas.

3. Tempo excluído. Período normalmente programado para não produzir. Inclui as paradas programadas para refeições, manutenção, reuniões, testes, treinamentos, férias e fins de semana, etc.
4. Perda de velocidade (*speed loss*). É a redução percentual da eficiência pelo equipamento estar operando em velocidade inferior à nominal. Ela representa a diferença entre o tempo teórico e o tempo real utilizado para se produzir.
5. Perdas por falta de qualidade (*quality rate*). É a quantidade de produtos bons dividida pela quantidade total de produtos fabricados. Corresponde ao percentual da eficiência devido aos problemas de qualidade.

Nakajima (1989) destaca que o IROG é resultado da multiplicação de três outros índices: *i*) índice de tempo operacional, ou ITO, que é um **índice de disponibilidade** relacionado com os tempos de parada dos equipamentos; *ii*) índice de desempenho operacional, ou IPO, que é um **índice de desempenho** relacionado com a queda de velocidade durante a operação dos equipamentos e com pequenas paradas temporárias e outras perdas não registradas; e *iii*) índice de produtos aprovados, ou IPA, que é um **índice de qualidade** relacionado com a produção de itens com defeitos. Neste livro são utilizadas as seguintes denominações para os índices de eficiência que compõem o IROG: índice de disponibilidade, índice de desempenho e índice de qualidade. Os índices mencionados e as fórmulas para seus cálculos são discutidos nos tópicos subsequentes deste capítulo.

Hansen (2006) relaciona as perdas por paradas não programadas e as perdas por tempo de parada com o índice de disponibilidade; a perda de velocidade com o índice de desempenho; e a perda por não qualidade com o índice de qualidade. As relações entre esses índices, as causas de queda de rendimento, as perdas e os tempos de operação dos equipamentos são apresentadas na Figura 3.1.

Conforme se verifica na Figura 3.1, Nakajima (1989) propõe para empresas de classe mundial no ramo metalomecânico, a partir de uma base empírica, a obtenção de IROG superior a 85%, sendo necessário, para tanto, que o índice de disponibilidade seja superior a 90%, o índice de desempenho superior a 95% e o índice de qualidade superior a 99% (Nakajima, 1989, p.27).

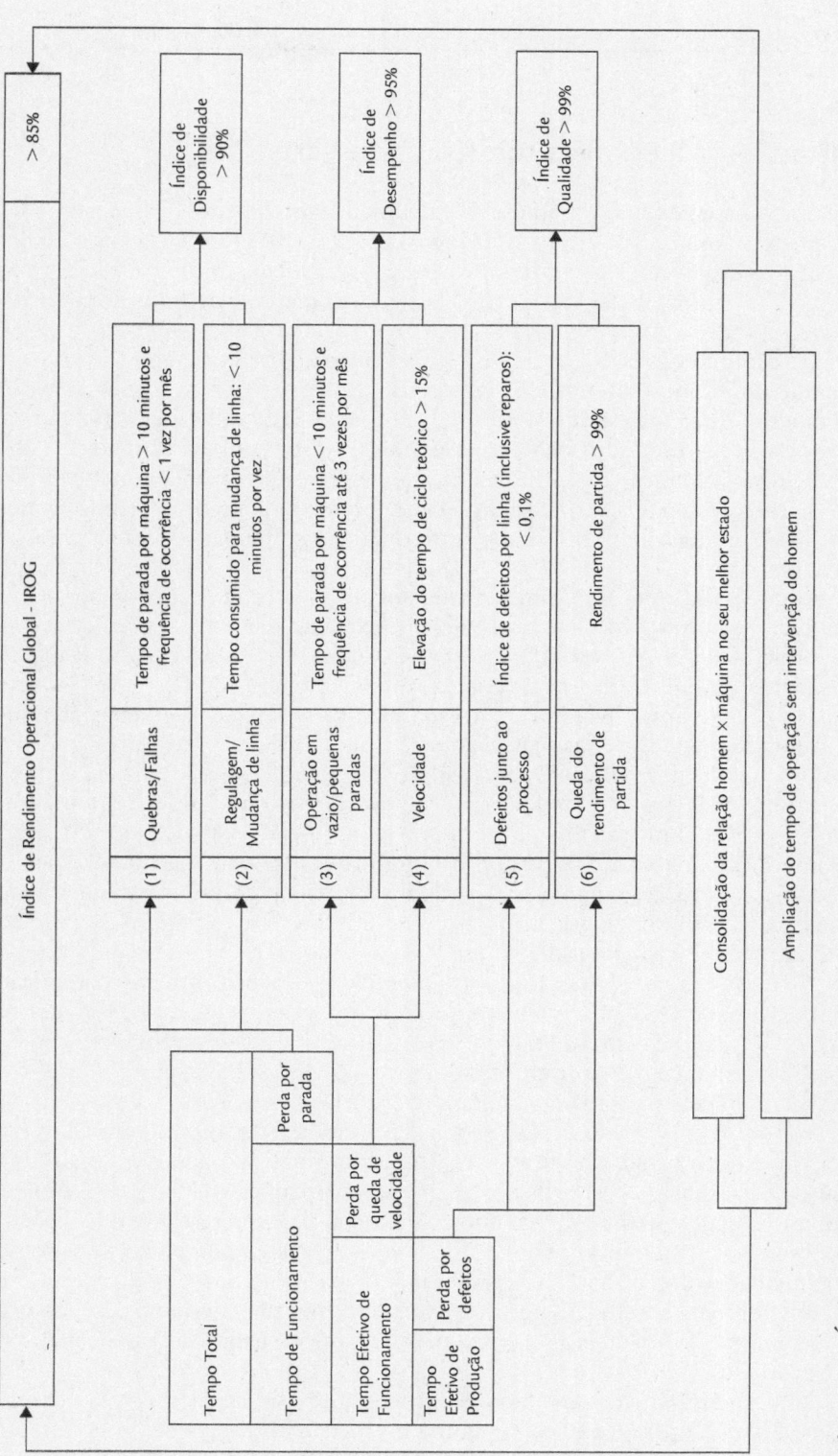

Figura 3.1 Índice de Rendimento Operacional Global – IROG.

Fonte: Adaptada de Nakajima (1989, p.25).

3.2 Mecanismo da função produção (MFP): a função processo e a função operação

O paradigma da análise da produção pela análise das operações que compõem um processo produtivo tornou-se ultrapassado. De acordo com esse paradigma, o processo produtivo era visto como um somatório de operações. Dessa forma, melhorar uma operação significava, automaticamente, melhorar o processo como um todo.

De acordo com o STP, a análise do fenômeno da produção passou a ser vista de uma forma diferente, surgindo um novo paradigma. Shingo (1996a) argumenta que: "antes de estudar o STP, é necessário entender a função da produção como um todo" (Shingo, 1996a, p. 37). Além disso, Shingo (1996b) sugere que a produção constitui uma *rede* de processos e operações, fenômenos que se posicionam ao longo de eixos que se interseccionam. Em termos de melhorias de produção, deverá ser dada prioridade máxima para os fenômenos de processo.

Com essa afirmação, Shingo revolucionou o conceito do que vem a ser o fenômeno da produção. De acordo com ele, existem dois eixos: o primeiro, correspondendo ao fluxo das matérias-primas, materiais e serviços, que se transformam em produtos finais ou serviços, refere-se ao eixo do processo (Função Processo), enquanto o segundo, correspondendo ao fluxo de homens e máquinas, que interagem com as matérias-primas, materiais e serviços, refere-se ao eixo das operações (Função Operação).

Shingo (1996b) afirma que o processo pode ser entendido como o fluxo de produtos de um trabalhador para outro, ou seja, os estágios pelos quais a matéria-prima passa até se tornar um produto acabado, a sua transformação gradativa. Operação refere-se ao estágio distinto no qual um trabalhador pode trabalhar em diferentes produtos, isto é, um fluxo temporal e espacial, que é firmemente centrado no trabalhador.

Na indústria metalomecânica, por exemplo, quando se observa a produção de uma peça, está se observando o que ocorre a uma chapa de aço (matéria-prima) desde a sua entrada no processo produtivo até a sua transformação na peça (produto acabado). Trata-se da observação crítica da produção do ponto de vista do objeto de trabalho (materiais, produtos e serviços).

Por outro lado, as operações podem ser visualizadas como o trabalho para efetivar esse processo. Conforme citado anteriormente, a operação vem a ser a análise dos diferentes estágios nos quais os trabalhadores, as máquinas e equipamentos podem estar trabalhando ou sendo aplicados em diferentes produtos e serviços. Trata-se da observação crítica da produção do ponto de vista do sujeito do trabalho (máquinas e trabalhadores), com o foco dirigido e mantido em um ponto da estrutura de produção ocupado por um operador, uma máquina ou equipamento, ou ainda, como frequentemente acontece, uma combinação de ambos.

Voltando à indústria metalomecânica, quando se observa o trabalho realizado por um operador e sua máquina de corte a *laser*, está se observando a operação de corte, que faz parte do processo de produção da peça.

Dito isso, constata-se que o processo nada mais é do que o fluxo do produto, enquanto a operação vem a ser o fluxo do trabalho. Conforme mencionado, esses dois fluxos não são fenômenos sobrepostos pertencentes a um mesmo eixo de análise, mas fenômenos pertencentes a eixos diferentes que, na sua interseção, constituem o mecanismo da produção. Por pertencerem a eixos diferentes, esses fenômenos devem ser analisados separadamente. Na Figura 3.2, é apresentada a estrutura da produção.

Shingo (1996a) propôs a simbologia indicada na Figura 3.3 para representar os fenômenos que ocorrem em um processo, no qual:

- Processamento corresponde à alteração na forma ou qualidade, montagem ou desmontagem.
- Transporte ou movimentação interna de carga corresponde à mudança de local, ao deslocamento.
- Inspeção corresponde à comparação com um padrão previamente determinado.
- Espera corresponde ao período de tempo no qual nenhum processamento, transporte ou inspeção é realizado no objeto do trabalho.

Ao se analisar um sistema produtivo de acordo com o MFP, constata-se que melhorias fundamentais para aumentar sua eficiência operacional devem ser realizadas na Função Processo (fluxo das matérias-primas, materiais, serviços).

A análise sistêmica de um processo produtivo de acordo com o MFP possibilita a identificação dos postos de trabalho que constituem as restrições do sistema. Ao se elevar a eficiência operacional desses postos de trabalho restritivos, quantificada pelo indicador de desempenho IROG, eleva-se a eficiência operacional de todo o processo produtivo, o que é obtido com a implementação e manutenção do método GPT.

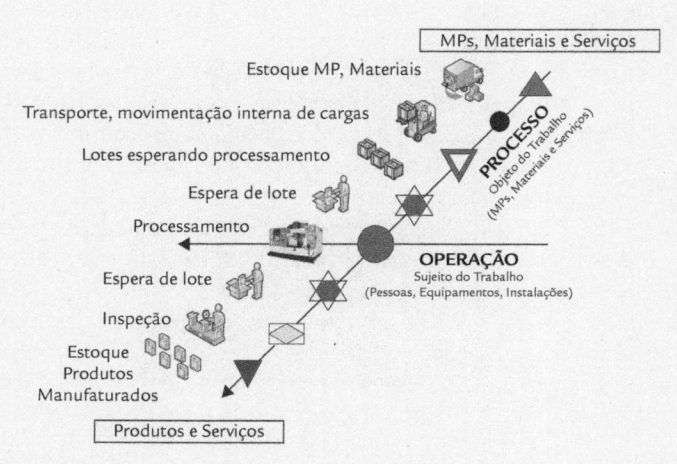

Figura 3.2 Estrutura da produção.

Fonte: Adaptada de Shingo (1996a, p. 38).

- Processamento
- Transporte, movimentação interna de cargas
- Inspeção
- Estoque matérias-primas, materiais ⎫
- Espera de lote   ⎬ Esperas
- Lotes esperando processamento   ⎪
- Estoque de produtos manufaturados   ⎭

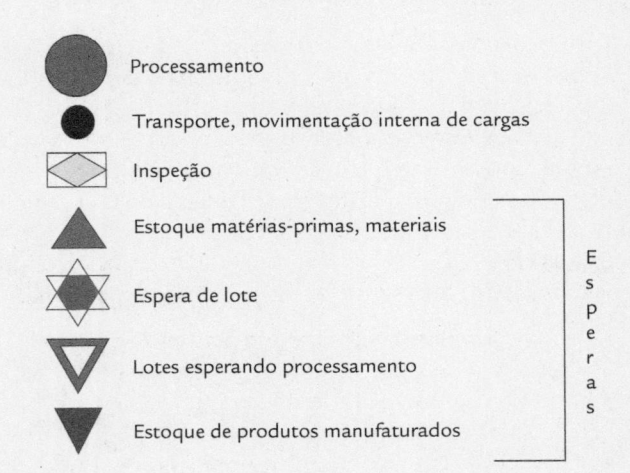

Figura 3.3 Simbologia das operações segundo Shingo.
Fonte: Adaptada de Shingo (1996a, p. 39).

3.3 Gargalos e recursos com restrição de capacidade (CCR)[2]

Antunes Júnior e colaboradores (2008) registram que uma das questões essenciais da engenharia da produção refere-se à determinação, com a máxima precisão possível, da capacidade grosseira de produção. Em geral, as lógicas adotadas para a determinação da capacidade nas empresas têm pouco rigor científico, já que, na maior parte das vezes, não consideram as eficiências reais dos equipamentos. Outro problema daí derivado está relacionado à determinação dos chamados gargalos produtivos e dos recursos com restrição de capacidade – os CCR. Nesse caso, é preciso ir além de visões simplistas, segundo as quais os gargalos seriam: *i*) a operação com maior dificuldade; *ii*) a operação mais lenta; *iii*) a operação que possui o maior estoque antes de ser realizada.

Cox III e Spencer (2002) afirmam que restrição é qualquer elemento ou fator que impede que um sistema conquiste um nível de melhor desempenho no que diz respeito a sua meta. As restrições podem ser físicas, como pessoas, ou não físicas como, por exemplo, políticas, procedimentos e práticas adotados pela organização. A Teoria das Restrições – TOC,[3] proposta por Goldratt e Cox (2011), baseia-se no princípio de que qualquer sistema tem ao menos uma restrição, caso contrário poderia produzir uma quantidade infinita de produtos.

Antunes Júnior e colaboradores (2008) afirmam que os gargalos constituem recursos cuja capacidade disponível é menor do que a capacidade necessária para atender às ordens demandadas pelo mercado, ou seja, são recursos cuja capacidade instalada é inferior à demanda do mercado no período de tempo, geralmente longo, considerado para análise. Caso existam vários recursos com capacidade inferior à sua demanda, o gargalo principal será aquele recurso

---

[2] Do inglês: *Capacity Constrained Resources – CCR*.

[3] Do inglês: *Theory of Constraints – TOC*.

que se encontra com valores de *déficit* de capacidade mais negativos. O conceito de gargalo é **estrutural**.

Segundo Antunes Júnior e colaboradores (2008), os recursos com restrição de capacidade (CCR) são aqueles que, em média, têm capacidade superior à necessária, mas que, em função das variabilidades que ocorrem nos sistemas produtivos ou devido a variações significativas da demanda, podem **conjunturalmente** apresentar restrições de capacidade.

Ohno (1997) faz uma analogia com a história da corrida da tartaruga e da lebre, considerando os postos de trabalho restritivos, cuja capacidade de produção é inferior à demanda, como "tartarugas" do sistema produtivo, e como "lebres" aqueles recursos cuja capacidade é maior do que a demanda, pois não limitam a produção. Ohno (1997) afirma que "em uma fábrica onde as quantidades necessárias realmente ditam a produção, eu gosto de mostrar que a lenta, porém consistente, tartaruga, causa menos desperdício e é muito mais desejável do que a rápida lebre, que corre à frente e então para ocasionalmente para tirar uma soneca" (Ohno, 1997, p.78).

Antunes Júnior e colaboradores (2008) ressaltam que, no entendimento da função processo de acordo com o MFP, é fundamental entender a diferença entre esses dois tipos de recursos restritivos que limitam o fluxo de materiais no processo produtivo e, portanto, afetam o resultado global da empresa.

3.4 Cálculo do índice de rendimento operacional global

Antunes Júnior e colaboradores (2008) afirmam que pelo cálculo e monitoramento constante da eficiência produtiva dos recursos, torna-se possível elaborar planos de ação visando solucionar os principais motivos de ineficiência dos sistemas produtivos. Em geral, os gestores não sabem determinar e distinguir com clareza a eficiência da utilização dos materiais/equipamentos, das pessoas, etc., para uma análise consistente dos aspectos relativos à eficiência dos sistemas produtivos. Para tanto, é relevante aplicar:

- Os princípios do Sistema Toyota de Produção – especialmente as noções do mecanismo da função produção (Função Processo e Função Operação).
- Os conceitos da Teoria das Restrições – em especial a noção de gargalos produtivos.

Em uma empresa, a capacidade de produção de um posto de trabalho (C), relacionada com a função operação do MFP, é igual ao tempo no qual este posto de trabalho está disponível para produção (T) multiplicado pela sua eficiência (IROG, representado por μ_{global}), conforme a Equação 3.1:

$$C = T \times \mu_{global}$$

Equação 3.1 Capacidade de produção de um posto de trabalho.

Segundo o MFP, ao se analisar a demanda de um posto de trabalho, analisa-se a Função Processo (matérias-primas/materiais/serviços que fluem ao longo do processo). A demanda de um posto de trabalho é igual ao somatório (Σ) da multiplicação da quantidade de cada item produzido (q_i) pelo respectivo tempo de ciclo ou tempo padrão (tp_i) de cada produto, conforme a Equação 3.2. Esse tempo corresponde ao tempo de valor agregado do posto de trabalho, ou seja, o tempo no qual ele operou agregando mais-valia ao produto em elaboração.

$$D = \sum_{i=1}^{n} tp_i \times q_i$$

Equação 3.2 Demanda de um posto de trabalho.

Intuitivamente, pode-se afirmar que em um posto de trabalho restritivo (gargalos) a demanda é igual à capacidade de produção, sendo então possível igualar as Equações 3.1 e 3.2, obtendo-se a Equação 3.3, que define a fórmula para o cálculo do IROG do sistema produtivo.

$$\mu_{global} = \frac{\sum_{i=1}^{n} tp_i \times q_i}{T}$$

Equação 3.3 IROG de um posto de trabalho.

Onde,

i = item produzido até o limite n
n = número de ocorrências do item i
tp_i = tempo de ciclo do item i
q_i = quantidade boa do item i produzida
T = tempo disponível para produção

O IROG não deve ser calculado da mesma maneira para todos os postos de trabalho. De acordo com a Figura 3.4, ele é calculado a partir de dois conceitos, descritos na sequência.

IROG = μ_{Global}

TEEP = μ_{TEEP} nos postos de trabalho restritivos (gargalos e CCRs)
Total Effective Equipment Productivity

OEE = μ_{OEE} nos demais postos de trabalho
Overall Equipment Effectiveness

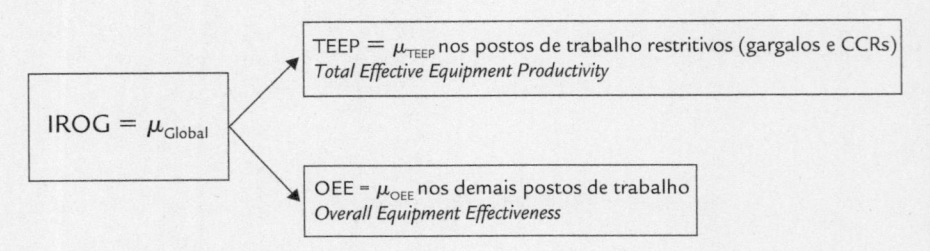

Figura 3.4 Conceitos de TEEP e OEE.

Conforme Antunes Júnior e Klippel (2001), nos postos de trabalho restritivos (gargalos) o IROG deve assumir o conceito de TEEP (*Total Effective Equipment Productivity*, ou produtividade efetiva total do equipamento). Neste caso, o tempo disponível para produção corresponde ao tempo de calendário,[4] não se admitindo nenhuma parada programada (refeição, ginástica laboral, etc.). Trata-se de calcular a produtividade real do sistema produtivo na sua restrição, conforme a Equação 3.4:

$$\mu_{TEEP} = \frac{\sum_{i=1}^{n} tp_i \times q_i}{TempoCalendário}$$

Equação 3.4 IROG de um posto de trabalho restritivo.

A situação ideal é operar esse posto de trabalho durante todo o tempo de calendário da empresa, sendo uma função gerencial aumentar sistematicamente sua eficiência. O aumento dessa eficiência tem como consequência o aumento do desempenho do sistema produtivo como um todo, até o momento em que esse posto de trabalho passa a não ser mais a restrição do sistema.

Além disso, de acordo com Antunes Júnior e Klippel (2001), para o cálculo do IROG nos demais postos de trabalho é utilizado o conceito de OEE (*Overall Equipment Effectiveness*, ou índice de eficiência global do equipamento). Nesse caso, o tempo disponível para produção corresponde ao tempo de calendário subtraído do tempo total de paradas programadas. Os postos de trabalho não restritivos não precisam e não devem funcionar em tempo integral (tempo de calendário), na medida em que só seriam gerados estoques intermediários. O OEE deve ser entendido como a maneira como o sistema funcionou quando foi requisitado a trabalhar, sendo calculado conforme a Equação 3.5.

$$\mu_{OEE} = \frac{\sum_{i=1}^{n} tp_i \times q_i}{TempoProgramado}$$

Equação 3.5 IROG de um posto de trabalho não restritivo.

A elevação dessa eficiência pode reduzir os custos de produção quando, por exemplo, o aumento da eficiência possibilita a redução dos turnos de produção com o atendimento da demanda. Por outro lado, o aumento do OEE possibilita: *i*) atender aos acréscimos da demanda sem que seja necessária a aquisição de novos equipamentos; *ii*) fornecer maior flexibilidade para a fábrica, na medida em que é possível aumentar o número de preparações (*setups*) e, consequentemente, reduzir o tamanho dos lotes.

---

[4] O tempo de calendário corresponde ao tempo em que a empresa está disponível para produzir, podendo ser, por exemplo, coincidente com o horário administrativo ou o horário de um, dois ou três turnos de produção, em função dos turnos de produção existentes na empresa.

Tempo de ciclo

Conforme Antunes Júnior e colaboradores (2008), genericamente, para um equipamento, o tempo de ciclo[5] é o tempo necessário para execução do trabalho em uma peça; é o tempo transcorrido entre o início da produção de duas peças sucessivas de um mesmo modelo em condições de abastecimento constante. Algumas operações, como tratamento térmico, queima de cerâmica, tratamento químico, pintura, etc., em função de suas características, requerem que o tempo de ciclo seja definido como o tempo para o processamento de um lote ou batelada.

Cada máquina ou equipamento tem um tempo de ciclo característico para cada operação (processamento) executada. Em alguns casos, como em tornos automáticos e CNC, ele pode ser fisicamente identificado com relativa facilidade (por exemplo, retorno das ferramentas de corte a uma mesma posição); em outros, nem tanto, com no caso de operações manuais. De acordo com as características de cada posto de trabalho, o tempo de ciclo compreende tempos distintos, conforme mostrado na Tabela 3.2.

Em um processo em lote, o tempo de ciclo de cada peça (tempo de ciclo unitário) é obtido pela divisão dos tempos somados de carga, de processamento e de descarga pela quantidade ideal de um lote dessa peça. Por exemplo, supondo que uma operação de tratamento térmico seja feita em 60 minutos e que o lote ideal seja de 60 peças, o tempo de ciclo de cada peça nesse posto de trabalho será de 1 minuto. Caso a quantidade de peças no lote a ser processado seja inferior ao lote ideal, o tempo de ciclo será o mesmo; porém, a eficiência desse posto de trabalho será menor em função da queda de desempenho devido ao não aproveitamento da capacidade instalada. No exemplo citado, considerando-se que seja processado um lote de apenas 30 peças, a queda de desempenho da operação será de 50%.

Tabela 3.2 Elementos de tempo que compõem o tempo de ciclo

Totalmente automatizado: tempo de recarga automático + tempo de processamento automático + tempo de descarga automático	Robô
Máquina com carga e descarga manual: tempo de carga manual + tempo de processamento automático + tempo de descarga manual	Puncionadeira
Máquina com operador com carga e descarga manual: tempo de carga manual + tempo de processamento manual + tempo de descarga manual	Solda manual
Somente atividades manuais: soma das tarefas manuais	Embalagem Montagem

---

[5] O tempo de ciclo de uma operação deve ser determinado a partir da realização de cronoanálises/cronometragens. O detalhamento de como realizar uma cronometragem e/ou uma cronoanálise é encontrado em Barnes (1999).

Hirano (2009) enfatiza que não se deve institucionalizar as perdas existentes nas operações de processamento. Segundo o autor, descobrir as perdas é um trabalho de "arregaçar as mangas", devendo-se observar atenta e exaustivamente a operação de processamento no ambiente fabril para identificar as atividades que agregam valor (e são consideradas trabalho) e as atividades que não agregam valor (e são consideradas perdas). Ao identificar o trabalho, as demais atividades devem ser eliminadas. O autor ainda cita o exemplo de uma operação de fixação com parafuso. O trabalho ocorre somente no giro final da parafusadeira. Apanhar a parafusadeira, inserir o parafuso e todas as demais atividades são consideradas perdas nesse processo de fixação.

Ao se analisar a operação de uma guilhotina, o tempo de agregação de valor corresponde apenas ao ato de cortar a chapa. Já o tempo de não agregação de valor corresponde ao tempo de abastecimento e desabastecimento da chapa para a posição de corte, somado, ainda, ao tempo de deslocamento da guilhotina da prensa para realização do corte e retorno à posição inicial. Esses tempos devem ser continuamente reduzidos, buscando-se diminuir o tempo de ciclo para que ele corresponda, tanto quanto possível, apenas ao tempo de agregação de valor.

Frequentemente, confunde-se o tempo de ciclo de um produto com o *takt time*. Enquanto o primeiro, como comentado anteriormente, é o tempo necessário para produzir uma peça em um posto de trabalho, o *takt time* corresponde ao tempo necessário para produzir uma peça no ritmo ditado pelo mercado. Supondo que o mercado demande em um determinado período 120 peças por hora, o *takt time* será de 0,5 minutos (60 minutos/120 peças). Caso essa demanda seja reduzida para 60 peças por hora, o *takt time* passa a ser de 1 minuto (60 minutos/60 peças). Nas duas situações, o tempo de ciclo no posto de trabalho é o mesmo.

Normalmente, ao se dimensionar uma linha de produção, a sua capacidade é calculada a partir dos tempos de ciclo existentes no sistema para cada item a ser produzido e dos tempos de paradas programadas pré-estabelecidos, como paradas para ginástica laboral, refeição, reunião, manutenção preventiva, entre outras. No entanto, a mão de obra, os equipamentos e os insumos da fábrica variam, fazendo com que a capacidade calculada não seja atingida, o que inviabiliza, eventualmente, o atendimento da demanda existente. Ao se considerar o valor do IROG em um recurso monitorado, seja ele restritivo ou não, essas distorções são corrigidas, possibilitando uma análise eficaz entre a capacidade instalada e a demanda existente.

3.5 Os índices que compõem o índice de rendimento operacional global

Conforme comentado anteriormente, Nakajima (1989) destaca que o IROG é resultado da multiplicação de três outros índices (Equação 3.6), que são discutidos a seguir.

$$\mu_{global} = \mu_1 \times \mu_2 \times \mu_3$$

Equação 3.6 IROG de um posto de trabalho.

3.5.1 Índice de disponibilidade (μ_1)

Corresponde ao tempo durante o qual o posto de trabalho ficou disponível para produção, menos o tempo durante o qual ele ficou parado, ou seja, é levado em conta o tempo durante o qual a velocidade de produção é igual a zero. Se o posto de trabalho for um recurso restritivo, o tempo considerado para produção é o tempo de calendário; se o posto de trabalho não for um recurso restritivo, o tempo considerado para produção é o tempo programado. Esse índice é calculado de acordo com a Equação 3.7:

$$\mu_1 = \frac{\text{Tempo Disponível} - \sum \text{Tempo Paradas}}{\text{Tempo Disponível}}$$

Equação 3.7 Índice de Disponibilidade.

Quanto menor for o valor desse índice, maior será o potencial de aumento de utilização do posto de trabalho, pois um baixo valor indica que ocorreram muitas paradas. Os postos de trabalho que processam pouca variedade de peças têm a tendência de apresentar um índice de disponibilidade maior devido à pouca necessidade de paradas para *setup*. Quando há grande variedade de peças, são exigidos muitos *setups*, e os tempos de paradas totais (número de paradas x tempo de *setup*) tendem a aumentar consideravelmente.

3.5.2 Índice de desempenho (μ_2)

Está relacionado ao desempenho do posto de trabalho. É calculado em função do tempo de produção total,[6] durante o qual são produzidos itens conformes e itens não conformes, e do tempo durante o qual o equipamento estiver realmente em produção.[7] Esse índice é calculado de acordo com a Equação 3.8:

$$\mu_2 = \frac{\text{Tempo de Produção Total}}{\text{Tempo Real de Operação}}$$

Equação 3.8 Índice de desempenho.

Basicamente, as seguintes causas podem ser consideradas como responsáveis pela obtenção de um baixo valor desse índice:

1. Operação em vazio: quando o equipamento está ativado, mas nenhum item está sendo produzido; ou tempos de paradas momentâneas como picos de energia de difícil registro.

---

[6] O tempo de produção total corresponde à soma do tempo de produção de itens conformes (itens bons) ao tempo de produção dos itens não conformes (itens fora de especificação).

[7] O tempo real de operação corresponde ao tempo disponibilizado para produção (tempo de calendário ou tempo programado, caso o posto de trabalho seja um recurso restritivo ou não), menos a soma dos tempos de paradas programadas e dos tempos de paradas não programadas.

2. Tempo de pequenas paradas não registradas, como, por exemplo, picos de queda de energia de difícil registro ou paradas momentâneas para regulagem do equipamento, entre outras.
3. Quedas de velocidade de operação: quando a velocidade de operação do equipamento é reduzida em função de um operador não devidamente habilitado estar em treinamento ou quando houver outras causas que exijam a redução da velocidade de operação do equipamento.

Por outro lado, podem ocorrer as seguintes distorções que afetam o valor desse índice para mais ou para menos:

1. O Índice de desempenho pode sofrer distorções caso os tempos de ciclo registrados no sistema sejam diferentes dos tempos de ciclo reais. Se o tempo de ciclo registrado no sistema for menor do que o tempo de ciclo real, em um determinado período de tempo será obtida uma produção menor do que a prevista pelo sistema, causando a queda do valor desse índice. Inversamente, se o tempo de ciclo registrado no sistema for maior do que o tempo de ciclo real, em um determinado período de tempo será obtida uma produção maior do que a prevista pelo sistema, causando o aumento do valor desse índice.
2. Se uma fração do tempo durante o qual o posto de trabalho estiver parado for registrada como tempo em que o posto de trabalho está operando, será obtida, em relação ao tempo registrado como programado para produção, uma produção menor do que a prevista, o que causará uma queda no índice de desempenho do posto de trabalho durante sua operação. Por outro lado, se uma fração do tempo durante o qual o posto de trabalho estiver operando for registrada como tempo em que o posto de trabalho está parado, será obtida, em relação ao tempo registrado como programado para produção, uma produção maior do que a prevista, causando consequentemente um aumento no valor do índice de desempenho do posto de trabalho durante sua operação.
3. É registrada uma quantidade menor do que a realmente produzida durante o tempo programado para produção, ocasionando a queda do valor do índice de desempenho do posto de trabalho. Mas se é registrada uma quantidade maior do que a realmente produzida durante o tempo programado para produção, haverá um aumento do valor do índice de desempenho.

Para evitar essas distorções é necessário trabalhar para a validação do modelo, ou seja, para corrigir todos os pontos considerados nos itens anteriores. Isso é fundamental para dar credibilidade à mensuração do Índice de Desempenho (μ_2).

3.5.3 Índice de qualidade (μ_3)

Está relacionado com a qualidade dos itens produzidos. É calculado em função do tempo de produção total, quando itens conformes e itens não conformes são produzidos. Esse índice é calculado de acordo com a Equação 3.9:

$$\mu_3 = \frac{\text{Tempo de agregação de valor}}{\text{Tempo de produção total}}$$

Equação 3.9 Índice de qualidade.

O tempo de agregação de valor corresponde ao numerador da Equação 3.3 ($\sum_{i=1}^{n} tp_i \times q_i$) e é igual ao tempo de produção de itens conformes (itens bons). Valores baixos do índice de qualidade são obtidos quando há muitos ajustes gerando retrabalhos e refugos após uma operação de *setup*, quando é produzida grande quantidade de itens fora de especificação.

O valor do índice de qualidade pode ser obtido aproximadamente, considerando-se as quantidades de itens bons e de itens fora de especificação produzidos, conforme a Equação 3.10.

$$\mu_3 = \frac{\text{Quantidade de itens conformes (bons)}}{\text{Quantidade de itens bons + quantidade de itens fora de especificação}}$$

Equação 3.10 Índice de produtos aprovados (índice de qualidade).

O valor obtido pela Equação 3.9 será igual ao valor obtido pela Equação 3.10 caso os tempos de ciclo de todos os itens produzidos sejam iguais.

No entanto, podem ser produzidos itens não conformes em postos de trabalho à jusante do posto de trabalho monitorado (por exemplo, em uma célula de produção, nos postos de trabalho após o gargalo). Nesse caso, pode-se fazer uma correção tanto no índice de rendimento operacional global como no índice de qualidade, obtendo-se um índice de rendimento operacional global e um índice de qualidade *corrigidos*, os quais são calculados, respectivamente, pelas Equações 3.11 e 3.12. Assim, é importante destacar que a eficiência operacional da célula de produção monitorada será inferior à eficiência operacional do recurso restritivo.

$$\mu_{\text{global CORRIGIDO}} = \mu_{\text{global}} (1\text{-\% refugos após o recurso monitorado})*$$

Equação 3.11 IROG corrigido.

$$\mu_{3\text{CORRIGIDO}} = \mu_3 (1\text{-\% refugos após o recurso monitorado})*$$

Equação 3.12 Índice de qualidade corrigido.

Pode acontecer, também, que um item não conforme seja retrabalhado no próprio posto de trabalho monitorado. Nesse caso devem ser consideradas duas situações:

a) O tempo de retrabalho da quantidade de itens não conformes **é pouco significativo** em função do tempo de produção dos itens conformes.

---

* Valores percentuais em forma decimal!

Nessa situação os tempos envolvidos para a realização desse retrabalho não são considerados no cálculo do Índice de Qualidade, pois não haverá produção de itens fora de especificação após a realização do retrabalho e obtenção da conformidade do item. Porém, como o item retrabalhado irá demandar um tempo maior do que o seu tempo de ciclo para ser produzido, ocorrerá uma queda de desempenho, e o tempo de retrabalho afetará diretamente no Índice de Desempenho do posto monitorado. No registro do diário de bordo deve ser informada, na coluna de observações, a realização desse retrabalho.

b) O tempo de retrabalho da quantidade de itens não conformes **é significativo** em função do tempo de produção dos itens conformes. É o caso da utilização do posto de trabalho para reprocessamento de itens produzidos anteriormente e que foram considerados não conformes. Nessa situação, em vez de o tempo estar sendo utilizado para produzir novos itens, ele estará sendo utilizado para retrabalhar itens anteriormente já produzidos, o que reduzirá a produção total de novos itens. Isso causará impacto direto no Índice de Disponibilidade do posto de trabalho monitorado, pois ocorrerá uma parada não programada para reprocessamento dos itens não conformes. Observa-se que, nesse caso, o Índice de Qualidade fica distorcido.

A Figura 3.5 mostra como, a partir do tempo de calendário que corresponde ao maior tempo disponível para produção, o tempo efetivo de produção vai se reduzindo em função das diferentes perdas existentes em um processo produtivo, até atingir o tempo de agregação de valor. Conforme se pode observar, cada redução do tempo disponibilizado para produção está relacionada a um dos índices de eficiência comentados.

A diferença entre o tempo de calendário (no caso de um posto de trabalho restritivo) ou o tempo programado para produzir (no caso de um posto de trabalho não restritivo) e o tempo de agregação de valor corresponde ao potencial de melhorias possível de ser realizado com vistas ao aumento da eficiência ope-

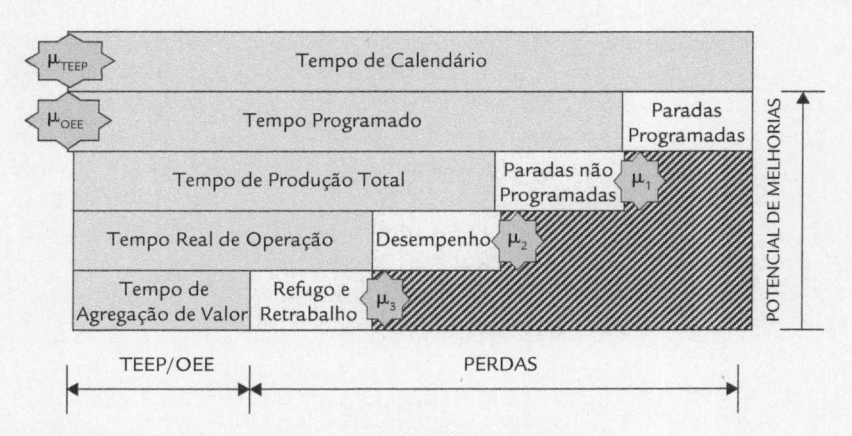

Figura 3.5 Relação entre tempos e índices de eficiência.

Fonte: Adaptada de Nakajima (1989, p.25).

racional do posto de trabalho monitorado e, consequentemente, ao aumento da sua produtividade.

3.6 Cálculo do índice de rendimento operacional global: visão genérica

Nas fórmulas apresentadas anteriormente para o cálculo do IROG de um posto de trabalho, seja ele um posto de trabalho restritivo (μ_{TEEP}) ou não (μ_{OEE}), são utilizados os tempos de ciclo de cada item produzido, que são, portanto, bem definidos.

No entanto, ocorrem situações nas quais o fenômeno físico não é representado na unidade do tempo, como, por exemplo, no processo de galvanização, nos fornos, em máquinas seladoras alimentadas por esteira, em túneis de secagem, em linha de pintura e em correias transportadoras, entre outras.

Quando ocorrem essas situações, o cálculo do índice de rendimento operacional global é feito de forma genérica de acordo com a Equação 3.13:

$$\mu_{Global} = \frac{\text{Produção real}}{\text{Produção teórica}}$$

Equação 3.13 IROG genérico de um posto de trabalho.

Nessa equação, a produção real corresponde à quantidade de itens conformes produzidos, enquanto a produção teórica é obtida multiplicando-se a taxa teórica de produção pelo tempo total programado para produzir.

Se o posto de trabalho monitorado for um recurso restritivo, o tempo total programado para produzir será o tempo de calendário; se o posto de trabalho não for um recurso restritivo, o tempo total programado será o tempo correspondente ao tempo de calendário subtraído do somatório (Σ) dos tempos de paradas programadas.

O Índice de Disponibilidade é calculado de acordo com a Equação 3.7, observando-se que o tempo total a ser considerado na equação será o tempo de calendário ou o tempo programado para produzir, o que depende do posto de trabalho ser um recurso restritivo ou não.

O Índice de Desempenho é calculado considerando-se a relação entre a produção real e a produção teórica possível de ser obtida durante o tempo que o posto de trabalho realmente estiver operando, conforme a Equação 3.14. O tempo real de operação corresponde ao tempo total programado para produzir (tempo de calendário ou tempo programado para produzir, caso o recurso seja restritivo ou não) subtraído do somatório (Σ) dos tempos de paradas programadas e dos tempos de paradas não programadas.

$$\mu_{Global} = \frac{\text{Produção real}}{\text{Produção teórica} \times \text{tempo real de operação}}$$

Equação 3.14 Índice de desempenho sem considerar a unidade de tempo.

O Índice de Qualidade é calculado pelas quantidades conformes e não conformes produzidas, de acordo com a Equação 3.10.

3.7 Cálculo do índice de rendimento operacional global – em uma empresa com vários postos de trabalho monitorados simultaneamente

Em alguns casos, as empresas adotam a medição de um IROG global de uma seção da fábrica, ou mesmo de toda a fábrica.[8] Embora seja um indicador questionável, dado que se trata de uma média, é possível obter informações mais acuradas pela adoção de uma média ponderada e não aritmética para essa medição, podendo-se calcular esse indicador pela Equação 3.15.

O numerador desta fórmula corresponde ao somatório dos tempos de agregação de valor de todos os postos de trabalho restritivos monitorados, e o denominador corresponde ao somatório dos tempos disponibilizados para produção de todos os postos de trabalho restritivos monitorados.

$$\mu_{Global}^{médio} = \frac{\sum_{m=1}^{k}(\sum_{i=1}^{n} tp_{i,m} \times q_{i,m})}{\sum_{m=1}^{k} T_m}$$

Equação 3.15 IROG médio de postos de trabalho restritivos monitorados.

Onde:

i = itens produzidos até o limite n
n = número de ocorrências do item i
m = postos de trabalho monitorados até o limite k
k = número de ocorrências de m
$tp_{i,m}$ = tempo de ciclo do item i no posto de trabalho m
$q_{i,m}$ = quantidade produzidas do item i no posto de trabalho m
T_m = tempo programado para produzir no posto de trabalho m

De uma maneira geral, observa-se que as empresas, em vez de utilizar a Equação 3.15, tendem a calcular o valor do IROG médio considerando a média aritmética dos valores do IROG obtidos em cada um dos postos de trabalho monitorados.

---

[8] Por exemplo, em algumas empresas esse valor pode ser utilizado para definir e calcular parte da participação dos lucros a ser distribuída aos colaboradores. Uma abordagem distinta que pode ser mais eficaz é a medição dos valores do IROG somente nos postos de trabalho restritivos (gargalos e CCR) e uma medição da média ponderada desses recursos.

3.8 A importância das paradas administrativas no cálculo do IROG

Outra questão relevante que deve ser considerada no cálculo da eficiência está relacionada com as perdas decorrentes das paradas administrativas, devidas a decisões gerenciais e não decorrentes de questões técnicas.

Chiaradia (2004) afirma que as perdas por paradas administrativas se caracterizam por perdas que não estão associadas diretamente ao equipamento, mas que impedem que o equipamento permaneça em produção.

As paradas administrativas podem ser programadas ou não programadas. Na Tabela 3.3 estão relacionadas causas de paradas que podem ocorrer nos postos de trabalho, segundo estudo de caso apresentado em Chiaradia (2004) realizado em uma empresa do ramo automobilístico.

É possível concluir, a partir dessa análise, que as paradas administrativas tendem a se sobressair em relação às paradas técnicas. Dessa forma, pode ser interessante e necessário, em certos casos, analisar a eficiência dos postos de trabalho considerando-se essas paradas isoladamente.

No estudo de caso apresentado em Chiaradia (2004), essa análise é evidenciada pela Figura 3.6. Segundo o autor, o desdobramento das perdas por paradas administrativas permitiu que os funcionários das áreas de apoio da empresa compreendessem de forma mais clara o impacto de seu trabalho no chão de fábrica, sendo essa uma das funções do monitoramento das perdas por paradas administrativas.

Tabela 3.3 Causas de paradas administrativas

Paradas programadas
Refeição
Ginástica laboral
Sem programação de produção
Paradas não programadas
Manutenção preventiva
Reunião
TPM operador
Engenharia/protótipo
Preenchimento de documentação
Sem programação de produção
Falta de peças
Falta de matéria prima
Falta de dispositivo/documentação
Falta de ferramenta
Aguardando liberação dimensional
Transporte de peças
Falta de operador
Operador fazendo outra operação
Aferição de dispositivos
Aguardando operação posterior

Fonte: Adaptada de Chiaradia (2004, p.83).

3.9 Cálculo do índice de multifuncionalidade

Em uma célula de manufatura ou em uma linha de produção focalizada dentro da fábrica, pode-se calcular o índice de multifuncionalidade que mede quão eficientemente as pessoas estão sendo utilizadas em um determinado espaço dentro do ambiente fabril. De acordo com Antunes Júnior e colaboradores (2008), o cálculo desse índice é feito pela Equação 3.16.

$$\mu_{Global}^{mult} = \frac{\sum_{m=1}^{k}(\sum_{i=1}^{n} tp_{i,m} \times q_{i,m})}{\sum_{m=1}^{k} N_m \times J_m}$$

Equação 3.16 Cálculo do índice de multifuncionalidade.

Onde:

i = itens produzidos até o limite n
n = número de ocorrências do item i
m = postos de trabalho monitorados até o limite k
k = número de ocorrências de m
$tp_{i,m}$ = taxa de processamento do item i no posto de trabalho m (unidade de tempo por unidade de produção)
$q_{i,m}$ = quantidade boa produzida do item i no posto de trabalho m (unidade de produção)
N_m = número de trabalhadores no posto de trabalho m
J_m = jornada de trabalho dos trabalhadores alocados no posto de trabalho (unidade de tempo)

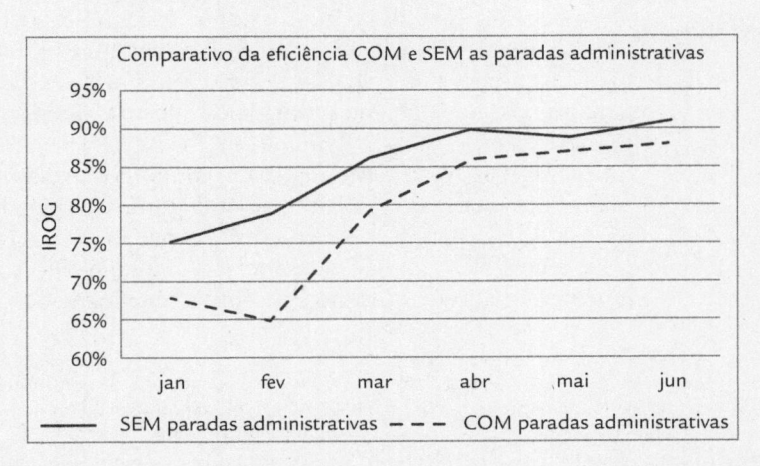

Figura 3.6 Comparativo da eficiência de um posto de trabalho COM e SEM as paradas administrativas.

Fonte: Chiaradia (2004, p.85).

Como se observa na Equação 3.16, esse índice é calculado levando em consideração o tempo de agregação de valor (numerador) em relação ao número total de horas disponíveis pelos trabalhadores (denominador). O numerador é composto pelo duplo somatório devido à existência de *n* máquinas no espaço considerado, enquanto o denominador apresenta o somatório da jornada de trabalho específica para cada trabalhador ou grupo de trabalhadores na máquina.

Conforme Antunes Júnior e colaboradores (2008), o valor correspondente ao índice de multifuncionalidade das pessoas *deve ser idealmente superior à unidade* (maior do que zero). Pode-se concluir que quanto maior o grau de autonomação dos equipamentos, maior será o índice de multifuncionalidade. Isso porque, com a elevação do **grau de autonomação**,[9] ocorre a separação dos tempos manuais dos tempos de máquinas. Isso tende a permitir que um mesmo operador possa se responsabilizar por um número maior de equipamentos. Por ser preciso levar em consideração os aspectos relacionados ao ambiente externo e local das organizações, **esse índice não pode (ou não deve) ser utilizado como termo de comparação entre empresas, segmentos industriais ou países, visto que cada empresa tem a sua própria realidade no que tange aos chamados custos dos fatores de produção (por exemplo, os custos do capital e do trabalho)**. A ideia central consiste em acompanhar a evolução do índice de multifuncionalidade na própria empresa, no sentido de avaliar a evolução da multifuncionalidade dos colaboradores.

Algumas considerações são propostas por Antunes Júnior e colaboradores (2008) com relação ao índice de multifuncionalidade:

- O índice de multifuncionalidade refere-se, em todos os casos, a um dado sistema produtivo constituído de produtos, máquinas e homens em um determinado espaço produtivo de trabalho (células, minifábricas, seções, etc.). Sendo assim, não tem sentido considerar o conceito apenas para máquinas.
- Sob o prisma da gestão, o essencial é considerar o avanço do índice de multifuncionalidade de um dado "espaço produtivo" ao longo do tempo. De forma mais abrangente, o relevante é reduzir os custos globais dos espaços de trabalho, considerando todos os custos envolvidos (máquinas, pessoas, etc.), para uma mesma agregação de valor total aos produtos.
- Em situações totalmente manuais, como, por exemplo, uma linha de montagem manual, o valor do índice de multifuncionalidade será menor do que 1. Isso porque, nesses casos, o conceito de autonomação – embora essencial de ser aplicado em relação à qualidade – não permite obter resultados objetivos quanto à multifuncionalidade dos trabalhadores.

---

[9] De acordo com Ohno (1997), o Sistema Toyota de Produção é constituído de dois princípios fundamentais: autonomação e *just-in-time*. Por autonomação entende-se a autonomia do sistema homem/máquina para parar sempre que ocorrerem problemas de qualidade ou quando forem atingidas as quantidades projetadas. Trata-se do princípio central que permite "separar" o homem da máquina, com as seguintes consequências: *i*) multifuncionalidade; *ii*) minimização da utilização da força de trabalho; *iii*) criação de condições para a montagem de células de manufatura. A autonomação também está ligada à melhoria da qualidade dos produtos em função da detecção autônoma de defeitos o mais próximo possível da fonte deles.

3.10 Cálculo da eficiência de utilização das pessoas

Em uma linha de produção ou célula de trabalho, além do IROG calculado no posto de trabalho restritivo, pode-se calcular também a eficiência de utilização das pessoas. Isso é possível porque o tempo de ciclo de um item é composto por um tempo de máquina e por um tempo manual. O tempo de máquina corresponde ao tempo de operação do equipamento, e o tempo manual compreende as atividades manuais, como abastecimento e desabastecimento do equipamento.

De acordo com Antunes Júnior e colaboradores (2008), para calcular a eficiência da utilização das pessoas é necessário separar o tempo manual do tempo de máquina. Para tanto, o conceito de autonomação passa a ser significativamente importante, uma vez que pode haver a apropriação do conceito de transferir "inteligência" para a máquina, a fim de determinar o quanto do tempo total do ciclo é representado pelo tempo manual do operador.

A eficiência da utilização das pessoas é calculada pela Equação 3.17:

$$\mu_{Global}^{mobra} = \frac{\sum_{m=1}^{k}(\sum_{i=1}^{n} tp_{manual\ i,m} \times q_{i,m})}{\sum_{m=1}^{k} N_m \times J_m}$$

Equação 3.17 Cálculo da eficiência de utilização das pessoas.

Onde:

i = itens produzidos até o limite n
n = número de ocorrências do item i
m = postos de trabalho monitorados até o limite k
k = número de ocorrências de m
$tp_{manual\ i,m}$ = taxa de processamento do item i no posto de trabalho m (unidade de tempo por unidade de produção)
$q_{i,m}$ = quantidade boa produzida do item i no posto de trabalho m (unidade de produção)
N_m = número de trabalhadores alocados no posto de trabalho m
J_m = jornada de trabalho dos trabalhadores alocados no posto de trabalho (unidade de tempo)

Algumas considerações são propostas por Antunes Júnior e colaboradores (2008) com relação ao conceito de eficiência de utilização das pessoas:

- A análise específica da eficiência de utilização das pessoas é muito relevante para certos casos, como aqueles associados às linhas de montagem não automatizadas (por exemplo, a linha de montagem de fabricação de calçados).
- O resultado da utilização das pessoas faz sentido tanto para recursos individuais (máquinas) como para "espaços de trabalho" definidos (células, seções, minifábricas, etc.). Porém, é mais relevante realizar

análises desse tipo para os "espaços de trabalho" previamente definidos pelos gestores.
- Em um dado "espaço de trabalho" é possível realizar mensurações que levem em consideração tanto os trabalhadores diretos como os indiretos. Neste caso, o número de trabalhadores alocados ao equipamento (N_m) considerado deve levar em conta os trabalhadores indiretos.
- Em função das condições gerais de funcionamento dos fluxos nos "espaços de trabalho", o índice de utilização das pessoas é inferior aos valores obtidos em termos do índice de eficiência global dos equipamentos.

A seguir são apresentados exemplos didáticos do cálculo da eficiência operacional e do cálculo da eficiência de utilização das pessoas:

Exemplo 1

Objetivo: Agrupamento de tarefas em postos de trabalho de uma linha de produção.

Os tempos de ciclo (manual) de cada posto de trabalho em uma linha de produção estão indicados na Figura 3.7. Considere que essa linha opera durante 8 horas/dia (480 minutos) e dispõe de um operador por posto de trabalho, e que, em um determinado dia, foram produzidas 250 unidades de um produto. Os tempos de ciclo registrados correspondem a tempos de atividades manuais. Suponha que o posto de trabalho PT04 é a restrição da linha.

O cálculo da eficiência operacional do posto de trabalho restritivo (PT04) da linha, de acordo com a Equação 3.3, é:

$$\mu_{Global} = \frac{1,5 \times 250}{480} = 0,781 = 78,1\%$$

O cálculo da eficiência de utilização das pessoas na linha, de acordo com a Equação 3.17, é:

$$\mu_{Global}^{mobra} = \frac{0,7 \times 250 + 0,8 \times 250 + 1,2 \times 250 + 1,5 \times 250 + 1,0 \times 250 + 0,7 \times 250}{6 \times 480} = \frac{1.475}{2.880} = 0,512 = 51,2\%$$

O valor calculado indica que as pessoas ocupam sua jornada de trabalho apenas durante 51,2% do tempo disponível para realizarem suas tarefas. Pode-se, então, agregar[10] mais tarefas a serem realizadas na linha durante o tempo restante, caso haja necessidade, ou agrupar as tarefas existentes na linha para melhor aproveitamento dos operadores e realocação dos colaboradores excedentes.

Supondo que seja possível agrupar os postos PT01 e PT02, a linha adquire a configuração apresentada na Figura 3.8:

---

[10] É extremamente importante analisar o resultado final de um agrupamento de operações em uma linha de produção no que tange a sua restrição, visto que o agrupamento pode gerar uma nova restrição e nem sempre essa condição é interessante do ponto de vista da produtividade da linha de produção. Exemplo: a nova restrição corresponde ao primeiro posto de trabalho da linha e, nesse caso, é necessário que o controle de qualidade seja rigoroso em todos os postos de trabalho ao longo de todo o processo produtivo, evitando que um item já produzido na restrição seja refugado, reduzindo, consequentemente, a eficiência operacional da linha.

PT01 PT02 PT03 PT04 PT05 PT06

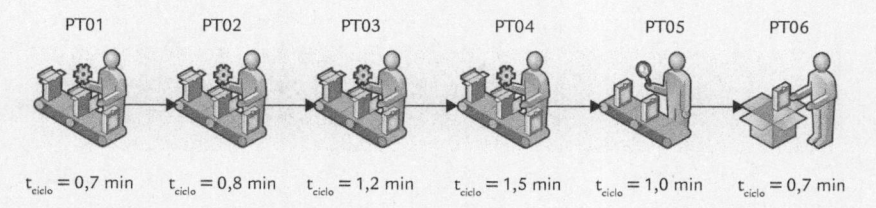

$t_{ciclo} = 0,7$ min $t_{ciclo} = 0,8$ min $t_{ciclo} = 1,2$ min $t_{ciclo} = 1,5$ min $t_{ciclo} = 1,0$ min $t_{ciclo} = 0,7$ min

Figura 3.7 Exemplo de uma linha de produção – configuração original.

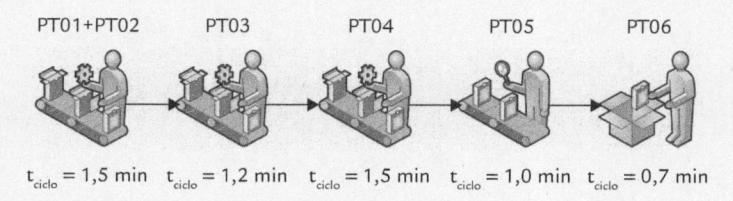

PT01+PT02 PT03 PT04 PT05 PT06

$t_{ciclo} = 1,5$ min $t_{ciclo} = 1,2$ min $t_{ciclo} = 1,5$ min $t_{ciclo} = 1,0$ min $t_{ciclo} = 0,7$ min

Figura 3.8 Exemplo de uma linha de produção – 1ª melhoria.

Como o tempo de ciclo do posto de trabalho restritivo é igual ao da configuração original, o IROG dessa linha também é de 78,1%.[11] No entanto, a eficiência da utilização das pessoas é obtida pelo cálculo a seguir:

$$\mu_{Global}^{mobra} = \frac{1,5 \times 250 + 1,2 \times 250 + 1,5 \times 250 + 1,0 \times 250 + 1,7 \times 250}{5 \times 480} = \frac{1.475}{2.400} = 0,617 = 61,7\%$$

Exemplo 2

Objetivo: Agrupamento de tarefas em postos de trabalho de uma linha de produção.

Se em uma linha de produção houver um posto de trabalho no qual o tempo de ciclo é significativamente maior do que o dos demais postos de trabalho da linha, não sendo possível realizar uma redistribuição de tarefas para reduzir o tempo de ciclo desse posto de trabalho (por exemplo, uma bancada de teste na qual são feitos vários testes funcionais sequencialmente em uma placa-mãe de computador com supervisão do operador), e sua capacidade for inferior à demanda, deve-se realizar um estudo visando o aumento da capacidade de produção desse posto de trabalho restritivo.

O seguinte exemplo contempla esse raciocínio. Uma linha de produção, representada na Figura 3.9, opera durante 8 horas/dia (480 minutos) e em um determinado dia produziu 80 unidades de um item.

Cálculo da eficiência operacional da linha no posto de trabalho restritivo (PT05) de acordo com a Equação 3.3:

$$\mu_{Global} = \frac{4,0 \times 80}{480} = 0,667 = 66,7\%$$

---

[11] Cabe ressaltar que é de suma importância analisar a restrição do sistema no resultado final de um agrupamento de operações, pois pode ser gerada uma nova restrição no sistema e nem sempre isso é interessante do ponto de vista da produtividade da linha de produção.

PT01　　PT02　　PT03　　PT04　　PT05　　PT06

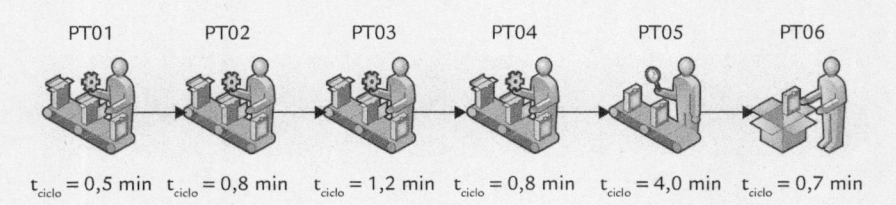

t_{ciclo} = 0,5 min　t_{ciclo} = 0,8 min　t_{ciclo} = 1,2 min　t_{ciclo} = 0,8 min　t_{ciclo} = 4,0 min　t_{ciclo} = 0,7 min

Figura 3.9 Exemplo de uma linha de produção – formatação original.

O cálculo da eficiência de utilização das pessoas na linha de acordo com a Equação 3.17, é:

$$\mu_{Global}^{mobra} = \frac{0,5 \times 80 + 0,8 \times 80 + 1,2 \times 80 + 0,8 \times 80 + 4,0 \times 80 + 0,7 \times 80)}{6 \times 480} = \frac{640}{2.880} = 0,222 = 22,2\%$$

Considerando-se que a capacidade dessa linha é inferior à demanda e que o tempo *takt* é igual ou inferior a 4,0 minutos, podem ser realizadas ações visando aumentar a capacidade de produção, como, por exemplo, a inclusão de mais uma bancada de teste do posto de trabalho PT05, conforme a Figura 3.10, reduzindo-se o tempo de ciclo desse posto de trabalho de 4,0 minutos para 2,0 minutos.

Mantendo-se a mesma eficiência da formatação original dessa linha de produção, a produção da linha será de 160 unidades de acordo com a Equação 3.3, calculada no posto de trabalho restritivo (PT05):

$$\mu_{Global} = \frac{2,0 \times 160}{480} = 0,667 = 66,7\%$$

O cálculo da eficiência das pessoas na linha de acordo com a Equação 3.17, é:

$$\mu_{Global}^{mobra} = \frac{0,5 \times 160 + 0,8 \times 160 + 1,2 \times 160 + 0,8 \times 160 + 4,0 \times 160 + 0,7 \times 160)}{7 \times 480}$$

$$= \frac{960}{3.360} = 0,285 = 28,5\%$$

Pela análise dos tempos de ciclo dessa linha de produção, verifica-se que é possível melhorar o aproveitamento das pessoas, agrupando-se as tarefas realizadas nos

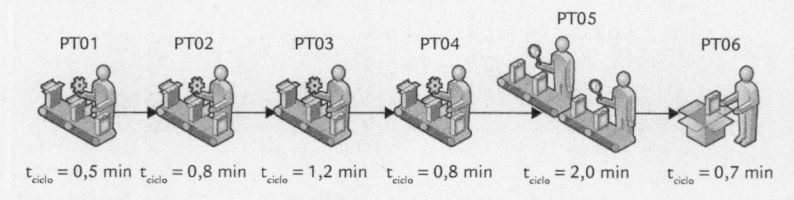

PT01　　PT02　　PT03　　PT04　　PT05　　PT06

t_{ciclo} = 0,5 min　t_{ciclo} = 0,8 min　t_{ciclo} = 1,2 min　t_{ciclo} = 0,8 min　t_{ciclo} = 2,0 min　t_{ciclo} = 0,7 min

Figura 3.10 Exemplo de uma linha de produção – 1ª melhoria.

Abordagem conceitual do índice de rendimento operacional global, do índice ... • 53

postos de trabalho PT01 e PT02, bem como as tarefas dos postos de trabalho PT03 e PT04, conforme mostrado na Figura 3.11.

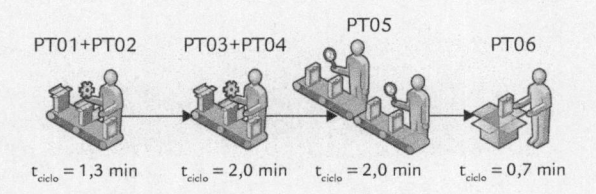

PT01+PT02   PT03+PT04   PT05   PT06

$t_{ciclo} = 1,3$ min $t_{ciclo} = 2,0$ min $t_{ciclo} = 2,0$ min $t_{ciclo} = 0,7$ min

Figura 3.11 Exemplo de uma linha de produção – 2ª melhoria.

Mantendo-se a mesma eficiência da formatação original dessa linha de produção, a produção da linha será de 160 unidades de acordo com a Equação 3.3:

$$\mu_{Global} = \frac{2,0 \times 160}{480} = 0,667 = 66,7\%$$

O cálculo da eficiência das pessoas na linha para essa formatação é mostrado na Equação 3.17:

$$\mu_{Global}^{mobra} = \frac{1,3 \times 160 + 2,0 \times 160 + 2,0 \times 160 + 0,7 \times 160}{5 \times 480} = \frac{960}{2.400} = 0,400 = 40,0\%$$

Exemplo 3

Objetivo: Dimensionamento teórico do número de operadores necessários em uma linha de produção.

A partir das tarefas existentes nos postos de trabalho de uma linha ou célula de produção, pode-se fazer um estudo para dimensionamento do número mínimo de operadores nessa linha (ou célula). O cálculo de dimensionamento de operadores necessários para operá-la é dado pela Equação 3.18:

$$N = \frac{\sum_{m=1}^{k} tp_{manual\,i,m} \times q_{i,m}}{T}$$

Equação 3.18 Cálculo do número mínimo de operadores.

Onde:

N = número mínimo de operadores na linha ou célula de produção
m = quantidade de postos de trabalho na linha ou célula de produção
k = número de ocorrências de m
$tp_{manual\,i,m}$ = tempo de ciclo do item i no posto de trabalho m
$q_{i,m}$ = quantidade de itens produzidos do produto i no posto de trabalho
T = tempo disponível para produção

Considere-se a linha de produção representada na Figura 3.12, que opera durante 8 horas/dia (480 minutos) e tem capacidade para produzir 200 unidades no posto de trabalho restritivo. Os tempos de ciclo registrados correspondem a tempos de atividades manuais.

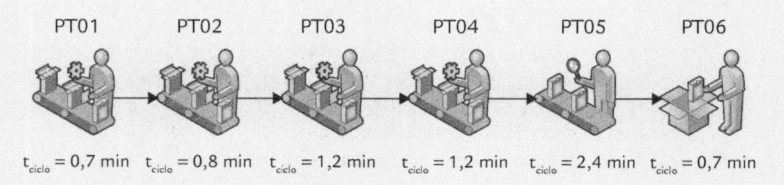

PT01   PT02   PT03   PT04   PT05   PT06

$t_{ciclo} = 0{,}7$ min $t_{ciclo} = 0{,}8$ min $t_{ciclo} = 1{,}2$ min $t_{ciclo} = 1{,}2$ min $t_{ciclo} = 2{,}4$ min $t_{ciclo} = 0{,}7$ min

Figura 3.12 Linha de produção – formatação original.

Aplicando a Equação 3.18, são necessários apenas três operadores nessa linha conforme o seguinte cálculo:

$$N = \frac{0{,}7 \times 200 + 0{,}8 \times 200 + 1{,}2 \times 200 + 2{,}4 \times 200 + 2{,}4 \times 200}{480} = 2{,}92$$

O cálculo anterior pressupõe uma eficiência operacional da linha de 100%, o que normalmente não é possível atingir o médio e longo prazo. Considerando-se quatro postos de trabalho nessa linha de produção e balanceando seus tempos de ciclo, a linha toma a formatação apresentada na Figura 3.13:

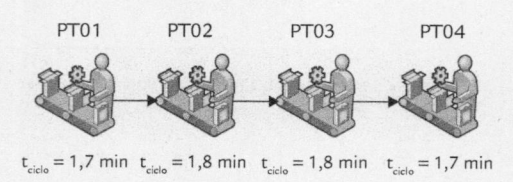

PT01   PT02   PT03   PT04

$t_{ciclo} = 1{,}7$ min $t_{ciclo} = 1{,}8$ min $t_{ciclo} = 1{,}8$ min $t_{ciclo} = 1{,}7$ min

Figura 3.13 Linha de produção redimensionada e balanceada.

A possibilidade de redistribuição das tarefas na linha aumenta sua capacidade, uma vez que o tempo de ciclo do recurso restritivo se reduz. Neste exemplo, o tempo de ciclo do recurso restritivo passa de 2,4 para 1,8 minutos, e a capacidade teórica da linha redimensionada e balanceada para o período de 480 minutos é de 266 unidades (480 min/1,8 min).

Considerando-se, por exemplo, uma produção de 215 unidades, o cálculo da eficiência operacional da linha é feito de acordo com a Equação 3.3:

$$\mu_{Global} = \frac{1{,}8 \times 215}{480} = 0{,}806 = 80{,}6\%$$

O cálculo da eficiência de utilização das pessoas na linha é feito de acordo com a Equação 3.17:

$$\mu_{Global}^{mobra} = \frac{1,7 \times 215 + 1,8 \times 215 + 1,8 \times 215 + 1,7 \times 215}{4 \times 480} = \frac{1,505}{1,920} = 0,783 = 78,3\%$$

3.11 Exercício numérico para o cálculo do IROG

De acordo com a fórmula geral de cálculo do IROG, apresentada na Equação 3.3, são necessárias apenas três informações para calcular seu valor: *i*) o tempo de ciclo de cada tipo de item produzido (tp_i); *ii*) a quantidade de cada tipo de item produzido de acordo com as especificações (q_i); e *iii*) o tempo programado para produzir (T). A seguir é apresentado um exemplo numérico do cálculo do IROG, bem como as demais informações para o cálculo do detalhamento desse índice (cálculo de μ_1, μ_2 e μ_3).

Considere que, durante um determinado dia, em um posto de trabalho foi produzido o *mix* de produtos indicados na Tabela 3.4:

Tabela 3.4 Dados de um dia de produção em um posto de trabalho

Produto	Tempo de ciclo (minutos)	Quantidades (boas)
1	1,0	230
2	1,5	127
3	0,5	412
4	2,0	80

A jornada diária de trabalho nessa empresa é de três turnos de produção de 8 horas cada um, totalizando 1.440 minutos/dia. No período de produção do *mix* indicado, foram registradas as seguintes paradas programadas e não programadas:

Tabela 3.5 Paradas registradas em um dia de produção

Motivo da parada	Tempo (min)
Refeição/lanche	135
Paradas programadas	**135**
Falta de matéria-prima	110
Manutenção	25
Ajuste de máquina	30
Paradas não programadas	165
Total de paradas	**300**

No dia monitorado foi registrada a produção de refugos conforme indicado na Tabela 3.6:

Tabela 3.6 Quantidade de produtos refugados em um dia de produção

Produto	Tempo de ciclo (minutos)	Quantidades (refugos)	Tempo refugo (min)
1	1,0	5	5
2	1,5	3	4,5
3	0,5	8	4
4	2,0	0	0
			13,5

A partir dos dados registrados, é possível calcular a eficiência operacional do posto de trabalho nesse dia. Caso esse posto de trabalho seja um recurso restritivo, não devem ser consideradas paradas programadas, pois, segundo Goldratt e Cox (2011, p.170), "uma hora perdida em um gargalo é uma hora perdida em todo o sistema". É importante registrar que, com frequência, se encontram, nas empresas, postos de trabalho restritivos com paradas programadas durante a jornada de trabalho, o que deveria ser evitado.

O tempo de agregação de valor no posto de trabalho monitorado é calculado conforme a Tabela 3.7:

Tabela 3.7 Tempo de agregação de valor em um dia de produção

Produto	Tempo de ciclo (minutos)	Quantidades (boas)	Agregação de valor (min)
1	1,0	230	230
2	1,5	127	190,5
3	0,5	412	206
4	2,0	80	160
			786,5

A eficiência global desse posto de trabalho, ao se considerá-lo como um recurso restritivo, é, de acordo com a Equação 3.4:

$$\mu_{TEEP} = \frac{786,5}{1.440} = 54,6\%$$

Tratando-se de um posto de trabalho não restritivo, paradas programadas são permitidas. O cálculo da eficiência global é, então, realizado de acordo com a Equação 3.5, observando-se que no denominador foram descontados do tempo de calendário 135 minutos, correspondentes às paradas programadas para refeição/lanche.

$$\mu_{OEE} = \frac{786,5}{1.305} = 60,3\%$$

A diferença entre os valores calculados corresponde ao percentual de tempo que pode ser ganho para produção ao se utilizar o período de paradas programadas caso esse posto de trabalho se transforme em uma restrição do sistema produtivo.

Para o cálculo do Índice de Disponibilidade (μ_1), do Índice de Desempenho (μ_2) e do Índice de Qualidade (μ_3), considera-se que o posto de trabalho monitorado seja um recurso restritivo. Dessa forma, na aplicação das respectivas fórmulas, deve-se considerar o tempo de calendário como o tempo programado para produção.

Levando-se em conta a Equação 3.7 e os dados da Tabela 3.5, o cálculo do índice de disponibilidade é:

$$\mu_1 = \frac{1.440 - 300}{1.440} = \frac{1.440}{1.440} = 79,2\%$$

Considerando-se a aplicação da Equação 3.8 e os dados das Tabelas 3.5, 3.6 e 3.7, o cálculo do Índice de Desempenho é:

$$\mu_2 = \frac{786,5 + 13,5}{1.440 - 300} = \frac{800}{1.140} = 70,1\%$$

Já pela aplicação da Equação 3.9 e dos dados das Tabelas 3.6 e 3.7, o cálculo do Índice de Qualidade é:

$$\mu_3 = \frac{786,5}{786,5 + 13,5} = \frac{786,5}{800} = 98,3\%$$

Na Tabela 3.8, os índices obtidos nesse exemplo numérico são comparados com os propostos por Nakajima (1989) para empresas de classe mundial no ramo metalomecânico.

Tabela 3.8 Comparação com os índices de referência no ramo metalomecânico propostos por Nakajima (1989, p.25)

Índices	Classe Mundial	Exercício
μ_{global}	85,0%	54,6%
μ_1	90,0%	79,2%
μ_2	95,0%	70,1%
μ_3	99,9%	98,3%

Ao analisar os índices obtidos no exemplo apresentado, pode-se constatar que existe um potencial de melhorias a serem realizadas para aumentar a eficiência global do posto de trabalho monitorado.

Com relação às paradas não programadas, pode-se elaborar um plano de ação com vistas a: *i*) verificar as causas da falta de matéria-prima, que pode ser resultado da falta de abastecimento por parte de um posto de trabalho à montante do recurso monitorado ou da falta de atendimento de um fornecedor externo; *ii*) programar um plano de manutenção preventiva para reduzir as paradas por problemas de manutenção; e *iii*) estudar a possibilidade de reduzir os tempos de ajuste do equipamento do posto de trabalho. A partir da implantação dessas ações, a tendência é que o Índice de Disponibilidade aumente. Devem ainda ser elaboradas ações produtivas durante os períodos previstos de paradas programadas, como, por exemplo, alocar um operador no posto de trabalho durante o período de refeição do operador titular.

O valor de 70,0% para o Índice de Desempenho sugere a necessidade de elaboração de um plano de ação com ações buscando eliminar as causas básicas responsáveis por esse baixo valor, que podem estar relacionadas com a falta de acurácia dos tempos de ciclo, a falta de acurácia no registro dos dados no Diário de Bordo (DB) e pequenas paradas não registradas.

Finalmente, com relação ao Índice de Qualidade, devem ser verificadas as causas básicas da não conformidade, buscando eliminá-las, elaborando-se um plano de ação com medidas específicas voltadas a essas causas.

3.12 Exercício numérico para o cálculo do IROG em posto de trabalho no qual o fenômeno físico não é representado na unidade de tempo

Suponha uma correia transportadora de minério com uma taxa teórica de produção de 30 toneladas/hora (0,5 toneladas/minuto), operando durante dois turnos de 8 horas/dia com um intervalo de 1 hora para refeição em cada turno. Em um determinado dia, foram transportadas 275 toneladas de minério. Como calcular a eficiência dessa correia transportadora?

O cálculo da eficiência é feito a partir da Equação 3.13. Para tanto, inicialmente deve-se calcular a produção teórica, obtida pela multiplicação da taxa teórica de produção pelo tempo programado para produzir. Caso a correia transportadora seja um recurso restritivo, o tempo será o tempo de calendário (18 horas), caso contrário, deve-se deduzir do tempo de calendário o tempo de paradas programadas (02 horas), conforme calculado a seguir:

$$ProduçãoTeórica_{TEEP} = 0,5 \frac{ton}{min} \times 1080 min = 540 \text{ toneladas}$$

$$ProduçãoTeórica_{OEE} = 0,5 \frac{ton}{min} \times 960 min = 480 \text{ toneladas}$$

A eficiência global da correia transportadora será, respectivamente:

$$\mu_{TEEP} = \frac{275}{540} = 50,9\%$$

$$\mu_{OEE} = \frac{275}{480} = 57,3\%$$

A partir do registro de paradas feito em um diário de bordo, constatou-se que, no dia considerado, ocorreram as seguintes paradas:

Tabela 3.9 Paradas registradas em um dia de produção

Motivo da parada	Tempo (min)
Refeição/lanche	120
Paradas programadas	**120**
Troca de roletes	60
Falta de operador	35
Manutenção	45
Paradas não programadas	**140**
Total de paradas	**260**

Para o cálculo do Índice de Disponibilidade (μ_1), do Índice de Desempenho (μ_2) e do Índice de Qualidade (μ_3), considera-se que a correia transportadora monitorada seja um recurso restritivo. Dessa forma, na aplicação das respectivas fórmulas, deve-se considerar o tempo de calendário como o tempo programado para produção.

Considerando-se a aplicação da Equação 3.7 e os dados da Tabela 3.9, o cálculo do Índice de Disponibilidade é:

$$\mu_1 = \frac{1080 - 260}{1080} = \frac{820}{1080} = 75,9\%$$

Para o cálculo do Índice de Desempenho é necessário calcular a produção teórica a ser obtida durante o tempo real de operação:

Produção teórica durante o tempo real de operação = 0,5 ton/min x 820 min = 410 toneladas.

A partir da Equação 3.14, o Índice de Desempenho é:

$$\mu_2 = \frac{275}{410} = 67,0\%$$

Nesse exemplo numérico, não há produção de produtos não conformes, sendo o Índice de Qualidade igual a 1 (100%).

Ao analisar os índices obtidos nesse exemplo, pode-se constatar que existe uma série de melhorias a serem realizadas para aumentar a eficiência global do posto de trabalho monitorado. Para tanto, é necessário elaborar um plano de ação que atue sobre as causas das paradas – troca de roletes, manutenção e falta de operador. Para as duas primeiras, pode-se estudar a possibilidade de realizar uma ampla manutenção preventiva no equipamento em horário fora do período programado para produção; para a falta de operador, deve-se verificar a razão de sua existência e tomar ações concretas visando a sua eliminação. Por outro lado, o valor de 67,0% do Índice de Desempenho tem como causa mais provável a operação em vazio, o que deve ser devidamente analisado.

Para calcular o IROG de postos de trabalho sem considerar o tempo de ciclo, é preciso analisar cada processo detalhadamente. Às vezes, a capacidade de produção teórica e o Índice de Desempenho serão calculados considerando-se metros lineares, metros quadrados de área útil, etc., em vez de tonelada, como no exemplo numérico apresentado.

3.13 Considerações finais

Nakajima (1989) propôs a implementação da ferramenta denominada manutenção produtiva total (MPT) no ambiente fabril para de aumentar a eficiência operacional dos equipamentos, que é mensurada pelo indicador de desempenho denominado índice de rendimento operacional global (IROG). Neste capítulo, foram discutidos os conceitos para o cálculo do IROG, bem como para o cálculo do índice de multifuncionalidade e do índice de eficiência de utilização das pessoas.

Os conceitos apresentados neste capítulo devem ser implementados no ambiente fabril por meio de um método de gestão. No Capitulo 4, é discutida a lógica de construção do método gestão do posto de trabalho (GPT), que tem por objetivo aumentar a eficiência operacional dos ativos das empresas, bem como a sua implementação, manutenção e realização de melhorias.

Atualização na internet

NEW-LeanExpertise.com. http://www.leanexpertise.com
Shingo Institute of Japanese Management. http://shingoinstitute.ac.in
Plant Maintenance Resource Center. http://plant-maintenance.com
NEW-TPMonLine.com http://tpmonline.com

Referências

ANTUNES JÚNIOR, J. A.; KLIPPEL, M. Uma abordagem para o gerenciamento das restrições dos sistemas produtivos: a gestão sistêmica, unificada/integrada e voltada aos resultados dos postos de trabalho. In: ENCONTRO NACIONAL DE ENGENHARIA DE PRODUÇÃO, 21., 2001, Salvador. *Anais...* Salvador: [s.n], 2001.

ANTUNES JÚNIOR, J. A. et al . *Sistemas de produção*: conceito e práticas para projeto e gestão da produção enxuta. Porto Alegre: Bookman, 2008.

BARNES, R. M. *Estudo de movimentos e de tempos*: projeto e medida do trabalho. São Paulo: Edgard Blucher, 1999.

CHIARADIA, A. J. *Utilização do indicador de eficiência global de equipamentos na gestão e melhoria contínua dos equipamentos*: um estudo de caso na indústria automobilística. Dissertação (Mestrado) - Universidade Federal do Rio Grande do Sul, Porto Alegre, 2004.

COX III, J. F.; SPENCER, M. S. *Manual da teoria das restrições*. São Paulo: Bookman, 2002.

GOLDRATT, E. M.; COX, J. F. *A meta*. São Paulo: Nobel, 2011.

HANSEN, R. C. *Eficiência global dos equipamentos*: uma poderosa ferramenta de produção/manutenção para o aumento dos lucros. Porto Alegre: Bookman, 2006.

HIRANO, H. *JIT Implementation manual*: the complete guide to just-in-time manufacturing.2nd ed. Boca Raton: CRC Press, 2009.

NAKAJIMA, S. *Introdução ao TPM*: total productive maintenance. São Paulo: IMC, 1989.

OHNO, T. *Sistema Toyota de produção:* além da produção em larga escala. Porto Alegre: Bookman, 1997.

SHINGO, S. *O Sistema Toyota de produção*: do ponto de vista da engenharia de produção. Porto Alegre: Bookman, 1996a.

SHINGO, S. *Sistemas de produção com estoque zero*: o sistema Shingo para melhorias contínuas. Porto Alegre: Bookman, 1996b.

4

O método de gestão do posto de trabalho: implementação, manutenção e realização de melhorias

Neste capítulo é apresentado o método de gestão do posto de trabalho, cujo foco é o aumento da eficiência operacional dos ativos existentes nas organizações. A eficiência operacional é expressa pelo índice de rendimento operacional global (IROG), cujos conceitos foram discutidos no Capítulo 3. São também discutidos a implementação e a manutenção do método GPT, bem como a realização de melhorias nesse método, de acordo com a lógica do método PDCA, discutido no Capítulo 2.

4.1 Aspectos gerais do método de trabalho

O método de gestão do posto de trabalho tem como objetivo maximizar a utilização dos ativos das organizações, aproveitando a capacidade instalada sem a necessidade de investimentos significativos de capital e assegurando a sobrevivência e o crescimento da empresa em um mercado globalizado. Diariamente, como afirmam Antunes Júnior e colaboradores (2008), as empresas promovem várias ações envolvendo operadores e máquinas e que tem a ver com GPT:

- A gestão da produtividade (peças/hora ou peças/hora.homem) dos postos de trabalho, realizadas pelos profissionais da produção.
- A gestão da eficiência dos equipamentos, que, em geral, possui um coordenador geral ligado à área de manutenção produtiva total (TPM, na sigla em inglês).
- A implementação da metodologia 5S[1] no posto de trabalho, geralmente associada às áreas de qualidade ou de manutenção.
- Melhorias e redução dos tempos de preparação de máquinas.

---

[1] O **5S** é uma metodologia de trabalho que usa uma lista de cinco palavras japonesas que iniciam com a letra s: *Seiri*, ou *Classificação*, para **s**eparar o que é desnecessário, eliminando do espaço de trabalho o que é inútil; *Seiton*, ou *Ordem*, para **s**ituar o que é necessário, organizando o espaço de trabalho de forma eficaz; *Seiso*, ou *Limpeza*, para **s**uprimir os supérfluos, melhorando o nível de limpeza; *Seiketsu*, ou *Normalização*, para **s**inalizar anomalias no intuito de prevenir o aparecimento de supérfluos e a desordem; e *Shitsuke*, ou *Manutenção*, para **s**eguir melhorando, para incentivar os esforços de aprimoramento.

- A redução da geração de refugos/sucatas e de retrabalhos em postos de trabalho, geralmente associada a analistas de qualidade.
- A redução dos tempos de processamento/tempos de ciclo das máquinas, sob responsabilidade de analistas de processo.
- Questões associadas à segurança do trabalho e ergonomia.

No entanto, segundo Antunes Júnior e colaboradores (2008), o resultado dessas diversas ações simultâneas tende a produzir efeitos indesejáveis sobre os profissionais/operários que atuam junto aos recursos, como a perda de foco em sua atividade-fim. Essa perda de foco deve-se à realização de ações não integradas e não sistêmicas, que levam os gestores a questionamentos como:

- Quais são as prioridades que devem ser seguidas pelos operadores em relação às **rotinas** e **melhorias** a serem executadas no posto de trabalho?
- As prioridades de ações no dia a dia, em todos os postos de trabalho, devem ser as mesmas? Se não forem, como definir essas prioridades para cada caso?
- Todos os postos de trabalho devem ser gerenciados de forma similar?
- Existe um indicador capaz de **envolver e integrar sistemicamente** os diferentes atores que trabalham no posto de trabalho? Como esse indicador pode auxiliar na lógica de gerenciamento da rotina e das melhorias nos postos de trabalho?

Assim, as ações concretas de melhorias nas máquinas, especialmente nas máquinas restritivas, pressupõem uma ação conjunta das pessoas responsáveis por: processo, manutenção, preparação de máquinas, qualidade, produção, ergonomia, etc. A ideia básica consiste em "romper" as lógicas segmentadas de tratamento do problema da gestão do posto de trabalho nas empresas. Portanto, é necessário otimizar a utilização dos ativos (equipamentos, instalações e pessoal) das empresas, aumentando, a capacidade e a flexibilidade da produção, tendo como base a minimização de investimentos adicionais de capital. O método GPT pretende:

- Enfocar as ações de gestão das rotinas e melhorias dos pontos restritivos do sistema, que são os gargalos, os recursos com restrição de capacidade (CCR) e os recursos que apresentam problemas relacionados com a qualidade e com a geração de refugos e retrabalhos.
- Utilizar um medidor de eficiência global nesses postos de trabalho que permita e estimule a integração entre as diferentes áreas como produção, qualidade, manutenção, engenharia de processo, engenharia de produto, PCP.
- Identificar as principais causas de ineficiência dos equipamentos.
- Levando em conta os indicadores, avaliar os postos de trabalho e realizar planos de melhoria sistêmicos, unificados e voltados para os resultados globais da empresa. Isso deve ser feito pela utilização de técnicas estabelecidas pelo STP, aumentando de forma significativa e com baixos investimentos as eficiências globais dos equipamentos, e reduzindo, simultaneamente, os tempos de preparação, o que possibilita o aumento da flexibilidade da produção para atender às necessidades do mercado.

O método de gestão do posto de trabalho é um modelo geral que propõe a reordenação e reconceituação das práticas existentes em três sentidos básicos:

- **Visão sistêmica** de toda a fábrica, o que implica a subordinação da utilização dos recursos de melhorias dos postos de trabalho em determinados locais da organização.
- **Integração/unificação**, na medida em que as ações nos postos de trabalho devem ser feitas de forma conjunta entre os profissionais multidisciplinares envolvidos.
- **Foco nos resultados**, fazendo com que melhorias nos indicadores dos postos de trabalho específicos levem à melhoria dos resultados econômico-financeiros da empresa.

A estrutura do modelo GPT proposta por Antunes Júnior e colaboradores (2008) está explicitada na Figura 4.1.

As **entradas do sistema (1)** compreendem o conjunto de postos de trabalhos a serem monitorados (gargalos, CCR e recursos com problemas de qualidade), sendo necessário obter as seguintes informações sobre eles:

- Demanda e capacidade de produção dos recursos gargalos e CCR. Essas informações podem ser obtidas por meio de ferramentas específicas de análise de capacidade e demanda dos postos de trabalho e/ou de dados provenientes do planejamento, programação e controle da produção e materiais (PPCPM), especialmente quando são adotados *softwares* de programação fina da produção (PFP) que utilizem informações cadastradas no banco de dados da empresa. Essa situação evidencia a impor-

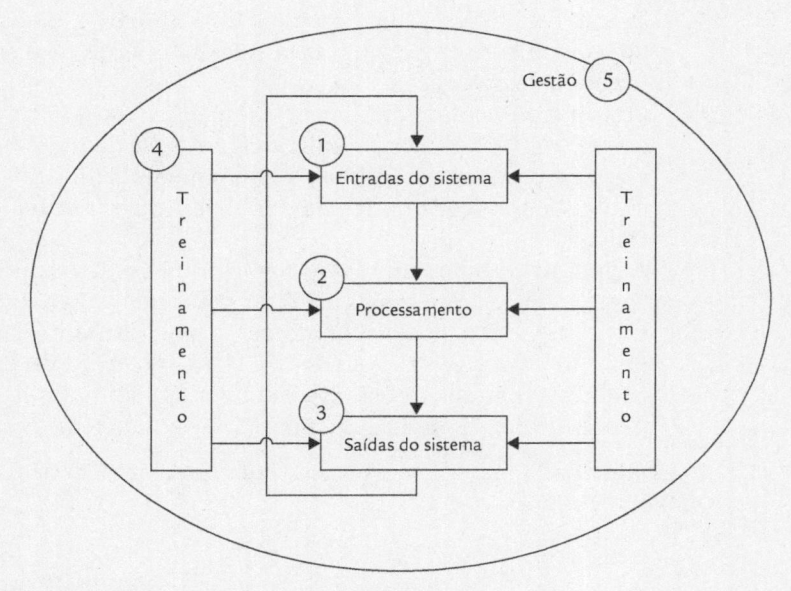

Figura 4.1 Estrutura lógica do método GPT.

Fonte: Antunes Júnior e colaboradores (2008, p.183).

tância do engajamento do pessoal do PPCPM na equipe multidisciplinar que constitui a equipe de gestão sistêmica, unificada/integrada e voltada aos resultados da organização.
- Informações e "sentimentos" da realidade global do sistema, provenientes dos programadores da produção.
- Informações oriundas dos supervisores de fábrica e profissionais que atuam no chão de fábrica.
- Informações provenientes dos analistas da qualidade para a definição dos postos de trabalho com problemas de qualidade.

Um segundo tipo de informação prática refere-se às anotações realizadas no diário de bordo ou às informações levantadas por coletores informatizados de dados ou sistemas computacionais de gestão do posto de trabalho.

O registro de dados de produção e qualidade e a definição do *mix* de produção constituem a base necessária para o processamento de um sistema de monitoramento das restrições, que representa o elemento central da gestão sistêmica, unificada/integrada e voltada aos resultados proposta por Antunes Júnior e colaboradores (2008).

No que tange ao **processamento (2)**, Antunes Júnior e colaboradores (2008) afirmam que este tem como objetivo a definição dos postos de trabalho restritivos.

Na estrutura apresentada na Figura 4.1, proposta por Antunes Júnior e colaboradores (2008), observa-se que:

- Um conjunto de **saídas do sistema (3)** é concebido, visto que o sistema de monitoramento das restrições tem o objetivo de direcionar o gerenciamento das restrições para as atividades de rotinas e para a realização de melhorias na empresa. Os resultados gerados a partir desse direcionamento fornecem informações relevantes para os pontos estratégicos da organização.
- O **treinamento (4)** dá suporte à implementação e ao funcionamento do método GPT. Uma ampla divulgação desse método a todos os envolvidos no processo propiciará o entendimento da lógica geral da gestão sistêmica, unificada/integrada e voltada para os resultados no posto de trabalho.
- A **gestão do sistema (5)** é feita por meio de reuniões periódicas, como reuniões frequentes entre os gerentes e supervisores de produção com os demais colaboradores envolvidos na produção, reuniões mensais com a gerência industrial para apresentação e discussão dos resultados obtidos e oficinas de melhorias com todos os envolvidos na gestão sistêmica, unificada/integrada e voltada para os resultados.

A análise da Figura 4.1 mostra que a **gestão** compreende toda a estrutura do modelo proposto.

A implementação do método GPT nas organizações propicia os seguintes benefícios:

- Melhorias no μ_{TEEP} quando existem gargalos nos sistemas produtivos, com baixa necessidade de investimentos.
- Controle do desempenho da rotina dos equipamentos, permitindo obter o desempenho econômico global projetado pelas empresas, sem a utilização de recursos adicionais.
- Gestão global do sistema produtivo com foco na melhoria dos postos de trabalho restritivos.
- Definição da capacidade real da fábrica pela multiplicação das taxas de processamento unitárias no posto de trabalho gargalo por sua eficiência.
- Clareza de prioridades na rotina de melhorias para os trabalhadores em seus respectivos postos de trabalho.

Salientam Antunes Júnior e colaboradores (2008) que dois pontos adicionais que justificam a utilização do método GPT merecem destaque. A primeira questão é que ele trabalha com a perspectiva de que a questão central da gestão dos sistemas produtivos é "como atender necessidades infinitas de melhorias, com recursos gerenciais e humanos limitados". Em outras palavras, é preciso escolher as ações de melhoria a empreender com os recursos disponíveis; decisões que são adequadamente suportadas pela gestão do posto de trabalho.

Conforme comentado anteriormente, o método GPT tem como objetivo maximizar a utilização dos ativos existentes nas organizações buscando o máximo aproveitamento da sua capacidade. Dessa forma, uma vez identificados os postos de trabalho restritivos e implemetado o método GPT, obtém-se os valores iniciais dos índices de eficiência. Depois de implemetado o método, deve-se atuar no sentido de assegurar a manutenção dos resultados obtidos e, na sequência, implementar novas ações de melhoria para atingir novos níveis de eficiência operacional.

No Capítulo 2, discutiu-se que o método PDCA é utilizado não só para buscar resultados, mas também para manter e melhorar os resultados alcançados. Os passos para a implementação, manutenção e realização de melhoria contínua no método GPT, de acordo com a lógica do método PDCA, são detalhados a seguir.

4.2 Implementação do método GPT

A Figura 2.4 apresentada no Capítulo 2 está replicada na Figura 4.2 e corresponde ao método PDCA para implementar o método GPT.

De acordo com a Figura 4.2, na etapa de Planejamento do método PDCA, devem ser definidas as metas e determinados os métodos utilizados para alcançá-las. Para tanto, os seguintes passos devem ser realizados:

Passo 1: Definir os colaboradores a serem envolvidos na implementação do método GPT: construir a matriz de responsabilidades.

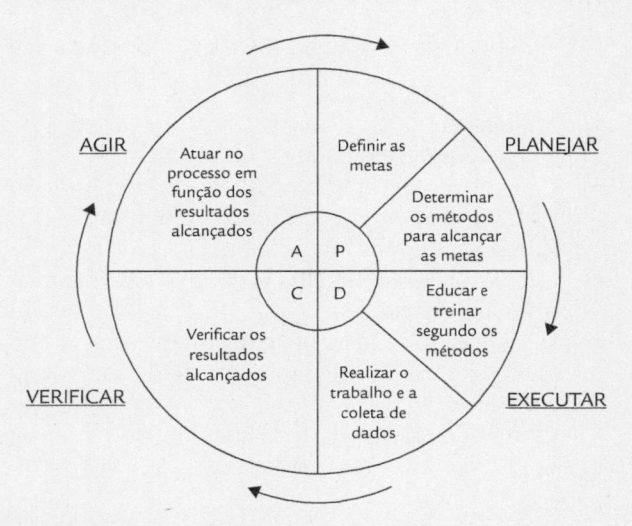

Figura 4.2 Método PDCA para implementar o método GPT.

Fonte: Falconi (1994, p. 195).

Os colaboradores envolvidos com a implementação do método GPT devem construir uma matriz de responsabilidades, cuja estrutura é função do porte da empresa, podendo ser simples ou complexa.[2]

Passo 2: Codificar uma tipologia padrão para registrar as causas de parada dos postos de trabalho.

Para registro das causas de paradas nos postos de trabalho no Diário de Bordo (DB), deve ser elaborada uma lista de tipologias padrão, codificando-se as causas de paradas programadas e as causas de paradas não programadas, conforme exemplo mostrado na Tabela 4.1.

É preciso também que se descreva cada causa de parada para facilitar seu entendimento e registro nos Diários de Bordo (DB), conforme os exemplos abaixo:

Aguardando manutenção: refere-se ao tempo de parada do posto de trabalho quando este aguarda por um técnico mecânico. Ocorre quando o posto de trabalho permanece parado enquanto o técnico mecânico não chega para realizar a manutenção, depois de ter sido solicitado seu reparo ao setor de manutenção.

Deslocamento de operador: refere-se ao tempo de parada do posto de trabalho quando o operador se desloca para exercer atividades fora de seu local de trabalho. Exemplos: ir ao banheiro, operar outro posto de trabalho, buscar EPI, etc.

Falha operacional: refere-se ao tempo de parada do posto de trabalho devido à quebra do equipamento por causa de falha do operador.

---

[2] No Capítulo 8, é detalhada a matriz de responsabilidades do Sistema Produttare de Produção – SPP.

Tabela 4.1 Exemplo de tipologias de paradas

Código	Descrição
101	Aguardando manutenção
102	Aguardando ponte rolante
103	Deslocamento de operador
104	Falha operacional
105	Falta de energia elétrica
106	Falta de peças
107	Falta de programação – PCP
108	Matéria-prima fora de especificação
110	Manutenção preventiva
109	Refeição
111	*Setup*
112	Treinamento/Palestra/Curso/Reunião

Falta de peças: refere-se ao tempo de parada do posto de trabalho devido à falta de peças, ocorrendo nos equipamentos após a primeira operação quando a matéria-prima básica de processamento já sofreu a primeira transformação e está no fluxo de produção.

Refeição: refere-se ao tempo de parada do posto de trabalho para que o operador realize suas refeições.

Setup: refere-se ao tempo de parada do posto de trabalho devido à necessidade de realizar uma troca de ferramental e dispositivos para a produção de outro produto. O tempo de *setup* compreende o tempo decorrido desde a produção da última peça boa do lote anterior até a produção da primeira peça boa do lote subsequente.

Algumas regras básicas devem ser estabelecidas para a criação dos códigos de parada, como:

- Listar os códigos em ordem crescente, não agrupando por categoria.
- Buscar o máximo agrupamento para evitar um número elevado de códigos de paradas.
- Manter um código de parada único para todos os setores do ambiente fabril e, ao acrescentar novas paradas, criar códigos novos, mesmo que haja quebra na sequência de códigos.

Eventuais códigos que deixarem de ser utilizados não podem ter significados alterados ou serem reaproveitados para identificar novas situações de paradas, a fim de evitar a perda de rastreabilidade e gerar eventual confusão no chão de fábrica.

Passo 3: Definir a forma de coleta de dados no chão de fábrica: diário de bordo (DB) ou *software*.

A coleta de dados do dia a dia no ambiente fabril pode ser realizada pelo preenchimento de um diário de bordo (DB) padrão ou por meio de um *software* com a utilização de coletores eletrônicos de dados. Os operadores dos postos de trabalho selecionados devem preencher o DB manualmente ou digitar os dados nos coletores eletrônicos de dados.

Na Figura 4.3 é apresentado um modelo de diário de bordo, que deve conter campos para registro das seguintes informações:

- Identificação do posto de trabalho selecionado
- Data e turno de operação
- Nome do operador
- Código ou referência do item a ser produzido
- Tempo de ciclo do item a ser produzido (opcional)
- Código da tipologia de paradas
- Horário inicial e final de cada parada
- Quantidade de itens conformes produzida
- Quantidade de itens não conformes produzida
- Observações

Deve ser utilizado apenas um DB para cada posto de trabalho monitorado, evitando a duplicação de informações que confundam os responsáveis pelo lançamento delas na planilha eletrônica ou no painel de gestão eletrônico.

A utilização de um *software* em substituição ao DB implica na implementação de coletores eletrônicos de dados junto aos postos de trabalho monitorados. Nos coletores eletrônicos de dados são digitados os apontamentos de produção e, por meio de um código, as causas das paradas. Entre as vantagens de utilização de um *software* estão: *i*) precisão dos dados coletados no chão de fábrica; *ii*) processamento eletrônico dos dados coletados para geração de informações; *iii*) consolidação dos dados processados; e *iv*) integração *on-line* no chão de fábrica entre os dados coletados e os sistemas corporativos (ERP, MRP I, MPR II, CRM, BI, etc.).[3]

Passo 4: Definir a forma de registro dos dados: planilha eletrônica ou painel de gestão eletrônico.

No caso dos dados serem coletados manualmente por parte dos operadores, deve ser elaborada uma planilha para o lançamento dos dados registrados no DB para o cálculo do IROG.

Na planilha eletrônica devem constar os seguintes dados:

- Tempo de paradas programadas: correspondente à soma do tempo de paradas programadas por turno de produção, por dia e acumulado do mês.
- Tempo de paradas não programadas: correspondente à soma do tempo de paradas não programadas por turno de produção, por dia e acumulado do mês.

---

[3] Siglas em inglês para:
ERP – *Enterprise Resource Planning* – Planejamento dos Recursos da Empresa
MRP I – *Material Requirement Planning* – Planejamento das Necessidades de Material
MRP II – *Manufacturing Resource Planning* – Planejamento dos Recursos de Manufatura
CRM – *Customer Relationship Management* – Gestão do Relacionamento com o Cliente
BI – *Business Inteligence* – Inteligência Empresarial

DIÁRIO DE BORDO									
LOGO DA EMPRESA		Data:			Equipamento:					
		Turno:			Operador:					
Item		Paradas			Produção		Observações	Código	Descrição tipologia
Código Item	Tempo de ciclo (min)	Código da Tipologia	Horário Inicial	Horário Final	Quantidade peças boas	Quantidade peças não conformes			
x	1,23				5	1		11	Teste
		12	08:32	10:26				12	Limpeza
								13	Reunião/Treinamento
								14	Setup
								15	Falta de documentação
								16	Qualidade
								17	Falta de ar, energia, água ou gás
								18	Falta de matéria-prima
								19	Falta de operador
								20	Manutenção Corretiva
								21	Manutenção Preventiva
								22	Ferramental
								23	Parâmetros de processo (regulagem)
								24	Falta de componente
								25	Inspeção de qualidade
								26	Aguardando Engenharia
								27	Operador fazendo outra operação
								28	Programação da máquina
								29	
								30	
								Utilização do campo observação	
								11	Especificar o produto testado
								13	Especificar o tipo de reunião/treinamento
								14	Registrar anomalias
								15	Especificar qual documentação faltante
								16	Especificar qual o problema
								18	Especificar qual matéria-prima faltante
								20	Especificar qual tipo de manutenção
								22	Especificar qual ferramental
								23	Especificar qual parâmetro de processo
								24	Especificar qual componente
								27	Especificar qual operação

Figura 4.3 Exemplo de modelo de diário de bordo.

- Tempo disponível: correspondente ao tempo calendário, utilizado para o cálculo da eficiência operacional nos postos de trabalho restritivos e tempo programado para produção, utilizado para o cálculo da eficiência operacional nos postos de trabalho não restritivos, por turno de produção, por dia e acumulado do mês.
- Tempo real: obtido pela diferença do tempo disponível e do tempo de paradas não programadas.
- Produção total: correspondente à quantidade de itens conformes por turno de produção, por dia e acumulado do mês.
- Produção de refugos: correspondente à quantidade de itens não conformes por turno de produção, por dia e acumulado do mês.
- Minutos de agregação de valor, obtido pela multiplicação das quantidades de itens conforme produzida pelos respectivos tempos de ciclo.

Na Figura 4.4 é apresentado um modelo de planilha eletrônica.

No caso de se utilizar um *software* para a coleta eletrônica de dados, devem ser definidos o *software* e os coletores eletrônicos de dados a serem utilizados.

Os dados coletados eletronicamente podem ser lançados em um painel de gestão eletrônico, que oferece uma infraestrutura para visualização e gestão

SETOR: USINAGEM   EQUIPAMENTO: PRENSA 2012

Paralisações		2a. feira	3a. feira	4a. feira	5a. feira	6a. feira	sábado	Geral
Tipologia	Motivo							
PARADAS PROGRAMADAS								
109	Refeição	60,0	60,0	60,0				180,0
110	Manutenção Preventiva							0,0
								0,0
Tempo de Paradas Programadas		60,0	60,0	60,0	0,0	0,0	0,0	180,0
PARADAS NÃO PROGRAMADAS								
101	Aguardando manutenção							0,0
102	Aguardando ponte rolante							0,0
103	Falha operacional	15,0	15,0					28,0
104	Deslocamento de operador	12,0	7,0					19,0
105	Falta de energia elétrica	15,0	15,0	17,0				47,0
106	Falta de peças		24,0					24,0
107	Falta de programação - PCP	35,0	56,0	55,0				146,0
108	Matéria-prima fora de especificação							0,0
111	Setup		50,0	53,0				141,0
112	Treinamento/Palestra/Curso/Reunião	15,0	15,0	15,0				45,0
								0,0
								0,0
Tempo de Paradas não Programadas		130,0	180,0	140,0				450,0
Tempo Total (Tempo Calendário)		588,0	588,0	588,0				1.764,0
Tempo Disponível (Tempo Total - Paradas Programadas)		528,0	528,0	528,0				1.584,0
Tempo Real de Operação		398,0	348,0	388,0				1.134,0
PRODUÇÃO (unidades)								
Unidades boas produzidas		375	334	378,0				1.087
Unidades refugadas + retrabalhadas		23	14	10				47
Total de unidades		398	348	388				1.134
TEMPOS DE PRODUÇÃO (minutos)								
Tempo unidades boas produzidas		347,0	328,0	270,0				945
Tempo unidades refugadas + retrabalhadas		23,0	14,0	5,0				42
Tempo unidades boas + refugadas + retrabalhadas		370	342	275				987
CÁLCULO DOS ÍNDICES DE EFICIÊNCIA								
TEEP (em relação ao Tempo de Calendário)		59,01%	55,78%	45,92%				53,57%
OEE (em relação ao Tempo Disponível)		65,72%	62,12%	51,14%				59,66%
μ_1 (Índice de Disponibilidade)		67,69%	59,18%	65,99%				64,29%
μ_2 (Índice de Desempenho)		92,96%	98,28%	70,88%				87,37%
μ_3 (Índice de Qualidade)		93,78%	95,91%	98,18%				95,96%

Figura 4.4 Modelo de planilha eletrônica para lançamento de dados do DB.

dos indicadores e informações pela internet/intranet, para visualização dos indicadores de desempenho e das demais informações coletadas no chão de fábrica. Entre os dados disponibilizados encontram-se:

- Forma gráfica para apresentação dos indicadores de desempenho, como índices de eficiência, dados de produção, tempos médio de *setup* e disponibilidade de manutenções, entre outros.
- Relatório com gráfico de Pareto das principais causas de parada.
- Dados de produção de peças boas, retrabalhadas e refugadas.
- Elaboração e gestão de planos de ação.

Na Figura 4.5 é apresentado um modelo de painel de gestão eletrônico.[4]

Uma das principais vantagens do painel eletrônico é manter um histórico ao longo do tempo dos dados registrados e oferecer uma estrutura para visualização e administração dos indicadores e informações pela internet/intranet.

Passo 5: Definir os postos de trabalho a serem monitorados.

Para aumentar a eficiência operacional de um sistema produtivo, deve-se dar prioridade para o aumento do IROG dos postos de trabalho restritivos. Para isso, é preciso diferenciar os conceitos de gargalos e de recursos com restrição de capacidade (*Capacity Constrained Resources* – CCR) conforme discutido no Capítulo 3.

Havendo mais de um posto de trabalho a ser monitorado, deve ser discutido também o cronograma de implementação do método GPT nesses postos.

A definição dos postos de trabalho a serem monitorados pelo método GPT é feita a partir de várias abordagens, como:

- Aumentar a eficiência operacional para atendimento da demanda atual
- Aumentar a eficiência operacional para atendimento de uma demanda futura
- Reduzir os custos com horas extras, turnos de produção, terceirizações, etc.
- Analisar de *benchmarks*, por meio do valor da eficiência operacional de um equipamento novo

Passo 6: Definir a rotina de coleta e substituição dos diários de bordo (DB).

A coleta e substituição dos DBs nos postos de trabalho devem ser feitas diariamente, em horário pré-estabelecido, possibilitando a digitação e atualização dos dados na planilha eletrônica.

Dessa forma, se houver incorreções ou dúvidas em relação ao preenchimento do DB, o digitador poderá consultar o operador em um período no qual este mais facilmente poderá esclarecê-las.

Passo 7: Definir o método de gestão do posto de trabalho como o método a ser utilizado nos postos de trabalho monitorados.

O método de GPT pode ser utilizado também para outros objetivos além do cálculo da eficiência operacional, como:

- Analisar de investimentos
- Analisar da capacidade de produção da fábrica
- Auxiliar no planejamento e programação da produção
- Auxiliar no planejamento das vendas
- Motivar os colaboradores da empresa na busca de resultados

---

[4] O painel de gestão eletrônico apresentado como modelo neste livro foi desenvolvido pela eFact Software Ltda. (www.efact.com.br), uma empresa que tem por objetivo incorporar conhecimento e tecnologias de Engenharia de Produção a sistemas de informação (programas de computador) para aplicação na indústria.

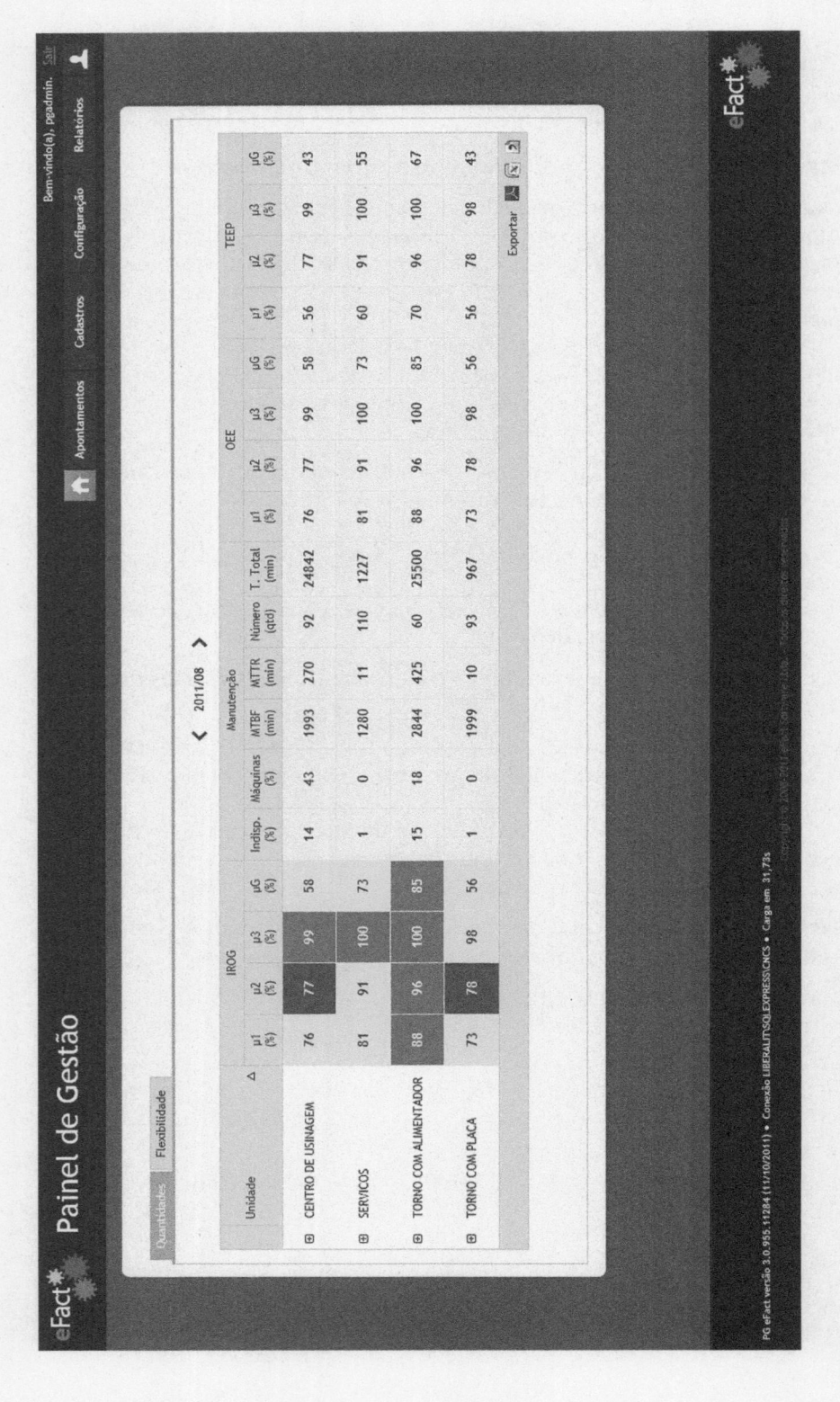

Figura 4.5 Modelo de painel de gestão eletrônico.

Fonte: eFact Software, ©2007.

De acordo com a Figura 4.2, na etapa de Execução do método PDCA os colaboradores envolvidos com o método GPT devem ser educados e treinados para executarem suas atividades de acordo com os conceitos preconizados no método. Essa etapa contempla também as atividades de coleta de dados e digitação dos dados no sistema corporativo. Para tanto, os seguintes passos devem ser realizados:

Passo 8: Treinar os colaboradores envolvidos com o método GPT.

A implementação e consolidação do método GPT no âmbito das organizações é obtida pelo treinamento dos colaboradores envolvidos. Esse treinamento compreende não só o treinamento dos gestores nos conceitos relacionados com o método, mas também o treinamento dos operadores para o correto preenchimento dos DBs e dos responsáveis pela digitação dos dados. Quando for utilizado um *software* para registro dos dados por meio de coletores eletrônicos de dados, os colaboradores envolvidos devem receber o devido treinamento para manuseio desses coletores.

A precisão dos dados coletados e registrados nas planilhas eletrônicas ou no painel de gestão eletrônico propicia a elaboração de planos de ação para o aumento da eficiência operacional dos postos de trabalho monitorados.

Passo 9: Registrar todas as anotações do dia a dia da produção nos DBs ou coletores eletrônicos de dados.

Nos DBs devem ser registrados os códigos dos itens produzidos, bem como a quantidade de itens conformes e não conformes. Também devem ser registrados os tempos iniciais e finais de cada parada do posto de trabalho, de acordo com a tipologia definida, e a causa que ocasionou a parada. No campo de observações do DB devem ser registradas todas as informações necessárias que auxiliem no entendimento do dia a dia da produção.

Os DBs devem ser substituídos no máximo a cada 24 horas, possibilitando uma leitura completa do período conforme o calendário de produção definido para o posto de trabalho monitorado.

Nos coletores eletrônicos de dados, além dos códigos dos itens a serem produzidos e das quantidades de itens conformes e não conformes, deve ser registrado o código correspondente à tipologia de cada parada ocorrida.

A precisão do registro das anotações do dia a dia da produção nos DBs e nos coletores eletrônicos de dados possibilita o cálculo correto do IROG dos postos de trabalho monitorados.

Passo 10: Digitar os dados em planilha eletrônica ou painel de gestão eletrônico.

Os dados registrados no DB devem ser digitados em uma planilha eletrônica ou painel de gestão eletrônico por um colaborador responsável, que deve seguir uma rotina definida para essa atividade.

Na planilha eletrônica, além dos dados registrados nos DBs, devem ser digitados os tempos de ciclo de cada item produzido, que são obtidos a partir de um banco de dados no qual são registrados os tempos de ciclo de cada item em cada posto de trabalho.

O colaborador responsável deverá fazer uma análise crítica prévia dos dados para identificar possíveis erros de lançamento de informações por parte dos operadores. No caso de serem detectados erros de lançamento, o colaborador deve validar as informações com os próprios operadores, garantindo que os dados digitados estejam corretos. Na Figura 4.6 é apresentado um modelo de planilha de digitação de dados para cálculo do IROG. Quando forem utilizados coletores eletrônicos de dados, os dados devem ser registrados diretamente em um painel de gestão eletrônico.

De acordo com a Figura 4.2, a etapa de Verificação do método PDCA está vinculada à verificação dos resultados alcançados. Para tanto, os seguintes passos devem ser realizados:

Passo 11: Obter e analisar os valores iniciais do Índice de Rendimento Operacional Global – IROG e demais índices de eficiência a partir da planilha eletrônica ou painel de gestão eletrônico.

A partir da transferência das anotações registradas nos DBs para a planilha de digitação de dados ou para o painel de gestão eletrônico, são obtidos os valores iniciais do IROG e dos demais índices de eficiência μ_1, μ_2 e μ_3.

Na Figura 4.7 é mostrado um modelo de planilha com os valores do IROG e demais índices de eficiência gerada a partir dos dados digitados no passo anterior.

Nessa planilha são apresentados os seguintes dados:

- Tempo de paradas programadas, por dia e acumulado do mês.
- Tempo de paradas não programadas por dia e acumulado do mês.
- Tempo disponível, correspondendo ao tempo de calendário para o cálculo do TEEP e tempo programado para produção para o cálculo do OEE, por dia e acumulado do mês.
- Tempo real de operação.
- Produção total, por turno, por dia e acumulado do mês.
- Produção de refugos, por turno, por dia e acumulado do mês.
- Tempo de agregação de valor em minutos.

Além desses dados, esse modelo de planilha pode apresentar também os tempos médios de *setup* e a frequência de *setup* por turno e acumulado do mês,

Data	Turno	Referência	T. Ciclo (Minutos)	Qtd. Peças boas	Qtd. refugo	Motivo de parada	Hora Inicial	Hora Final	Observações	Tempo	Tempo
01/07/09	1	TF253	6,150	3						18,45	0,00
01/07/09	1	TF258	6,200	15	2					93,00	0,00
01/07/09	1	TF275	6,700	29						194,30	0,00
01/07/09	1					115	0725	0736		0,00	11,00
01/07/09	1					121	0926	1108		0,00	102,00
01/07/09	1					115	1108	1126		0,00	18,00
01/07/09	1					101	1230	1330		0,00	60,00
01/07/09	1					109	1652	1700		0,00	8,00
01/07/09	2	TF275	6,700	33						221,10	0,00
01/07/09	2					106	1700	1710		0,00	10,00
01/07/09	2					109	2150	2200		0,00	10,00
02/07/09	1	TF275	6,700	21						140,70	0,00
02/07/09	1					121	1006	1700		0,00	414,00
03/07/09	1	TF287	7,280	35						254,80	0,00
03/07/09	1					115	0700	0721		0,00	21,00
03/07/09	1					101	1230	1330		0,00	60,00
07/07/09	1					121	0700	1700		0,00	600,00

Figura 4.6 Modelo de planilha de digitação de dados.

GESTÃO DO POSTO DE TRABALHO

MÊS		JULHO			TEMPOS MÉDIOS DE *SETUP*	
SETOR		USINAGEM			Frequência T3	0
EQUIPAMENTO		PV800			Frequência T1	12
GARGALO?		NÃO			Frequência T2	0
ÍNDICE	ATUAL	META			Tempo Médio (min) T3	0
GLOBAL	76%	80%			Tempo Médio (min) T1	19
$\mu 1$	95%	94%			Tempo Médio (min) T2	0
$\mu 2$	81%	85%			Frequência Total	12
$\mu 3$	99%	100%			Tempo Médio (min) Total	19

DIA / TURNO	Paradas		T. Disponível		Tempo		Produção			Eficiência OEE		
	Prog.	N Prog.	TEEP	OEE	Real	Refugo	Total	Min	Global	$\mu 1$	$\mu 2$	$\mu 3$
T3	0	0	0	0	0	0	0	0				
T1	2739	486	12810	10071	9585	10	1092	7634	76%	95%	80%	99%
T2	0	50	1020	1020	970	0	116	795	78%	95%	82%	100%
TOTAL	2739	536	13830	11091	10555	10	1208	8429	76%	95%	81%	99%
1 3	0	0	0	0	0	0	0	0				
1 1	162	37	600	438	401	2	47	306	70%	92%	79%	96%
1 2	0	20	300	300	280	0	33	221	74%	93%	79%	100%
1 T	162	57	900	738	681	2	80	527	71%	92%	79%	98%
2 3	0	0	0	0	0	0	0	0				
2 1	414	0	600	186	186	0	21	141	76%	100%	76%	100%
2 2	0	0	0	0	0	0	0	0				
2 T	414	0	600	186	186	0	21	141	76%	100%	76%	100%
3 3	0	0	0	0	0	0	0	0				
3 1	60	21	540	480	459	0	35	255	53%	96%	56%	100%
3 2	0	0	0	0	0	0	0	0				
3 T	60	21	540	480	459	0	35	255	53%	96%	56%	100%

Figura 4.7 Modelo de planilha com os valores do IROG e demais índices de eficiência.

bem como um gráfico de evolução do IROG em relação ao período monitorado, conforme mostrado na Figura 4.8.

Com o registro dos tempos de parada na planilha eletrônica de digitação dos dados, deve-se obter também um gráfico de Pareto no qual são apresentadas as principais causas de paradas do posto de trabalho, como mostrado na Figura 4.9.

As análises dos índices iniciais de eficiência e do gráfico de Pareto propiciam a tomada de ações gerenciais com o objetivo de atingir novos níveis de eficiência operacional nos postos de trabalho monitorados.

Passo 12: Implementar a gestão visual.

O método GPT deve ser inserido na cultura da organização como forma de assegurar sua consolidação. Nesse sentido, os resultados alcançados a partir dos valores iniciais devem ter ampla divulgação não só no ambiente fabril, mas também nos demais setores da organização. Para tanto, podem ser utilizados painéis de divulgação junto ao posto de trabalho monitorado conforme modelo mostrado na Figura 4.10.

No painel de divulgação devem constar dados como os valores dos índices de eficiência e sua evolução, o gráfico de Pareto das principais causas de paradas e o plano de ação em andamento, tomando-se o cuidado de atualizar essas informações dentro de uma periodicidade pré-definida pelos gestores.

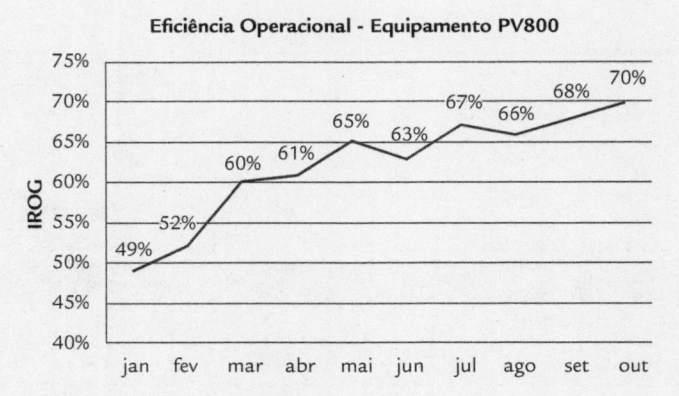

Figura 4.8 Modelo de gráfico de evolução do IROG.

De acordo com a Figura 4.2, a etapa de Ação do método PDCA está vinculada à atuação no processo a partir da análise dos resultados alcançados. Para isso, os seguintes passos devem ser seguidos:

Passo 13: Estabelecer metas para os valores da eficiência operacional.

Os resultados obtidos com o cálculo do IROG e demais índices de eficiência devem ser analisados pelos gestores envolvidos com o método GPT, com destaque para a análise das causas básicas das paradas, da queda de desempenho e da qualidade dos produtos obtidos nos postos de trabalho monitorados. A análise das principais causas de parada, queda de desempenho e problemas de qualidade, registradas no DB ou no painel de gestão eletrônico, possibilita a elaboração de planos de ação (PA) com vistas ao aumento da eficiência operacional dos recursos monitorados.

Passo 14: Elaborar plano de ação (PA) de melhorias com o objetivo de elevar os índices de Disponibilidade (μ_1), Desempenho (μ_2) e Qualidade (μ_3).

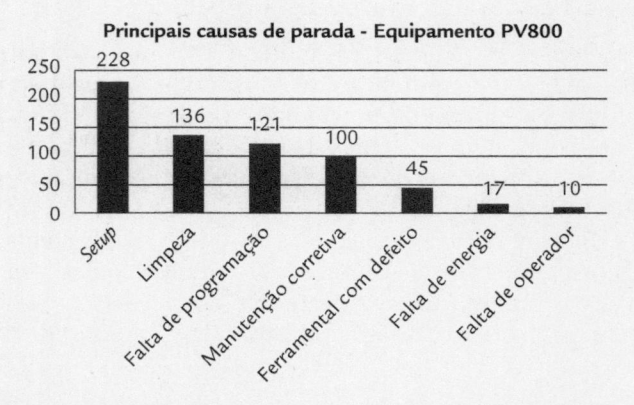

Figura 4.9 Modelo de gráfico de Pareto das principais causas de parada.

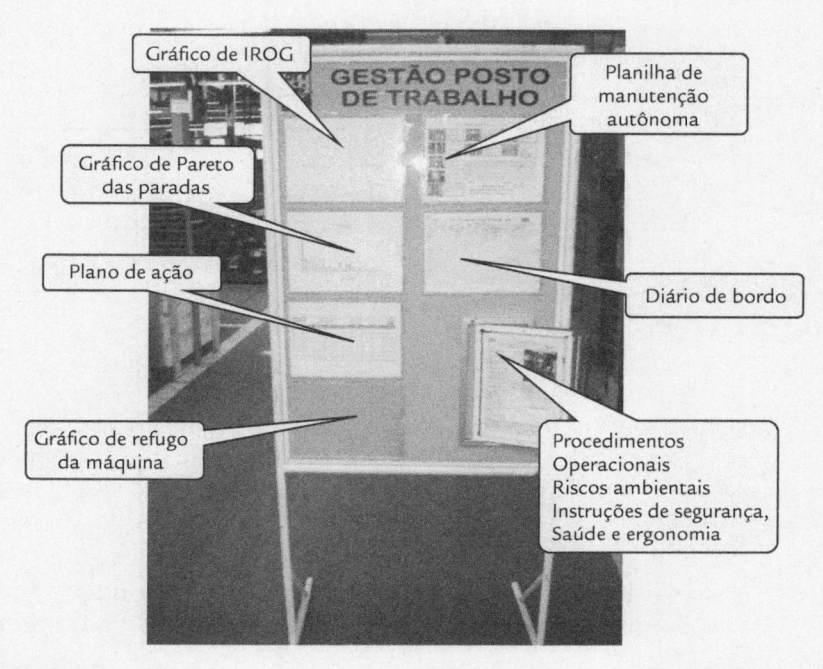

Figura 4.10 Exemplo de modelo de painel de divulgação do método GPT.

Os planos de ação devem ser construídos com o uso da ferramenta 5W1H, acrescida de três outras colunas. A primeira (segundo H) tem por objetivo registrar o custo/investimento necessário para que uma determinada ação seja concretizada. A segunda corresponde à estimativa de ganho com a concretização da ação, o que permite avaliar o retorno sobre o investimento, e a terceira coluna mostra percentualmente o *status* atual da execução da ação.

Na Figura 4.11 é apresentado um modelo de plano de ação.

Passo 15: Implementar as ações de melhoria propostas no plano de ação.

As ações de melhoria propostas no PA devem ser implementadas, tomando-se o cuidado de indicar um responsável por cada ação registrada e uma data limite como prazo para que a ação seja concretizada e definida em consenso com o responsável da ação.

4.3 Manutenção e melhoria dos resultados do método GPT

A Figura 2.5 apresentada no Capítulo 2 está replicada na Figura 4.12 e corresponde ao método PDCA/SDCA para manter e melhorar os resultados do método GPT. A manutenção dos resultados significa que, após elevar o valor inicial do IROG de um posto de trabalho monitorado até um valor estabelecido como meta para sua eficiência operacional, esse valor se mantém ao longo do tempo pela padronização dos procedimentos operacionais.

				PLANO DE AÇÃO Ações de melhoria contínua				Data:			
								Elaborado por:			
O que fazer (What)	Por que fazer (Why)	Onde fazer (Where)	Quem (Who)	Quando (When)	Como (How)	Quanto (How much)	Ganho (Saving)	Status			
								25%	50%	75%	100%
Refeição	Aumentar eficiência do gargalo	Prensa 2012	João	15.11.2011	1. Treinar operador substituto para operar equipamento durante as paradas para refeição	Sem investimento	3 turnos x 1 hora/turno x 22 dias úteis = 66 horas/mês para produção				
Setup	Reduzir o tempo médio de Setup (TMS)	Setor Estamparia	Paulo	31.11.2011	1. Realizar treinamentos em conceitos de troca rápida de ferramentas TRF com os operadores	Sem investimento	Em relação ao período monitorado, redução estimada em 50% do TMS, equivalente a 20 horas				

Figura 4.11 Modelo de plano de ação.

Pela comparação das Figuras 4.2 e 4.12, observa-se que na última a etapa de Planejamento da Figura 4.2 é substituída pela etapa de Padronização. De acordo com essa figura, a etapa de Padronização está relacionada à padronização dos procedimentos operacionais para a manutenção dos novos valores (metas) de eficiência operacional. Para tanto, os seguintes passos devem ser realizados:

Passo 1: Padronizar os procedimentos operacionais e gerenciais com vistas à manutenção dos resultados obtidos com a implementação do método GPT.

Uma vez implementado o método GPT e atingidas as metas iniciais do IROG, deve-se padronizar os procedimentos operacionais e gerenciais de rotina com vistas à manutenção dos valores de eficiência operacional obtidos no ambiente fabril.

De acordo com a Figura 4.12, na etapa de Execução os colaboradores envolvidos com a GPT devem ser treinados para executarem suas atividades de acordo com os padrões estabelecidos. Essa etapa contempla também as atividades de rotina para a manutenção do método GPT no chão de fábrica. Para isso, os seguintes passos devem ser realizados:

Passo 2: Treinar os colaboradores.

A partir da padronização dos procedimentos operacionais e gerenciais, os colaboradores envolvidos com o método GPT, tanto no âmbito gerencial como no operacional, devem ser treinados com o objetivo de realizarem suas tarefas de acordo com os padrões estabelecidos.

Passo 3: Realizar as atividades de rotina para manutenção e melhoria dos resultados.

A partir dos resultados obtidos, devem ser realizadas reuniões de rotina sistemáticas para monitorar as atividades operacionais no chão de fábrica em relação à identificação dos postos de trabalho restritivos, às anomalias no processo produtivo e ao acompanhamento das ações para a manutenção e melhoria da eficiência operacional dos postos de trabalho monitorados.

As ações de melhoria propostas nos PAs devem ser acompanhadas no intuito de verificar sua execução dentro do prazo estimado, bem como os resul-

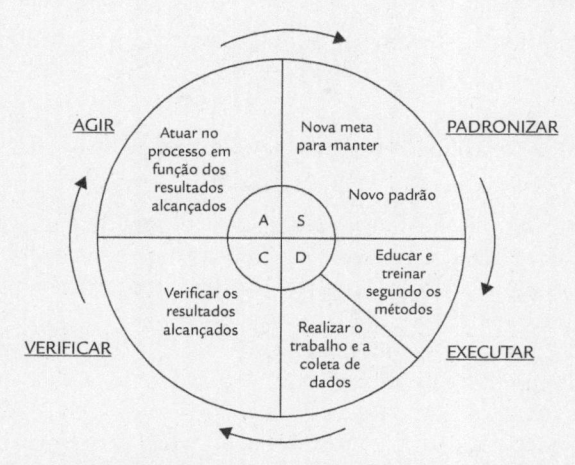

Figura 4.12 Método PDCA/SDCA para manter e melhorar o método GPT.

Fonte: Falconi (1994, p.196).

tados alcançados. Assim, deve ser estabelecido um cronograma de reuniões para análise dos resultados obtidos com a implementação do método GPT na empresa.

As atividades **operacionais** de rotina do método GPT com vistas à manutenção e melhoria dos resultados alcançados são as seguintes:

- Preenchimento DIÁRIO dos DBs pelos operadores.
- Recolhimento e substituição DIÁRIA dos DBs pelos digitadores, em horário pré-estabelecido. Sugere-se que a substituição ocorra no início da jornada de trabalho diurno.
- Digitação DIÁRIA dos dados extraídos dos DBs no sistema, que irão alimentar a planilha eletrônica ou o painel de gestão eletrônico para o cálculo do IROG. Essa digitação deve estar concluída em horário pré-estabelecido no dia seguinte à data dos DBs recolhidos.
- Arquivamento dos DBs após a digitação dos dados, por um período pré-estabelecido pelos gestores, normalmente MENSAL.
- Atualização DIÁRIA dos valores do IROG e demais índices e sua evolução nos painéis de divulgação junto aos postos de trabalho monitorados, no ambiente fabril, em horário pré-estabelecido.
- Atualização SEMANAL dos gráficos de Pareto das principais causas de parada nos painéis de divulgação junto aos postos de trabalho monitorados, no ambiente fabril, em horário pré-estabelecido.
- Atualização MENSAL dos PAs nos painéis de divulgação junto aos postos de trabalho monitorados, no ambiente fabril, em horário pré-estabelecido.

De acordo com a Figura 4.2, a etapa de Verificação do método PDCA está vinculada à verificação dos resultados alcançados, enquanto a etapa de Atuação do método PDCA preconiza a atuação no processo em função desses resultados.

Para tanto, devem ser realizadas atividades gerenciais de rotina que compreendem a realização de reuniões periódicas, que são detalhadas no passo seguinte.

Passo 4: Realizar reuniões periódicas para manutenção e melhoria dos resultados.

A partir da obtenção dos valores dos índices de eficiência (μ_g, μ_1, μ_2 e μ_3), devem ser realizadas reuniões periódicas para sua análise com vistas à manutenção e melhoria dos resultados obtidos com a implementação do método GPT, conforme mostrado na Figura 4.13.

A Figura 4.13 evidencia a necessidade de se realizar uma análise da capacidade imediata da fábrica com o objetivo de definir quais recursos gargalos e quais recursos com restrição de capacidade (CCR – *Capacity Constrained Resources*) deverão ser priorizados pelas ações de curto prazo e quais recursos deverão ser monitorados a médio e longo prazo.

No banco de dados estão contidas as informações necessárias para alimentar a planilha de Capacidade x Demanda (discutida no Capítulo 7 deste livro), que será utilizada para análise gerencial na tomada de decisão para o enfoque a curto prazo. As informações básicas no banco de dados devem incluir os tempos de processamento, ou tempos de ciclo dos produtos, (tp_i) devidamente atualizados e os roteiros de produção (principais e alternativos).

A planilha de Capacidade x Demanda relaciona, em termos de tempos, a capacidade da fábrica em função das quantidades demandadas pelo mercado. De posse dos relatórios recebidos do Planejamento e Controle da Produção (PCP), que destacam o tempo disponível para a produção (T), as quantidades a serem produzidas de cada produto (q_i) e as informações provenientes da fábrica relativas às eficiências das máquinas (μ_g), pode-se analisar a relação entre Capacidade e Demanda para os grupos de máquinas.

Além disso, a partir da análise da planilha de Capacidade x Demanda, deve-se verificar a existência de grupos de máquinas que representam gargalos no processo produtivo, buscando analisar quais são os recursos gargalos e quais são os recursos que não apresentam restrição ao sistema produtivo. No caso de um recurso não seja um gargalo, o processo é direcionado para um monitoramento com base OEE – *Overall Equipment Efficiency*, no qual se admite a existência de paradas programadas. Para os gargalos, o monitoramento deve ser com base TEEP (*Total Effective Equipment Productivity*), no qual **não** se admite a existência de paradas programadas.

Se o recurso for um gargalo, passa-se para as ações de curto prazo, que dependem de decisões imediatas tomadas pela gestão. Essas ações estão vinculadas a alternativas como:

i – Aumento do tempo disponível de produção (T) – pelo acréscimo de mais um turno de produção ou da introdução de horas-extras.

ii – Redução da demanda no gargalo – a partir da produção, em recursos não gargalos, de parte da demanda que passa pelo gargalo (q_i).

Todas as alternativas a serem escolhidas para minimizar os problemas do gargalo a curto prazo deverão ser comunicadas ao PCP para atualizar o cálculo

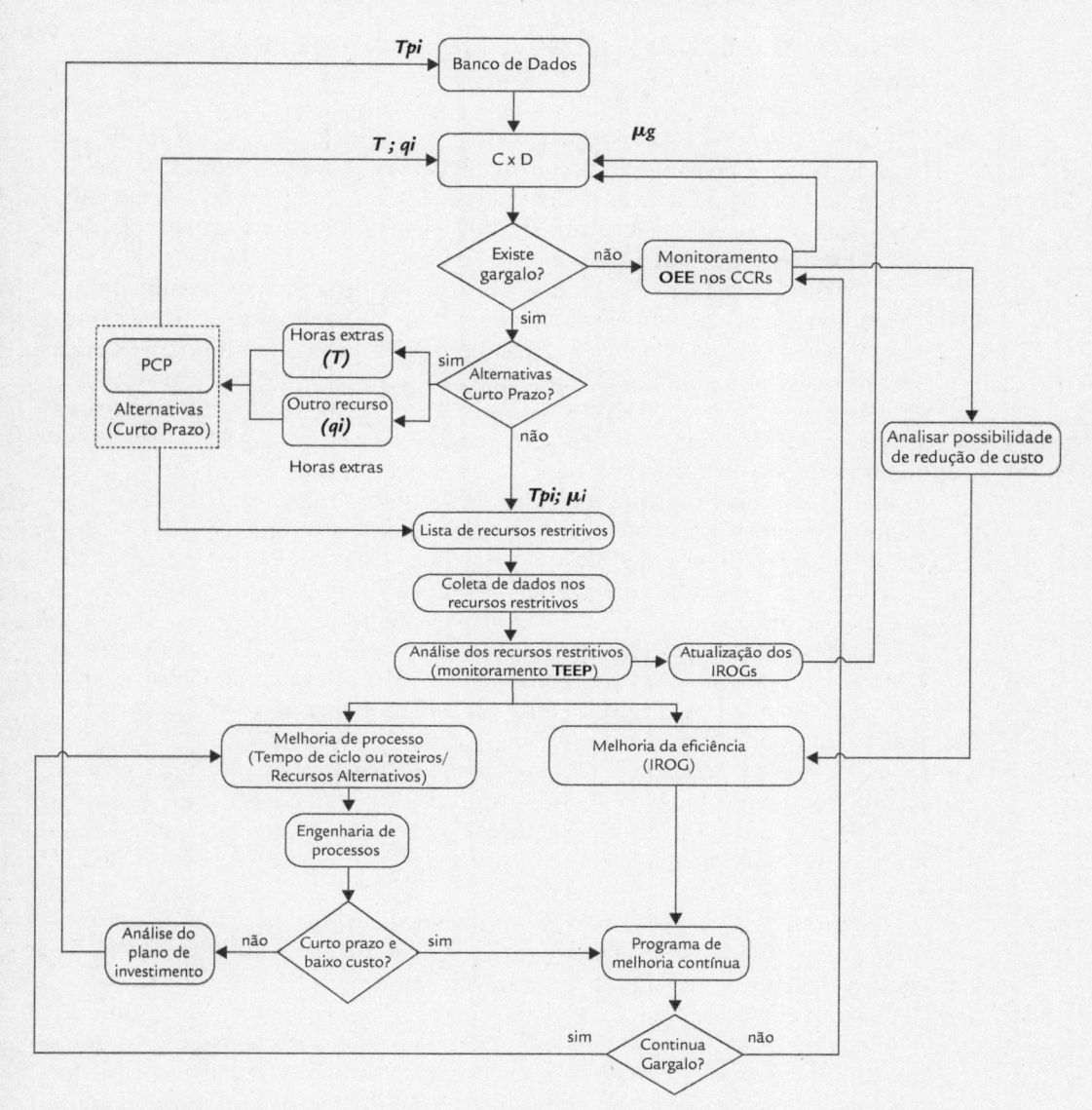

Figura 4.13 Procedimento gerencial para manter e melhorar os resultados.

de Capacidade x Demanda e a programação da produção. Isso permitirá uma análise mais precisa em termos de gestão do posto de trabalho.

Para as ações que não forem de curto prazo, passa-se para uma etapa onde são tomadas as decisões necessárias para que sejam definidas as estratégias de médio e longo prazo, de forma que seja efetivada a rotina de análise de GPT. Deverão ser relacionados todos os recursos críticos (gargalos e CCR) a serem monitorados. A lista dos recursos críticos contendo as eficiências atuais de cada recurso servirá para priorizar as ações de GPT. A lista dos recursos críticos é originada na planilha de Capacidade e Demanda, durante a avaliação periódica da demanda prevista.

A análise dos recursos críticos baseia-se nos valores encontrados para a Eficiência Global (μ_g), para o Índice de Disponibilidade (μ_1), para o Índice de Desempenho (μ_2) e para o Índice de Qualidade (μ_3), sendo realizada levando-se em consideração as metas de IROG definidas para um período subsequente. A inserção de dados para o cálculo do IROG deve ser atualizada diariamente a partir dos dados coletados no Diário de Bordo (DB).

A partir das análises dos recursos restritivos, surgem duas possibilidades: melhorias de processo e melhorias da eficiência. As melhorias relativas ao processo produtivo estão relacionadas aos roteiros e/ou recursos alternativos e aos tempos de ciclo. As melhorias vinculadas aos roteiros e/ou aos recursos alternativos requerem equipamentos flexíveis que possam servir como alternativa aos equipamentos gargalos, sem perderem, no entanto, a capacidade no atendimento de suas rotinas de produção. As melhorias nos tempos de ciclo dos recursos monitorados ocorrem a partir de duas definições: definição da necessidade (devendo-se considerar a demanda prevista e os objetivos de produtividade estabelecidos) e definição da viabilidade técnica (a ser realizada pela engenharia de processos, que definirá as ações a serem tomadas para a redução dos tempos de ciclo).

Após a intervenção da Engenharia de Processos, deve-se analisar se as ações levantadas são de curto prazo e baixo custo. O plano de investimentos deverá ser acionado sempre que uma ação de melhoria exigir médio ou longo prazo e/ou valores elevados.

A melhoria da eficiência (IROG) consiste na análise voltada para a rotina de produção, cujo objetivo é manter os níveis de eficiência operacional do sistema de produção. A melhoria da eficiência operacional também é alimentada pela possibilidade de reduções de custo, a partir do monitoramento realizado nos CCR (OEE).

O setor de Melhoria Contínua é o responsável pela estruturação do programa de melhoria contínua, que será estabelecido conforme a estratégia de competitividade definida no ciclo estratégico de produção.

Ao final do procedimento gerencial para manter e melhorar os resultados, deve ser analisada a continuidade da existência do recurso gargalo considerado. Isso ocorre pois os recursos focados poderão atingir os objetivos propostos das metas de IROG nos prazos definidos. A equipe de gestão deve avaliar os resultados obtidos periodicamente, em reuniões, nos recursos monitorados e definir a permanência ou a retirada desses recursos do programa de melhoria contínua. Caso o recurso não represente mais um gargalo, ele deverá começar a ser monitorado em função do OEE. Nessas reuniões, devem ser considerados tópicos para análise como:

- A demanda está sendo atendida ou existem restrições ao seu atendimento?
- Caso existam restrições, é possível a adoção de alternativas de curto prazo como realização de horas extras, utilização de roteiros alternativos ou mudanças na programação de produção, entre outras?

- Existe a necessidade de adoção de alternativas que envolvam a engenharia de processo, como a definição de roteiros alternativos ou estudo de tempo de método?
- Há evidências de anomalias no processo de produção que afetam a eficiência operacional? Em caso positivo, quais são as ações de melhoria para a correção dessas anomalias?
- As ações de melhorias previstas nos planos de ação estão sendo realizadas de acordo com o programado? Em caso negativo, é preciso identificar as causas básicas para que elas sejam concretizadas dentro dos prazos estabelecidos.
- A gestão visual está sendo realizada de acordo com o previsto, com a atualização das informações na periodicidade esperada?

Assim, deve ser estabelecido um cronograma de reuniões para análise dos resultados obtidos, devendo-se definir o calendário e os participantes dessas reuniões.

Reuniões semanais

As reuniões semanais, realizadas em cada turno, têm como objetivo verificar a ocorrência de anomalias localizadas, fazer a revisão do plano de ação em andamento, acrescentando as ações necessárias em função da situação atual, e orientar a atualização dos painéis de divulgação junto aos postos de trabalho. Na Figura 4.14 é apresentado o fluxograma da rotina de reunião semanal do método GPT.

Se o valor do IROG for satisfatório, mantém-se a rotina do plano de ação elaborado; caso contrário, os demais índices de eficiência μ_1 (disponibilidade), μ_2 (desempenho) e μ_3 (qualidade) devem ser analisados para verificar a ocorrência de anomalias, que devem estar registradas no DB.

Conforme se verifica na Figura 4.15, as anomalias podem estar relacionadas aos roteiros de fabricação, aos tempos de método dos itens produzidos, às quantidades produzidas ou à produção.

As anomalias relacionadas à gestão são relativas ao fluxo das informações e das pessoas e podem ser corrigidas a partir de decisões dos gestores da produção. Como exemplos de anomalias relacionadas à gestão, podem ser citadas: *i*) falta de programação; *ii*) falta de matéria-prima; *iii*) falta/ausência de operadores; *iv*) produção de testes e amostras, entre outras.

As anomalias que ocorrem no ambiente operacional são relacionadas ao fluxo dos itens e podem ser corrigidas a partir de decisão das lideranças diretamente envolvidas com a produção. Como exemplos de anomalias relacionadas ao ambiente operacional podem ser citadas: *i*) quebra de equipamento; *ii*) *setup* fora do padrão; *iii*) redução da velocidade de operação do equipamento, entre outras.

Sempre que for observada a existência de qualquer anomalia relacionada com os roteiros de fabricação ou com o tempo de método, a Engenharia de Processo deve ser acionada, pois deve ser considerada a possibilidade de haver divergências entre os roteiros, bem como entre o tempo de ciclo existente no banco de dados (considerado como padrão) e o tempo real realizado pelo

```
┌─────────────────┐
│ Reunião semanal │
└────────┬────────┘
         ▼
┌─────────────────┐
│  Evidências de  │
│    anomalias    │
└────────┬────────┘
         ▼
┌─────────────────┐
│   Revisão do    │
│  plano de ação  │
└────────┬────────┘
         ▼
┌─────────────────┐
│   Atualização   │
│   dos gráficos  │
└─────────────────┘
```

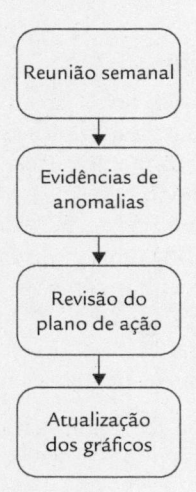

Figura 4.14 Rotina de reunião semanal do método GPT.

operador durante a produção. Essas divergências normalmente ocorrem em função da implementação de melhorias de processos nos equipamentos, que acarretam redução do tempo de ciclo, sem que haja a devida atualização no banco de dados para corrigir a diferença.

Um tempo de ciclo real *menor* em relação ao tempo de método registrado no banco de dados implica no aumento do valor do IROG, o que pode ser constatado no índice de desempenho μ_2, que indicará um valor acima de 95%, servindo de alerta para a existência de problemas relativos aos tempos de ciclo.

Já um tempo de ciclo real *maior* em relação ao tempo de método registrado no banco de dados implica na diminuição do valor do IROG, o que também pode ser constatado no índice de desempenho μ_2, que indicará um valor muito baixo, servindo de alerta para a existência de problemas relativos aos tempos de ciclo.

Ao se constatar a ocorrência de uma anomalia, deve-se também considerar a possibilidade de haver divergências entre as quantidades reais produzidas e as quantidades registradas no DB. A constatação e a correção dessas divergências podem ser realizadas pela liderança local da produção, sendo, na sequência, revisto o cálculo do IROG.

O tipo de anomalia ocorrida no posto de trabalho monitorado deve ser registrado no DB para serem realizadas as operações pertinentes.

Reuniões quinzenais

As reuniões quinzenais têm como objetivo revisar os planos de ação dos postos de trabalho monitorados, analisar as pendências e definir novos prazos para as ações a serem realizadas, fazendo uma análise do valor do IROG com relação aos objetivos a serem atingidos.

Na revisão do plano de ação de rotina, deverão ser verificadas quais ações foram devidamente implementadas e se os prazos para a efetivação das ações

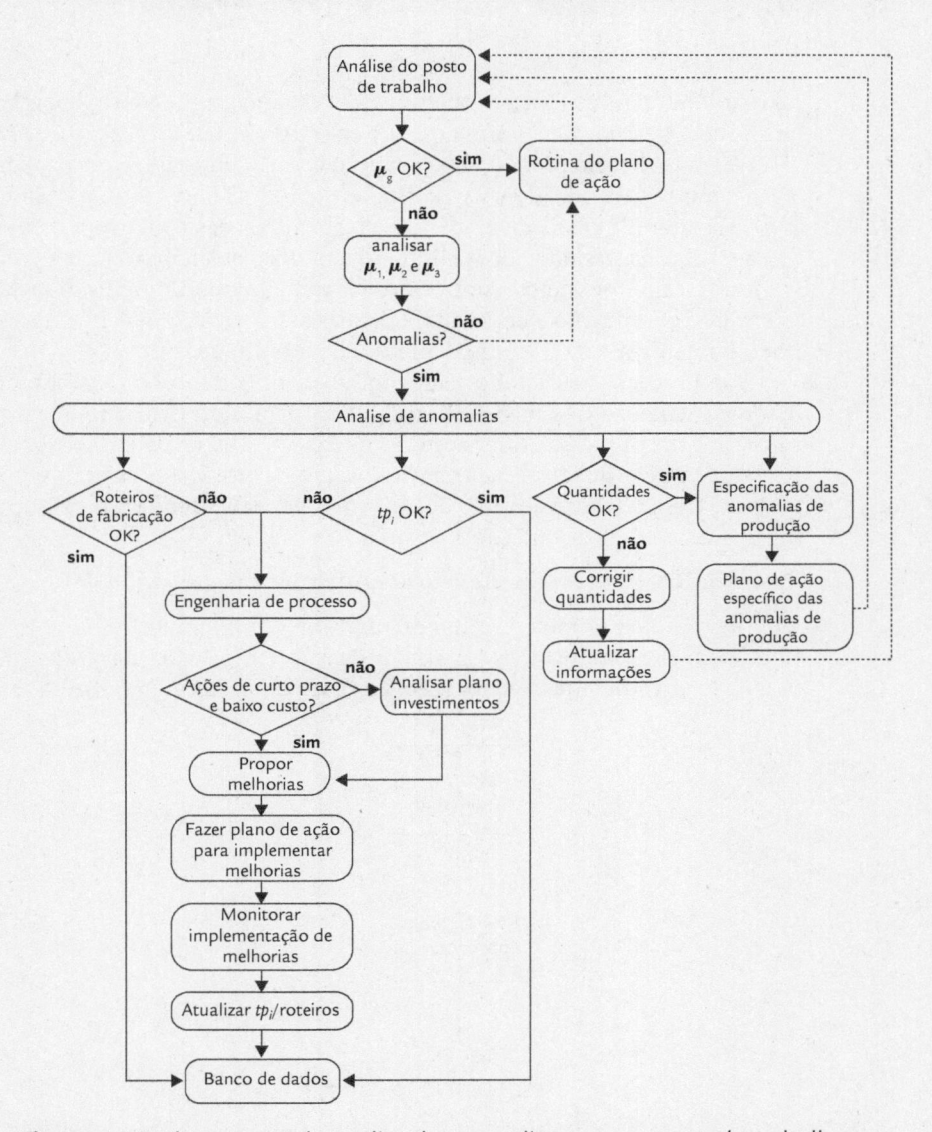

Figura 4.15 Fluxograma de análise de anomalias em um posto de trabalho.

restantes encontram-se atualizados. Se todas as ações encontram-se atualizados e/ou em tempo hábil para implementação, deverá ser seguido o planejamento de rotina do plano de ação.

Caso haja ações pendentes, elas deverão ter seus prazos de implementação reavaliados. Em função dos novos prazos e/ou novas ações, deverá ser estabelecida uma nova rotina do plano de ação visando o aumento do IROG. Na Figura 4.16 é apresentado o fluxograma da rotina de reunião quinzenal de monitoramento do IROG.

Reuniões mensais

As reuniões mensais têm por objetivo: (*i*) avaliar os resultados globais em função dos índices de eficiência atingidos; (*ii*) analisar os planos de ação e as reincidências de anomalias no processo de produção (principalmente as anomalias referentes aos tempos de método e às quantidades produzidas); (*iii*) analisar a evolução dos indicadores globais de eficiência, sugerindo ações de curto e médio prazo; e (*iv*) avaliar a necessidade de realizar cronoanálise dos tempos de método e/ou reduzir os tempos de método dos postos de trabalho monitorados, providenciando a devida comunicação à engenharia de processo. Na Figura 4.17 é apresentado o fluxograma da rotina de reunião mensal de monitoramento do IROG.

Quando as metas estabelecidas forem alcançadas, pode haver a necessidade de reavaliação dos postos de trabalho inicialmente selecionados para monitoramento, uma vez que, com os novos valores do IROG, esses postos de trabalho podem deixar de ser restritivos, enquanto outros podem se tornar restritivos. Dessa forma, deve-se definir uma periodicidade (por exemplo, 3 ou 6 meses) para essa reavaliação.

Passo 5: Realização de melhoria contínua no método GPT.

Uma vez implementada a rotina de manutenção e melhoria dos resultados obtidos com o método PDCA, a sua aplicação é efetivada para alcançar novos níveis de eficiência pela realização de ações de melhoria contínua, em função

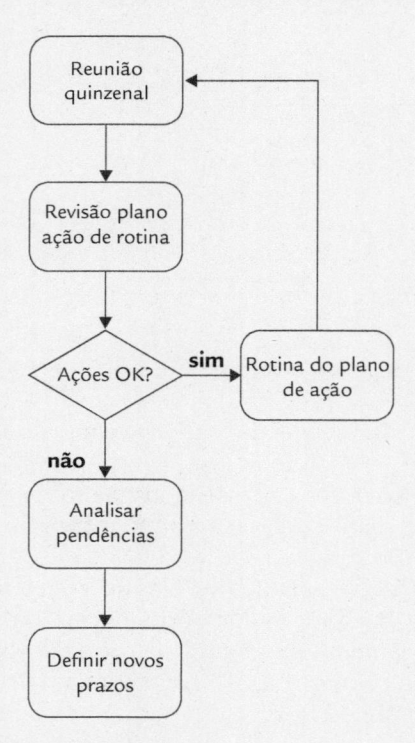

Figura 4.16 Rotina de reunião quinzenal.

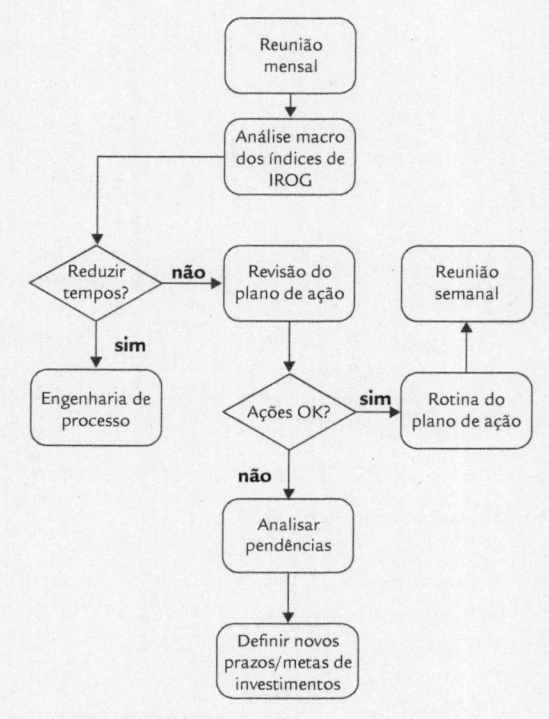

Figura 4.17 Rotina de reunião mensal.

do estabelecimento de novas metas para os postos de trabalho monitorados. A aplicação sucessiva do método PDCA com a realização de melhoria contínua está representada na Figura 2.9, replicada na Figura 4.18.

4.4 Elementos estruturantes e operacionais do método de gestão do posto de trabalho

Na Figura 4.19 está explicitado o encadeamento dos elementos que formam o método GPT apresentado na Figura 4.1. Esses elementos podem ser divididos em dois grupos: elementos estruturantes e elementos operacionais.

Os elementos estruturantes são aqueles que formam a estrutura básica para a implementação, manutenção e melhoria do método GPT. Na falta de qualquer um desses elementos, os resultados do método GPT ficam comprometidos. A execução adequada das atividades que envolvem esses elementos é uma condição do método GPT.

Por outro lado, os elementos operacionais estão relacionados com as rotinas associadas ao método GPT. São as rotinas operacionais que acontecem ao longo do tempo, com frequência e responsabilidades estabelecidas.

As atividades relacionadas aos elementos estruturantes são executadas numa frequência menor e algumas delas são apenas revisadas esporadicamen-

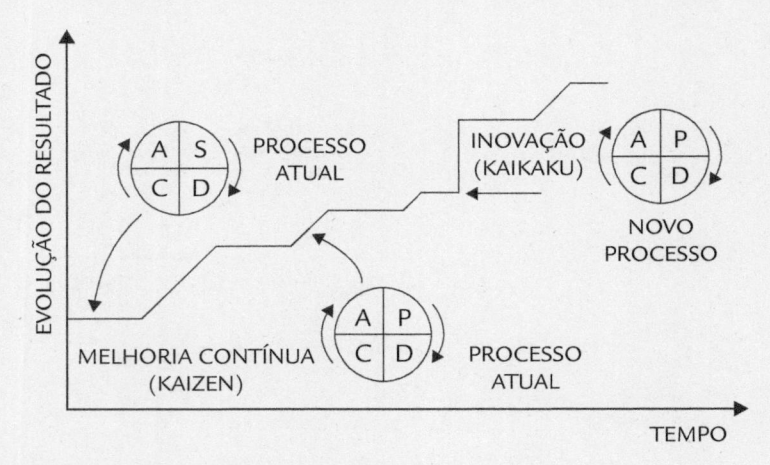

Figura 4.18 Método PDCA para a melhoria contínua.

Fonte: Adaptada de Falconi (1994, p.200).

te. Por outro lado, as atividades relacionadas aos elementos operacionais acontecem diariamente, nos turnos e até mesmo *on-line*.

4.5 Manual do método GPT

Todos os procedimentos desenvolvidos para a implementação, manutenção dos resultados e realização de melhoria contínua no método de GPT devem ser documentados por um manual, que consiste em um documento básico a ser utilizado no treinamento dos novos colaboradores da empresa.

A implementação desse método implica na elaboração de documentos que irão compor o memorial GPT da empresa. Esses documentos compreendem, entre outros:

- Manual de Implementação
- Matriz de Responsabilidades dos colaboradores envolvidos com o método GPT
- Diário de Bordo ou Painel de Gestão eletrônico
- Planilha de lançamento de dados coletados manualmente ou banco de dados coletados eletronicamente
- Tipologia devidamente comentada
- Modelo de Plano de Ação
- Modelo de Painel de Gestão Visual
- Procedimentos gerenciais e operacionais padronizados
- Questionário de auditoria (ver Anexo I)

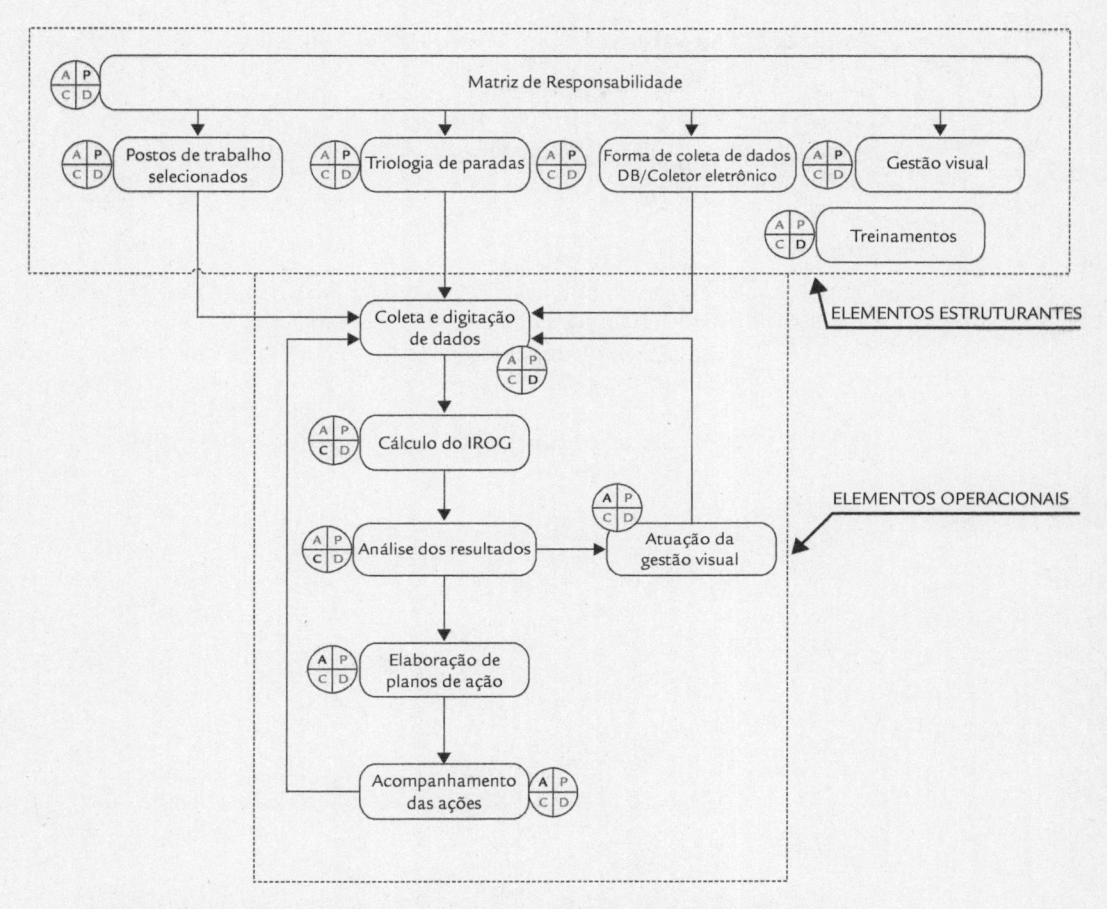

Figura 4.19 Elementos estruturantes e operacionais do método GPT.

4.6 Considerações finais

Conforme discutido neste capítulo, a implementação, manutenção e melhoria do método GPT deve seguir uma sequência de passos metodológicos para possibilitar a sua consolidação não só no ambiente fabril, mas também na empresa, tornando-se parte da sua cultura. Neste capítulo foi enfatizada, também, a necessidade de manutenção do método GPT, destacando-se que este é um grande desafio a ser enfrentado pelas empresas.

Por outro lado, o método GPT apresentado demonstrou a integração de TODAS as áreas da empresa na busca de uma mesma meta: a eficiência operacional.

Além de propiciar o cálculo da eficiência operacional dos postos de trabalho restritivos para a obtenção de melhores resultados operacionais, o método GPT possibilita analisar a capacidade de atendimento a uma demanda prevista, em um determinado período, pela análise da gestão da Capacidade x Demanda, com a utilização da ferramenta CxD, que será vista no Capítulo 7.

Atualização na internet

eFact Software. http://www.efact.com.br
Strategos Lean Manufacturing. http://www.strategosinc.com
The Shingo Prize for Operational Excellence. http://shingoprize.org
Superfactory. http://superfactory.com

Referências

ANTUNES JÚNIOR, J. A. et al. *Sistemas de produção*: conceito e práticas para projeto e gestão da produção enxuta. Porto Alegre: Bookman, 2008.

EFACT SOFTWARE. *eFact*: serviços e soluções para a empresa do futuro. Porto Alegre: eFact, c2007. Disponível em: <http://www.efact.com.br/>. Acesso em: 25 set. 2012.

FALCONI, V. *TQC*: gerenciamento da rotina do trabalho do dia-a-dia. 3. ed. Rio de Janeiro: Block, 1994.

5

Estudos de casos de aplicação do método GPT

Neste capítulo são apresentados estudos de caso de implementação do método GPT, bem como exemplos do cálculo do índice de rendimento operacional global (IROG) em empresas de diferentes segmentos industriais. Sua aplicação nesses diferentes segmentos, como a indústria alimentícia, a indústria química, a indústria de mineração, a indústria metalomecânica e a indústria de medicamentos, mostra que os conceitos desenvolvidos na indústria metalomecânica (Toyota Motor Company) são aplicáveis a outros segmentos da atividade industrial.

5.1 Casos práticos de cálculo do índice de rendimento operacional global

A seguir são apresentados casos práticos de aplicação das fórmulas para o cálculo da eficiência em postos de trabalho de diversos segmentos industriais. Inicialmente são apresentados casos nos quais os tempos de ciclo dos produtos manufaturados em cada posto de trabalho monitorado são conhecidos. Posteriormente, são apresentados exemplos nos quais não se dispõe do tempo de ciclo dos produtos, quando a produção é obtida em um fluxo contínuo.

5.1.1 Indústria alimentícia: O caso da máquina embaladora

Em uma empresa fabricante de produtos alimentícios, com um amplo portfólio de produtos, foi selecionada uma linha dedicada à produção de doces com cobertura de chocolate. As matérias-primas não são comuns às outras linhas de produção e os recursos são dedicados a ela. O posto de trabalho selecionado foi a máquina embaladora *flow pack*, por ser o principal gargalo da linha de produção. A capacidade de produção desse posto de trabalho é de 250 barras de cereais/minuto, equivalendo a um tempo de ciclo de 0,004 minutos/unidade. Essa empresa operava à época da medição durante 08h48 por dia, com um intervalo de 01h15 para descanso, durante 6 dias por semana, 5 dias por semana.

A Tabela 5.1 mostra os valores iniciais dos diversos índices de eficiência:

Tabela 5.1 Dados iniciais dos índices de eficiência na empresa alimentícia

TEEP	OEE	μ_1	μ_2	μ_3
34,5%	41,6%	60,6%	68,1%	99,0%

Na análise dos dados coletados, destacam-se como principais causas de paradas programadas o período de almoço e a falta de programação de produção. Já as causas principais de paradas não programadas foram a falta de produto, a manutenção mecânica e a regulagem do filme.

Observando-se o TEEP de 34,5% obtido no período analisado, constata-se o potencial de aumento de capacidade que esse posto de trabalho tem. Nesse caso, com o aumento da demanda, podem ser realizadas ações para eliminar as paradas programadas (por exemplo: alterar os horários de almoço dos operadores de forma que o posto de trabalho selecionado fique disponível para produção no intervalo de descanso e eliminar a falta de programação de produção).

A análise do OEE de 41,6% indica a baixa eficácia na utilização desse posto de trabalho durante o tempo no qual ele está programado para produzir, devido fundamentalmente aos baixos valores obtidos no cálculo do índice de disponibilidade e do índice de desempenho.

O valor do índice de disponibilidade de 60,6% indica um considerável potencial de melhorias a ser realizado na redução dos tempos de paradas não programadas, destacando-se a parada por falta de produto. Nesse caso, observou-se que todos os operadores da linha iniciavam a sua atividade no mesmo horário. Por se tratar de uma empresa alimentícia que opera apenas durante um turno diário, há a necessidade de limpeza dos equipamentos no final da jornada de trabalho e a preparação da formulação de ingredientes no início de cada jornada de trabalho. Como decorrem cerca de 2 horas entre o início da formulação e a chegada do tapete de cereais na máquina embaladora *flow pack*, os operadores realizam outras atividades nesse período (em outros postos de trabalho e/ou linhas). Durante essas duas horas, então, o equipamento em questão fica parado.

O valor do índice de desempenho de 68,1% é baixo. Uma das causas é a falta de registro de tempos de parada como o intervalo para a limpeza, que ocorre no final de cada turno, bem como pequenas paradas, frequentemente consideráveis, para ajustes no equipamento.

O valor do índice de qualidade de 99% indica que devem ser analisadas as causas da não qualidade, com a consequente elaboração de um plano de ação para reduzi-las/eliminá-las.

A partir das análises criteriosas das principais paradas e pelo uso da experiência do pessoal de chão de fábrica, foi elaborado um plano de ação visando aumentar a eficiência do recurso monitorado. Esse plano está parcialmente apresentado na Figura 5.1.

Com a implementação das ações de melhoria previstas no plano de ação proposto, observou-se que a eficiência aumentou nos primeiros quatro meses, conforme a Tabela 5.2. Nesse período a média de produção diária aumentou de 61.458 para 81.287 unidades, num acréscimo percentual de 56,4%, tendo obtido no último mês uma produção diária recorde de 120.318 unidades da linha avaliada.

Ao se realizar o cálculo dos índices de eficiência nessa linha de produção, foi evidenciado o potencial de produção existente, possibilitando à empresa a realização de estudos para aumentar a oferta de novos produtos, com a pro-

Estudos de casos de aplicação do método GPT • 95

O quê (What)	Por quê (Why)	Quem (Who)	Quando (When)	Onde (Where)	Como (How)
Falta de produto para embalagem	Tempo de espera para que o tapete de cereais seja formulado e processado nas etapas anteriores da embalagem	Gerência de produção	Imediato	Flow pack	1. Diferenciar o horário dos turnos dos operadores no início e no final da linha de maneira a sequenciar a produção de forma contínua. 2. Treinamento dos operadores.
Manutenção mecânica	Perda de tempo de produção para realizar manutenção mecânica durante o horário de produção	Gerência de manutenção	Imediato	Setor de manutenção	1. Programar manutenção preventiva. 2. Treinar mecânicos e eletricistas. 3. Realizar manutenção preventiva fora do horário de produção.
Regulagem do filme	Operador em treinamento	Gerência de produção	Imediato	Flow pack	1. Concluir treinamento do operador. 2. Padronizar operação.
Limpeza	São realizadas paralisações na produção para limpeza dos equipamentos durante o horário de produção	Gerência de produção	Imediato	TODA a linha de produção	1. Transferir o horário de limpeza para fora do horário de produção. 2. Treinar os operadores para reduzir o tempo de limpeza. 3. Padronizar a operação de limpeza.
Eficiência operacional	Aumentar eficiência operacional dos recursos restritivos	Gerência de produção	Imediato	30 dias	1. Elaborar cronograma de treinamento dos operadores. 2. Realizar processo de capacitação tecnológica como foco no método GPT para os operadores.

Figura 5.1 Plano de ação para aumentar os índices de eficiência na empresa alimentícia.

dução de novos sabores, e também para buscar alternativas para utilização da capacidade ociosa, como sua terceirização.

A linha de produção avaliada foi a plataforma piloto para implementação do método GPT e possibilitou aos operadores o aprendizado necessário para implementação desse método em outras linhas. Em outras duas linhas de produção da empresa, ainda que compostas por equipamentos com algum tempo de utilização fabril, o IROG passou, respectivamente, de 17% para 67%, e de 42% para 70%.

Uma das principais causas de parada na linha de doces era o elevado tempo médio de *setup*. A aplicação dos conceitos de Troca Rápida de Ferramentas (TRF) nessa linha resultou em uma redução do tempo médio de *setup* de 3 horas para 30 minutos.

Em função da demanda, novas linhas de produção foram implementadas e no processo produtivo foi replicado o aprendizado da primeira experiência. A eficiência operacional das linhas mantém-se, após mais de nove anos de implementação do método GPT na linha piloto, em patamares elevados, em torno de 88%. Os principais ganhos obtidos nesse período são os seguintes:

- Mudança cultural no chão de fábrica, com a quebra de paradigmas e uma postura voltada para a realização de melhorias contínuas.
- Melhor utilização de equipamentos mais antigos a partir do aumento da sua eficiência operacional, minimizando a necessidade de investimentos.

Tabela 5.2 Dados após quatro meses dos índices de eficiência na empresa alimentícia

TEEP	OEE	μ_1	μ_2	μ_3
53,9%	62,1%	72,6%	85,6%	99,7%

- Redução de perdas de produtos e material de embalagem por meio de melhorias realizadas nos processos.
- Redução dos tempos médios de *setup* a partir da aplicação dos conceitos de troca rápida de ferramentas (TRF).
- Redução do tempo de atravessamento nos processos por redução dos tempos de espera e transporte.
- Redução dos tempos de ciclo de equipamentos pela realização de melhorias nos dispositivos e no ferramental.
- Redução dos custos industriais possibilitando aumento do *market share*. O crescimento no período possibilitou um aumento significativo do faturamento.
- Implementação de programas motivacionais que utilizam como base os indicadores de desempenho do método GPT.

A empresa encontra-se atualmente em fase de expansão, com aquisição de novos equipamentos e ampliação da área fabril.

5.1.2 Indústria química: o caso do moinho

Uma empresa do setor químico atua no mercado brasileiro e na América Latina, fornecendo produtos para o segmento calçadista, moveleiro, de construção civil, coureiro e metalomecânico, com um *portfolio* que compreende tintas, vernizes, massas, texturas, adesivos, solventes e produtos complementares.

No processo de produção de tintas industriais, a partir do recebimento das matérias-primas na área de produção, a primeira operação é a pré-mistura, na qual é feita a pré-dispersão dos pigmentos, que vem a ser a incorporação de partículas de pó em um veículo líquido, gerando uma mistura dos solventes, resinas e matérias-primas sólidas.

Uma vez realizada a pré-mistura, segue-se um processo de dispersão (moagem) em moinho de esferas, o qual consiste, basicamente, no bombeamento de uma mistura homogênea de pigmento/veículo (base de moagem) através de uma câmara cilíndrica contendo esferas de silicato ou óxido de zircônio e sujeita à intensa agitação (eixo rotor com uma série de discos). O cisalhamento é o principal mecanismo pelo qual a dispersão é efetuada. As forças de cisalhamento são geradas pelo movimento e choque das esferas umas contra as outras. Essas forças de cisalhamento atuam na mistura líquido/pigmento e esferas, causando o rompimento dos aglomerados e trazendo estabilidade à dispersão.

A etapa seguinte desse processo de produção é a completagem, que implica na redução da base com solventes, resinas ou veículos e aditivos diversos para dar à tinta as condições satisfatórias de aplicação e características. Nessa etapa, também são adicionados alguns concentrados de pigmentos para que deem a cor ao produto.

Os ensaios realizados em laboratório, que constituem a etapa de controle da qualidade, consistem em determinações na tinta líquida, como recebida na embalagem, e na tinta seca, aplicada sobre corpos de prova ou em produtos industrializados, ou ainda sobre peças de estruturas ou equipamentos. No final do processo de produção de tintas industriais é feito o envase do produto.

No processo de produção de tintas industriais, o posto de trabalho selecionado para implementação dos conceitos e técnicas/ferramentas do método GPT foi a operação de moagem, feita em oito moinhos de esferas. Foi monitorado o Moinho II, mostrado na Figura 5.2. Esse posto de trabalho conta com um tanque com capacidade de 23 litros, no qual 75% do volume é preenchido com esferas, que têm a função de moer o produto em processamento.

Vale ressaltar que o processo de moagem pode necessitar de mais de uma passada para chegar ao grau de moagem especificado do produto, ou seja, a massa de moagem com o pigmento pode repetir sua passagem no moinho por mais de uma vez. O número de passadas de cada produto em processamento no moinho é determinado pela especificação do produto definida pelo laboratório, que estabelece o grau de moagem a ser atingido. Dessa forma, essa operação é realizada em fluxo contínuo, produzindo-se uma determinada quantidade de produto em processamento na unidade do tempo, o que corresponde ao seu tempo de ciclo. Uma vez atingido o grau de moagem especificado, o produto pode ser retirado dessa etapa e seguir para a próxima operação, dando sequência ao seu roteiro de produção.

Ao final da operação de moagem, é necessário realizar o *setup* do equipamento, que consiste na lavagem interna do equipamento para que não haja contaminação para o próximo produto a ser processado.

O Moinho II está disponibilizado para produção 23 horas/dia, cinco dias por semana. A Tabela 5.3 mostra a evolução dos valores dos índices de eficiência operacional obtidos em quatro meses de monitoramento desse posto de trabalho.

No primeiro mês, o valor registrado para o índice de desempenho não é coerente com a operação de moagem, uma vez que, ao ser acionado, o moinho opera normalmente em sua velocidade nominal. Isso significa que devem ter ocorrido erros de registro no tempo de paradas ou nos tempos de ciclo. Nos meses subsequentes, esses erros foram minimizados conforme mostra a evolução do índice de desempenho.

Figura 5.2 Moinho II.

Tabela 5.3 Moinho II da Unidade de Negócios tintas industriais

Mês	OEE	μ_1	μ_2	μ_3
1	27,0%	51,0%	54,0%	99,0%
2	36,0%	70,0%	53,0%	99,0%
3	60,0%	79,0%	76,0%	99,0%
4	63,0%	78,0%	81,0%	99,0%

Nesse período também ocorreu um aumento no valor do índice de disponibilidade com a redução do tempo de paradas. As principais causas de paradas não programadas que aparecem nos gráficos de Pareto em todos os meses de monitoramento e sua evolução, em minutos, estão demonstrados na Tabela 5.4.

A principal ação de melhoria realizada para aumentar o índice μ_1 foi a alocação de um colaborador para atuar simultaneamente entre as operações de pré-mistura e moagem, o que resultou na redução significativa da principal causa de parada não programada, a falta de produto pré-misturado, conforme evidenciado na Tabela 5.4. Como esse colaborador foi deslocado de outra função, não sendo necessário o aumento do quadro de funcionários, não houve aumento de custo para a realização dessa ação.

Além dessa, foram realizadas outras ações de melhoria, como:

a) Treinamento dos operadores para o correto preenchimento do DB.
b) Sincronização do fluxo da produção, com a consequente redução de paradas por falta de produto pré-misturado, principal causa de paradas não programadas.
c) Alinhamento com o PCP resultando em redução de perdas por espera por falta de ordem de produção.

Os ganhos obtidos com o aumento da eficiência operacional da operação de moagem foram:

- Aumento de 17 para 24 produtos moídos no mês.
- Maior flexibilidade de programação devido à maior variedade de produtos moídos em um determinado período.
- Redução do custo de moagem.
- Redução do número de passadas em função da revisão dos graus de moagem pelos formuladores do laboratório, corrigindo os roteiros de

Tabela 5.4 Principais causas de paradas não programadas no Moinho II (minutos)

Causa de parada	Mês			
	1	2	3	4
Falta de produto pré-misturado	11.718	2.071	1.399	1.217
Limpeza	965	962	1.009	766
Liberação de moagem pelo CQ	658	670	625	730

fabricação (menos passadas e, consequentemente, menor tempo de moagem), observadas pelas medidas tomadas pelos operadores nos processos e relatadas no DB.

5.1.3 Indústria de mineração: o caso do britador

Uma empresa de mineração localizada no interior do Estado do Rio Grande do Sul produz mármore calcítico para utilização na fabricação de cal, na indústria de fertilizantes, vidro, corretivo de pH para água e solo, siderurgia e, principalmente, como fonte de cálcio na ração animal. A produção mensal é de 7.000 toneladas, abastecendo o mercado do Estado do Rio Grande do Sul.

As operações realizadas pela empresa são a extração e o beneficiamento do minério. A extração é realizada a céu aberto por lavra seletiva que utiliza um conjunto de caminhões e escavadeiras para o carregamento e transporte do material. A unidade de beneficiamento compreende as operações de britagem primária, secundária e a moagem, compostas por dois britadores de mandíbulas dispostos em série e três moinhos de martelo, em paralelo. O transporte do minério da mina até a usina de beneficiamento é feito por caminhões.

A empresa realizou estudos para avaliar a necessidade de aquisição de um novo britador, uma vez que o britador primário representava um gargalo de produção. Para tanto, realizou-se a coleta de dados durante um determinado período de tempo com o objetivo de quantificar as perdas e conhecer o IROG do equipamento.

O equipamento estava disponibilizado para produção 10 horas/dia (600 minutos/dia), e a capacidade nominal indicada pelo fabricante era de 50 toneladas/hora. A Tabela 5.5 mostra os valores iniciais dos índices de eficiência obtidos nesse equipamento.

A baixa eficiência registrada deve-se ao elevado tempo de paradas, bem como ao baixo desempenho operacional. As principais causas de parada são apresentadas no gráfico de Pareto apresentado na Figura 5.3.

Conforme a Figura 5.3, a principal causa de parada identificada foi a falta de material na moega do britador. No entanto, observou-se que havia material disponível no pátio, próximo ao britador, sendo este fragmentado manualmente devido a sua elevada granulometria. Dessa forma, a causa básica da falta de material pode ser creditada ao desmonte de minério na jazida feito com a utilização de uma quantidade de explosivos inferior à necessária para fragmentar o minério a uma granulometria compatível com o britador primário, uma vez que este consumia muito tempo na fragmentação de blocos com dimensões fora do padrão, reduzindo o fluxo do minério e, consequentemente, seu desempenho e produtividade.

Por outro lado, por se tratar de um recurso restritivo, a parada para refeições registrada como segunda causa de parada do britador pode ser eliminada

Tabela 5.5 Índices de eficiência da britagem primária

TEEP	μ_1	μ_2	μ_3
24,0%	51,0%	47,0%	100,0%

Principais paradas do britador primário

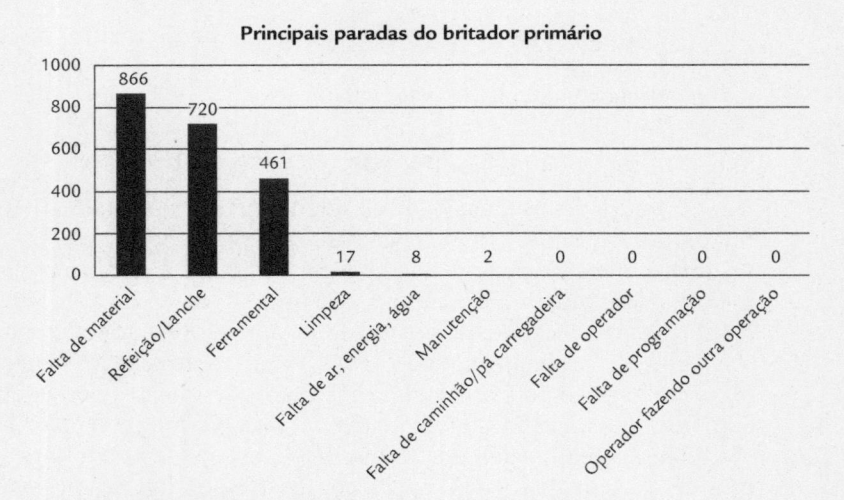

Causa	Valor
Falta de material	866
Refeição/Lanche	720
Ferramental	461
Limpeza	17
Falta de ar, energia, água	8
Manutenção	2
Falta de caminhão/pá carregadeira	0
Falta de operador	0
Falta de programação	0
Operador fazendo outra operação	0

Figura 5.3 Principais causas de parada na britagem primária.

por um rodízio de operadores. Já a principal causa do baixo desempenho do equipamento (μ_2) advém da associação da terra ao minério, a qual, além de reduzir o desempenho do britador por obstrução da grelha, exigindo parada para limpeza, pode ocasionar problemas de falta de qualidade junto ao mercado consumidor por aderir ao minério.

A partir das principais causas de paradas identificadas foi elaborado um plano de ação composto de duas ações: *i*) aumentar a razão de carga na detonação do minério bruto, reduzindo a granulometria do minério que irá alimentar o britador primário, e *ii*) treinar um colaborador para substituir o operador titular na operação de britagem durante o intervalo do almoço.

Realizadas as ações de melhoria propostas, constatou-se que o rendimento operacional do britador primário aumentou suficientemente para atendimento da demanda, evitando-se dessa forma a aquisição de um novo britador, com investimento estimado em torno de R$ 100.000,00.

5.1.4 Indústria metalomecânica: aplicação no setor de prensas

Uma empresa localizada no Estado do Rio Grande do Sul produz lonas e pastilhas para veículos pesados e leves, entre outros produtos. A partir de 2006, essa empresa iniciou um processo de construção de um sistema de produção com base nos princípios e técnicas/ferramentas da Produção Enxuta.

Basicamente, o processo de produção de lonas de freio compreende as operações de: *i*) pesagem e mistura das matérias-primas; *ii*) pré-prensa e prensa; *iii*) tratamento térmico; *iv*) beneficiamento; *v*) embalagem; e *vi*) expedição. Nesse fluxo, os postos de trabalho restritivos identificados são as prensas, que produzem telhas que são transformadas em lonas para freio nas etapas subsequentes do processo de produção.

O estudo de caso apresentado a seguir está relacionado com a implementação do método GPT no setor de prensas no período de janeiro de 2008 a junho de 2011, num total de 42 meses. A evolução do TEEP referente a esse período é mostrada na Figura 5.4.

Conforme essa figura, os valores da eficiência operacional situaram-se, basicamente, na faixa de 70% a 75%, ocorrendo uma queda nos meses de novembro e dezembro de 2008, coincidente com o período de quebra do Banco Lehman Brothers nos Estados Unidos e com a crise financeira mundial que se seguiu, com impacto na demanda.

A Tabela 5.6 mostra os valores dos índices de eficiência nos meses inicial e final do período monitorado. Já as principais causas de paradas em janeiro de 2008 estão indicadas no gráfico de Pareto mostrado na Figura 5.5. A análise dessas causas mostra que, além das paradas para refeição, as demais causas se relacionam a problemas operacionais como falta de contenedor, de operador, de peças e paradas para manutenção, as quais propiciaram a tomada de ações visando aumentar a eficiência operacional das prensas.

Dessa forma, entre as principais ações tomadas, destaca-se a realização de processos de capacitação dos níveis gerencial e operacional em conceitos básicos de engenharia de produção, no entendimento do mecanismo da função produção e na identificação das perdas existentes nos processos produtivos e na implementação e manutenção do método GPT.

Como consequência das ações de melhorias realizadas, ocorreu a estabilização do TEEP das prensas, mostrada na Figura 5.4. As principais causas de paradas no último mês de monitoramento estão indicadas no gráfico de Pareto mostrado na Figura 5.6.

Comparando os gráficos de Pareto apresentados, verifica-se que permanecem como causa principal os intervalos para refeição, o que é justificado pela impossibilidade de haver um elevado efetivo adicional para operar todo o conjunto de prensas enquanto os operadores titulares realizam suas refeições. Tanto em janeiro de 2008 como em junho de 2011, haviam operadores reservas

Tabela 5.6 Índices de eficiência nas prensas

Período	TEEP	μ_1	μ_2	μ_3
Janeiro de 2008	69,3%	74,4%	93,1%	99,9%
Junho de 2011	72,3%	76,4%	94,6%	99,9%

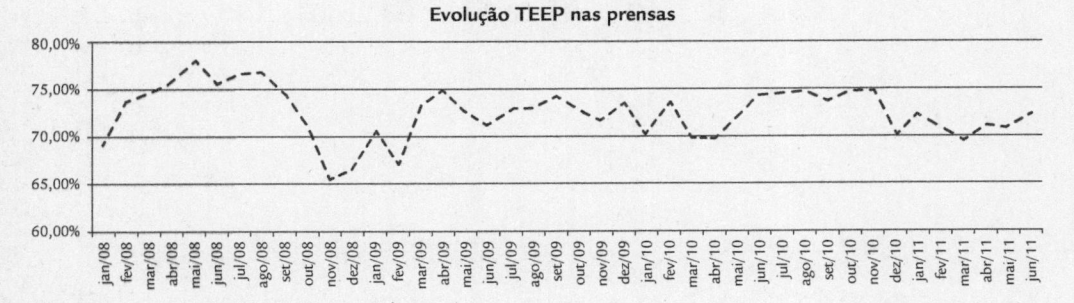

Figura 5.4 Evolução do TEEP nas prensas.

Principais causas de paradas nas prensas - Janeiro 2008

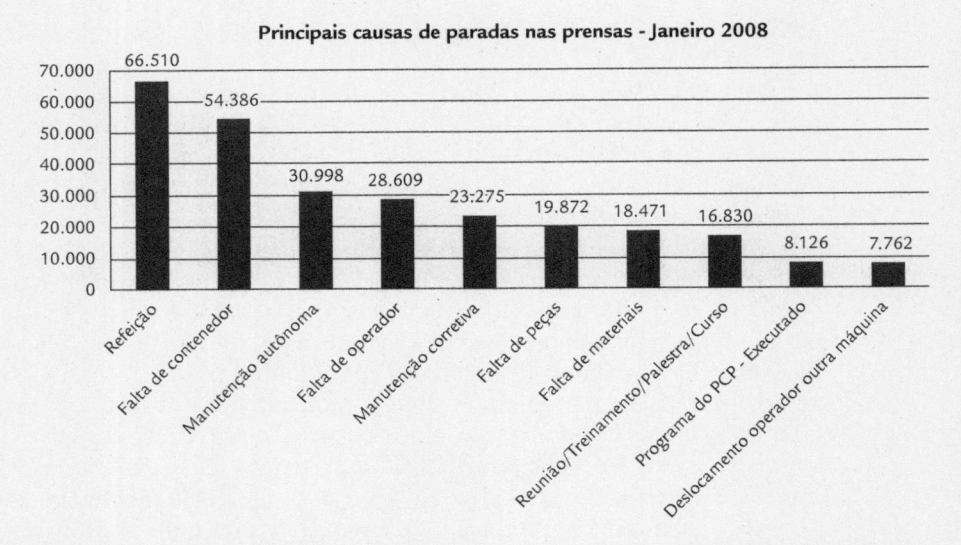

Causa	Minutos
Refeição	66.510
Falta de contenedor	54.386
Manutenção autônoma	30.998
Falta de operador	28.609
Manutenção corretiva	23.275
Falta de peças	19.872
Falta de materiais	18.471
Reunião/Treinamento/Palestra/Curso	16.830
Programa do PCP - Executado	8.126
Deslocamento operador outra máquina	7.762

Figura 5.5 Gráfico de Pareto das principais causas de paradas em janeiro 2008 (minutos).

para trabalharem nos horários de refeição; porém, atualmente existem 10% a mais de prensas do que em 2008, dando prioridade de alocação dos operadores em função das prioridades dos produtos a serem manufaturados.

As demais causas de paradas apresentadas no gráfico de Pareto de janeiro de 2008, caracterizadas pela falta de contenedor, de operador, entre outras, foram eliminadas conforme mostra o gráfico de Pareto de junho 2011, enquanto

Principais causas de paradas nas prensas - Janeiro 2011

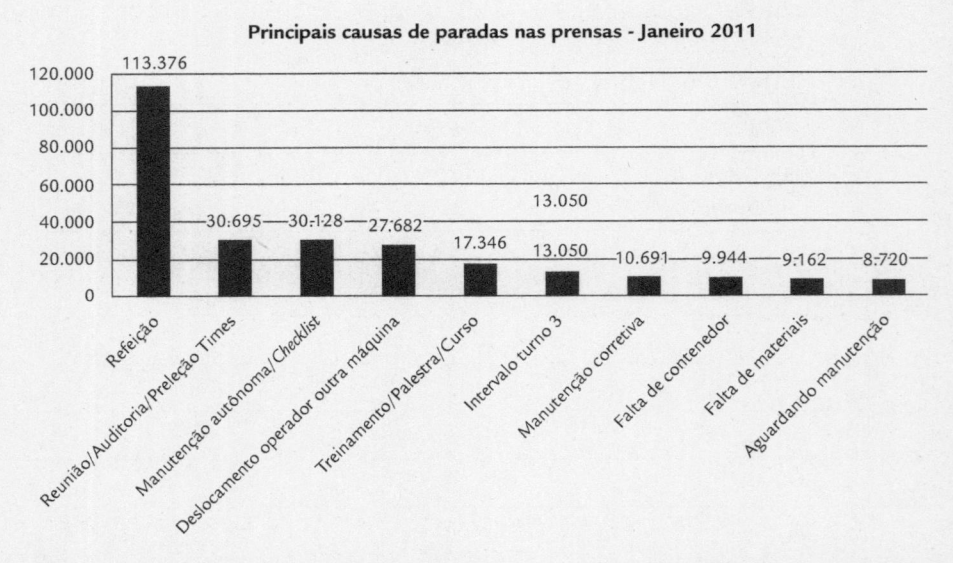

Causa	Minutos
Refeição	113.376
Reunião/Auditoria/Preleção Times	30.695
Manutenção autônoma/Checklist	30.128
Deslocamento operador outra máquina	27.682
Treinamento/Palestra/Curso	17.346
Intervalo turno 3	13.050
Manutenção corretiva	13.050
Falta de contenedor	10.691
Falta de materiais	9.944
Aguardando manutenção	9.162
	8.720

Figura 5.6 Gráfico de Pareto das principais causas de paradas em julho 2011 (minutos).

o tempo de parada devido à manutenção autônoma manteve-se. Isso ocorre basicamente porque é obrigatório o preenchimento do *checklist* e da avaliação do equipamento no início de cada turno, o que consome aproximadamente 15 minutos por turno.

Devido à própria natureza do processo, o índice de refugos e retrabalhos nas prensas é baixo, como mostrado na Figura 5.7, no índice de qualidade (μ_3). No entanto, na sequência do processo de produção de lonas de freio, após o setor de prensas, há perda de eficiência devido à identificação de produtos não conformes oriundos do processo de prensagem.

Nessa situação, o conceito de μ_3 corrigido, discutido no Capítulo 3, deve ser considerado. Na Figura 5.8 é mostrada a evolução do índice de qualidade (μ_3) no processo de produção de lonas de freio no período de janeiro 2008 a junho 2011.

A Figura 5.9 mostra a comparação entre o índice de qualidade (μ_3) calculado e o índice de qualidade (μ_3) corrigido nas prensas, em função da identificação de produtos não conformes.

Consequentemente, os valores apresentados para o TEEP nas prensas na Figura 5.4 devem, também, ser corrigidos, visto que se trata da restrição do sistema de produção. Os novos valores do TEEP, corrigidos, estão apresentados na Figura 5.10, comparativamente com os valores mostrados na Figura 5.4.

Com a implantação do método GPT nessa empresa, no período analisado constatou-se que a produção passou de 546.690 telhas/mês para 650.067 telhas/mês, correspondendo a um aumento de produção de 103.377 telhas/mês. No total, obteve-se um ganho de aproximadamente 272 telhas/dia em 14 prensas que tiveram melhorias no ferramental e na eficiência; em 27 prensas houve um ganho de 90 telhas/dia.

5.1.5 Indústria metalomecânica: o caso do centro de usinagem e do torno mecânico

Uma empresa do setor metalomecânico fabrica equipamentos de alta tecnologia e produtos de precisão para procedimentos cirúrgicos complexos como videocirurgia, minilaparoscopia, cirurgia geral e linha odontológica. Entre os produtos fabricados encontram-se pinças para apreensão e dissecção, eletrodos, cânula de punção e injeção, tubo para aspiração e irrigação, extrator de

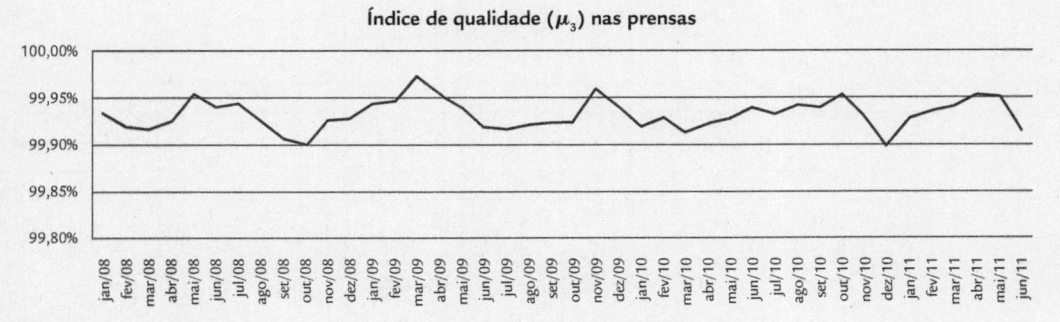

Figura 5.7 Evolução do índice de qualidade (μ_3) nas prensas.

Figura 5.8 Evolução do índice de qualidade (μ_3) no processo de produção de lonas de freio.

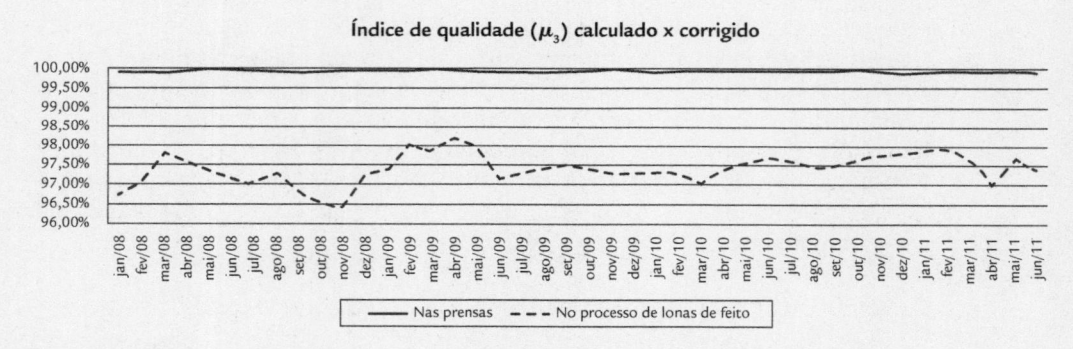

Figura 5.9 Comparação entre o μ calculado e o μ corrigido nas prensas.

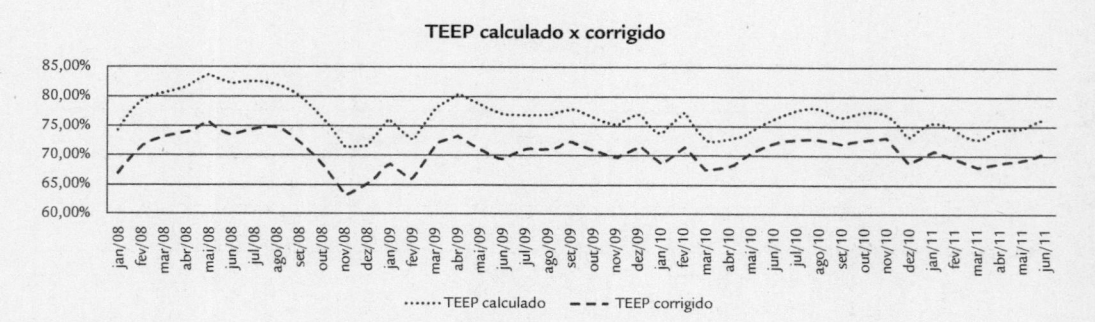

Figura 5.10 Comparação entre o TEEP calculado e corrigido nas prensas.

apêndice e redutor de diafragma, entre outros. A empresa dispõe de cerca de 60 colaboradores.

Alguns produtos são fabricados a partir de matéria-prima importada semiacabada. Nesse caso, o processo de produção compreende as operações de remodelagem e ajustes, lavagem e passivação, gravação a *laser* para identificação do produto e do lote, inspeção de qualidade, embalagem, etiquetagem, armazenamento e expedição.

Os produtos da linha de videocirurgia e minicirurgia, produzidos internamente, são, de início, usinados, sendo que alguns dos produtos passam por etapas terceirizadas (injeção plástica, corte a *laser* e corte a fio). Na sequência é realizado um controle da qualidade e identificação e estocagem dos componentes como produtos intermediários, alguns dos quais são vendidos como produtos finais (exemplo: pinça de dissecção e empunhadura). Para a fabricação dos produtos finais, segue-se a montagem, gravação a *laser* para identificação do produto e do lote, inspeção de qualidade para testes funcionais, embalagem, etiquetagem, estocagem e expedição.

Na linha de oxigenoterapia, alguns componentes são adquiridos do mercado e outros usinados na empresa, para a montagem do produto final. Tanto os componentes adquiridos do mercado como os usinados na empresa passam por um controle de qualidade. Depois ocorrem as operações de montagem, gravação a *laser* para identificação do produto e do lote, inspeção de qualidade para testes funcionais, embalagem, etiquetagem, estocagem e expedição.

Com vistas ao aumento da eficiência operacional, foram selecionados alguns postos de trabalho, entre eles o Centro de Usinagem CE02 e o Torno Mecânico TC02. Os índices de eficiências desses postos de trabalho no primeiro mês de monitoramento estão representados na Tabela 5.7.

A partir da análise desses índices e das causas básicas que os originaram, foi elaborado um plano de ação para aumento da eficiência operacional e implantação do método GPT na empresa. As principais ações propostas no plano de ação foram as seguintes:

- Redução de um turno no setor de usinagem por meio da realocação de colaboradores para redução dos custos e aumento da eficiência operacional dos postos de trabalho monitorados.
- Redução do tempo de *setup* pela aplicação dos conceitos de TRF.
- Implantação de indicadores de desempenho para monitoramento do ambiente fabril e para a tomada de decisões.
- Redução de retrabalho no processo de polimento com a transferência da inspeção do final para o início da linha.
- Redução do estoque de produtos acabados na linha de vídeo com aumento do giro e redução dos custos de estocagem.

Tabela 5.7 Índices iniciais de eficiência nos postos de trabalho CE02 e TC02

Posto de trabalho	OEE	μ_1	μ_2	μ_3
CE02	42,0%	66,0%	65,0%	98,0%
TC02	26,0%	69,0%	38,0%	98,0%

- Redução do estoque de produtos em processamento nas linhas de produção com redução do tempo de atravessamento e aumento do indicador de atendimento dos clientes no prazo.
- Elaboração de um programa de treinamento dos colaboradores nos conceitos, princípios e técnicas do método GPT.

Como resultado da implantação das ações de melhoria propostas no plano de ação, houve a evolução dos índices de eficiência conforme mostrado na Tabela 5.8.

Deve-se destacar nesses dois postos de trabalho o aumento do índice de desempenho (μ_2), devido, principalmente, à redução de três para apenas dois turnos de produção no setor de usinagem por meio da realocação de colaboradores.

Entre os ganhos obtidos com a implantação do método GPT nessa empresa, podem-se relacionar os seguintes, entre outros:

- Redução de um turno de produção no setor de usinagem.
- Redução dos custos com energia em função da redução de turnos de produção.
- Redução de 38% do valor do estoque.
- Maior confiabilidade no atendimento do prazo na linha de videocirurgia, com redução do prazo médio de atendimento de 25 para 10 dias.
- Redução de 30% para 0,5% do índice de retrabalho no processo de polimento.
- Redução de um turno na máquina de gravação a *laser*.
- Redução do *lead time* de 25 para 10 dias.
- Redução de 71% para 10% no atraso de atendimento aos clientes.

5.1.6 Indústria metalomecânica: o caso da linha de pintura líquida

Em uma empresa fabricante de acessórios para carros e camionetes, como bagageiros, estribos, santantônios, protetor de caçambas, entre outros, foram selecionados alguns postos de trabalho para a implementação dos conceitos e técnicas/ferramentas do método GPT, entre os quais a linha de pintura líquida, gargalo da produção.

Essa linha é constituída por uma monovia com 170 gancheiras, cada uma das quais comporta de uma a quatro peças, dependendo da dimensão delas. A monovia completa um ciclo em 117 minutos em velocidade constante. Dessa

Tabela 5.8 Evolução dos índices de eficiência nos postos de trabalho CE02 e TC02

CE02	OEE	μ_1	μ_2	μ_3	TC02	OEE	μ_1	μ_2	μ_3
Jun	42,0%	66,0%	65,0%	98,0%	Jun	26,0%	69,0%	38,0%	98,0%
Jul	63,0%	75,0%	86,0%	98,0%	Jul	53,0%	66,0%	81,0%	98,0%
Ago	63,0%	63,0%	91,0%	99,0%	Ago	56,0%	60,0%	94,0%	99,0%
Set	65,0%	77,0%	87,0%	97,0%	Set	57,0%	65,0%	91,0%	97,0%
Out	66,0%	80,00%	84,0%	99,0%	Out	56,0%	73,0%	77,0%	99,0%

forma, o tempo de ciclo de uma gancheira é igual a 0,69 minuto, obtido pela divisão do tempo necessário para completar um ciclo na velocidade definida pelo fabricante (117 minutos) pelo total de gancheiras existentes na monovia (170 gancheiras). O tempo de ciclo das peças a serem pintadas é função da quantidade de peças colocadas em cada gancheira, de acordo com a Tabela 5.9.

A evolução dos índices de eficiência na linha de pintura líquida obtidos nos quatro meses iniciais de coleta de dados está registrada na Tabela 5.10 e na Figura 5.11.

A gestão dessa linha de pintura líquida era realizada sem que ela fosse considerada como um posto de trabalho restritivo. Assim, uma das principais causas de ineficiência eram as paradas programadas, nas quais se destacava a parada para refeição. A partir das ações implantadas para eliminação das paradas programadas como, por exemplo, alocar um operador substituto para o operador titular nos horários de refeição, o índice de disponibilidade (μ_1) aumentou, como se pode ver na Tabela 5.10.

Por outro lado, durante a realização do *setup* (troca de cor) na monovia, um espaço correspondente a seis gancheiras não era utilizado, com o objetivo de impedir a contaminação de cores nas peças pintadas, reduzindo, então, o desempenho da linha e afetando diretamente da redução do índice de desempenho (μ_2). Com a inserção de uma cortina e a alocação de um segundo operador, foi possível eliminar o espaço perdido durante cada *setup*, o que representou um ganho médio diário de 24 gancheiras, equivalente a um acréscimo de **8,6% na produtividade horária da linha de pintura**.

Além do aumento da produtividade horária no posto de trabalho, uma ação de melhoria implantada modificando a posição e o comprimento das gancheiras possibilitou a inclusão de 18 novas gancheiras na monovia, passando para um total de 188 gancheiras, equivalente a um acréscimo de **10,6% na capacidade instalada**. Além disso, o aumento da quantidade de gancheiras na monovia resultou na redução do tempo de ciclo das peças pintadas, conforme mostrado na Tabela 5.11.

Além das melhorias comentadas, houve o treinamento de colaboradores para o correto preenchimento dos diários de bordo para a consolidação das

Tabela 5.9 Tempos de ciclo das peças na linha de pintura líquida – dados iniciais

Peças por gancheira	1	2	3	4
Tempo de ciclo (min)	0,69	0,34	0,23	0,17

Tabela 5.10 Evolução dos índices de eficiência na linha de pintura líquida

Mês	TEEP	μ_1	μ_2	μ_3
1	56,0%	86,0%	72,0%	91,0%
2	65,0%	76,0%	94,0%	91,0%
3	80,0%	98,0%	95,0%	87,0%
4	96,0%	100,0%	96,0%	100,0%

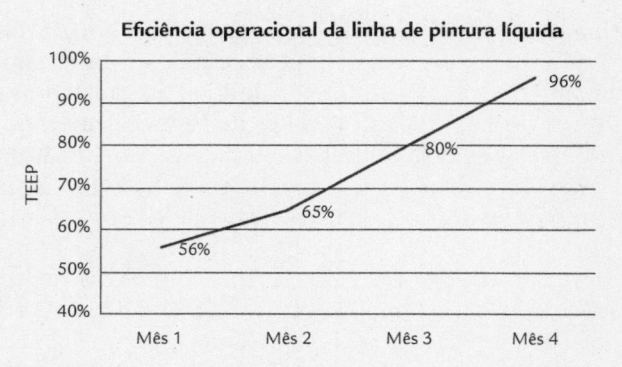

Figura 5.11 Evolução do TEEP na linha de pintura líquida.

melhorias propostas e a implementação de novas melhorias no ambiente fabril a partir de sugestões desses colaboradores.

5.1.7 Indústria de medicamentos: implementação do painel de gestão eFact

Este estudo de caso refere-se à implementação do método GPT na área de produção de uma indústria do setor de medicamentos. Com o objetivo de aumentar a eficiência operacional, foram selecionados três equipamentos considerados restritivos.

Entre esses equipamentos, destaca-se a máquina de embalar Vertopac I, objeto deste estudo de caso. A empresa utiliza duas máquinas idênticas para realizar a produção com o objetivo de atender a demanda, e aproximadamente 70% da produção da empresa são embalados nessas máquinas. Elas operam 900 minutos por dia, durante cinco dias por semana, realizando horas extras no fim de semana quando necessário.

Os dados coletados durante o projeto de implementação do método GPT foram lançados no painel de gestão eFact. A Figura 5.12 mostra a evolução do IROG no primeiro mês de monitoramento da Vertopac.

Ao se analisar a Figura 5.12, constata-se que os valores do IROG nos primeiros dias do mês eram inferiores a 20%, aumentando gradativamente ao longo do período e atingido valores na faixa de 60% no final do mês, sendo que, em alguns dias, como no dia 25, ocorreram anomalias. A anomalia ocorrida nesse dia, que influenciou fortemente na redução da eficiência operacional da máquina de embalar Vertopac I, foi a falta de um produto cujo envase do lote, realizado em equipamento à montante no fluxo de produção, não havia sido

Tabela 5.11 Tempos de ciclo das peças na linha de pintura líquida – dados após melhoria.

Tempo de ciclo das peças da monovia da linha de pintura				
Peças por gancheira	1	2	3	4
Tempo de ciclo (min)	0,62	0,31	0,21	0,16

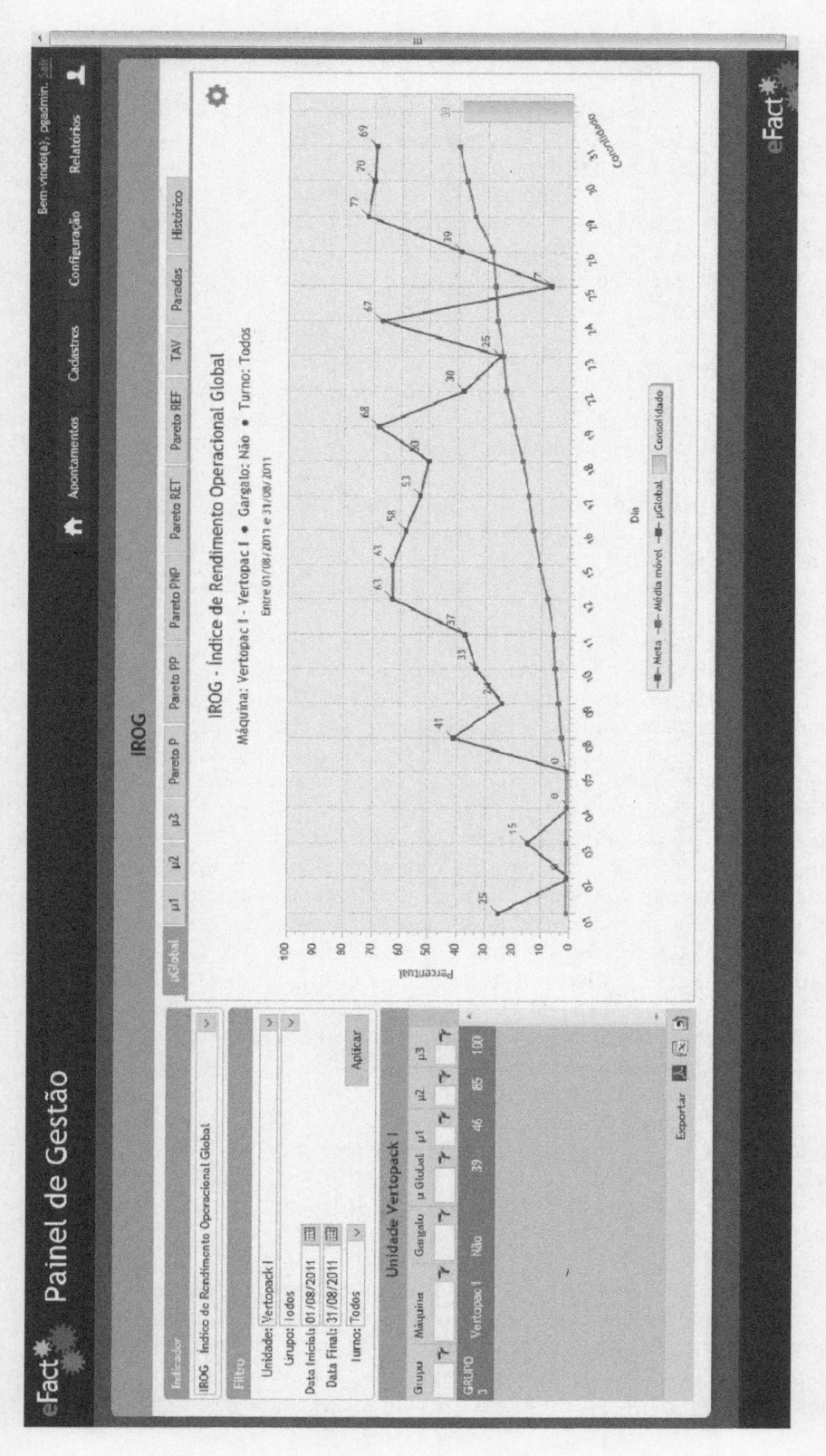

Figura 5.12 Dados do primeiro mês de monitoramento da Vertopac I.

Fonte: Painel de gestão eFact (©2007).

concluído. Os valores consolidados dos índices de eficiência no primeiro mês são: $\mu_{TEEP} = 33,5\%$, $\mu_1 = 40,0\%$, $\mu_2 = 85,0\%$ e $\mu_3 = 99,52\%$.

O gráfico de Pareto das principais causas de parada no primeiro mês é mostrado na Figura 5.13, destacando-se as paradas *i*) falta de programação, *ii*) falta de produto, *iii*) almoço e *iv*) *setup*, sendo a parada para almoço uma parada programada.

A partir da análise da Figura 5.13, foram realizadas as seguintes principais ações de melhoria:

Sem programação: Priorização do processo de embalagem na Vertopac I, minimizando a operação da Vertopac II para eliminar a falta de programação no equipamento monitorado, buscando, dessa forma, disponibilizar o efetivo e a Vertopac II para a produção de novos produtos ou para outro setor da empresa. Em relação ao mês monitorado, com esta ação houve um ganho de 2.665 minutos para produção.

Falta de produto: Reprogramação de produção nos equipamentos à montante da Vertopac I, priorizando os produtos a serem processados nesse equipamento, com vistas à eliminação da falta de produto para embalagem. Em relação ao mês monitorado, com esta ação houve um ganho de 1.495 minutos para produção.

Almoço: Eliminação da parada do equipamento durante o período de refeição dos colaboradores, escalando operadores substitutos para manterem a Vertopac I em operação durante esse período. Em relação ao mês monitorado, com esta ação houve um ganho de 1.350 minutos para produção.

A partir das ações de melhorias implementadas, a evolução do IROG no segundo mês de monitoramento na Vertopac I é mostrada na Figura 5.14. Ao se analisar essa figura, observa-se a ocorrência de uma anomalia no dia 01, devido à realização de treinamento em conceitos de troca rápida de ferramentas para todos os líderes e operadores da Vertopac I, o que ocasionou a parada da produção. Ao longo do período, observa-se um gradativo aumento no valor do IROG, atingindo um valor máximo no último dia do mês.

O gráfico de Pareto do segundo mês de monitoramento é apresentado na Figura 5.15. Nesse gráfico, observa-se que a principal causa de paradas não programadas é a realização de *setup* no equipamento. Os conceitos de TRF para redução do tempo de *setup* podem ser aplicados também às paradas não programadas de limpeza de máquina e limpeza de setor.

Aplicando-se o método de troca rápida de ferramentas, foi realizada uma filmagem de *setup* na Vertopac I. Na Figura 5.16 é representada a planilha de segmentação do tempo de *setup*, elaborada pelos operadores a partir da análise da filmagem feita.

A análise da Figura 5.16 mostra que é possível uma redução do tempo de *setup* de 27,18 minutos para 7,44 minutos, o que representa uma redução de 72%.

A segunda principal causa de parada não programada registrada no segundo mês de monitoramento da Vertopac I – regulagem de máquina – é resultado de um conjunto de causas, cuja segmentação é apresentada na Figura 5.17. A partir da análise dessa figura, foram realizadas as seguintes principais ações de melhoria:

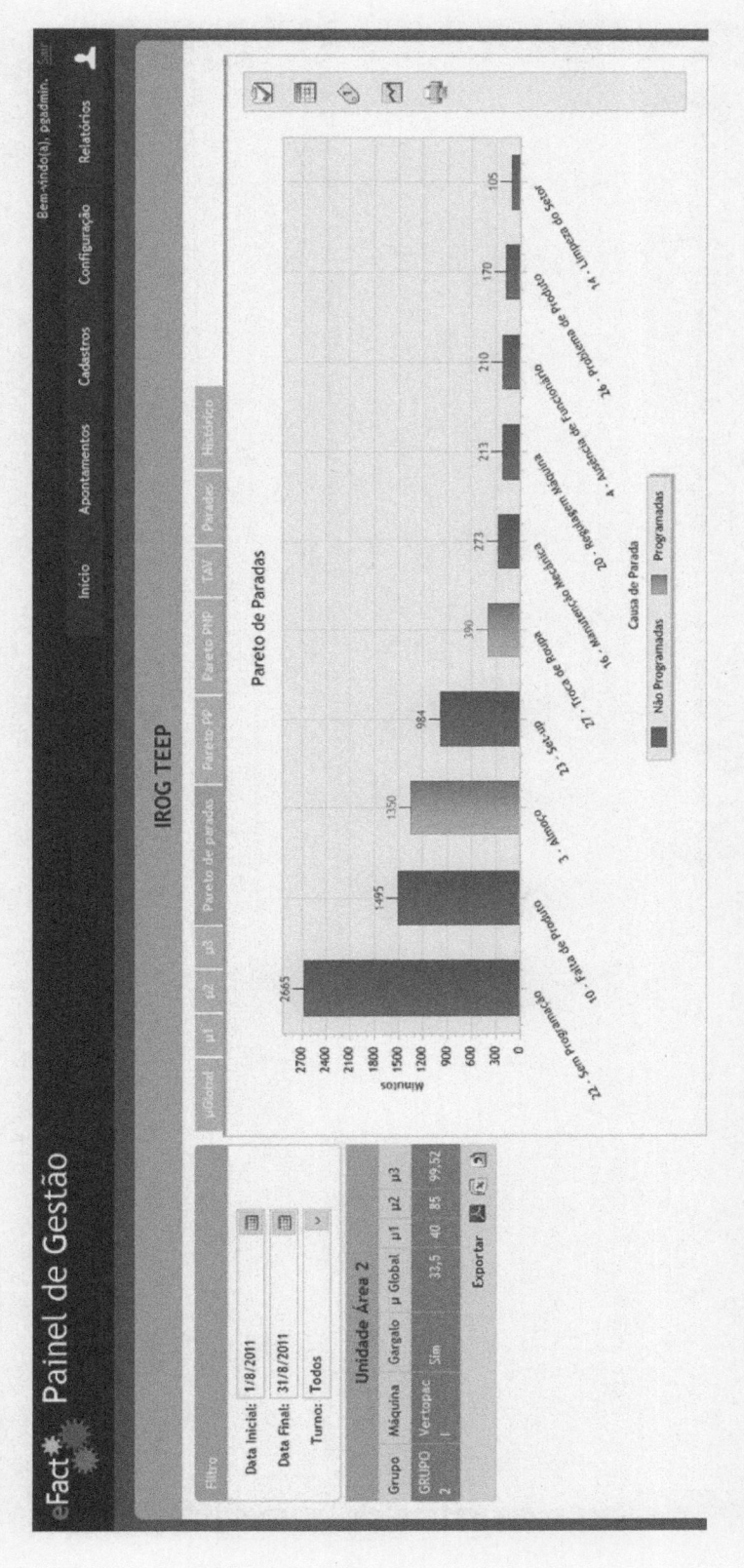

Figura 5.13 Gráfico de Pareto do primeiro mês de monitoramento da Vertopac I.
Fonte: Painel de gestão eFact (© 2007).

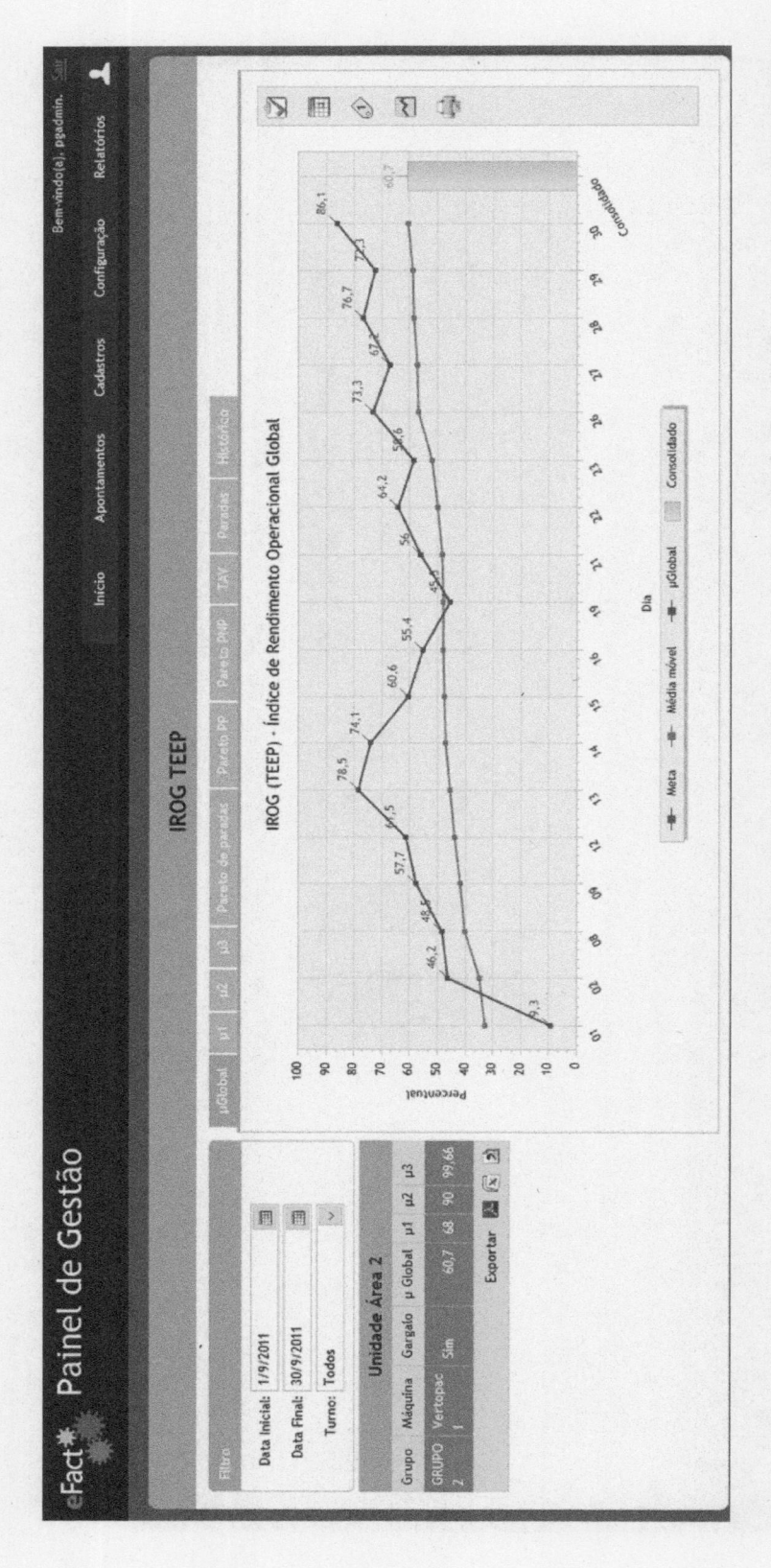

Figura 5.14 Dados do segundo mês de monitoramento da Vertopac I.

Fonte: Painel de gestão eFact (© 2007).

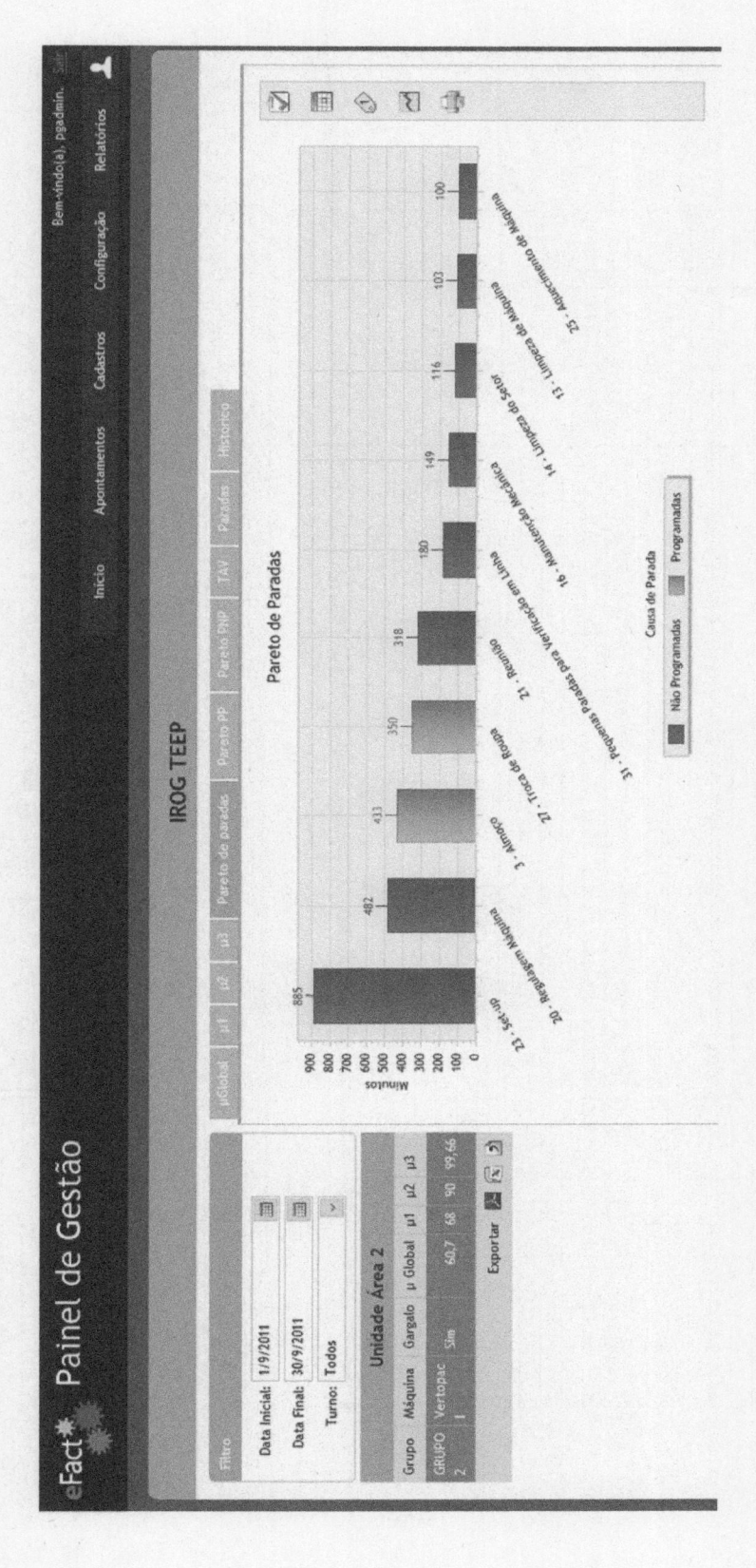

Figura 5.15 Gráfico de Pareto no segundo mês de monitoramento da Vertopac I.
Fonte: Painel de gestão eFact (© 2007).

DESCRIÇÃO DAS ATIVIDADES DE LIMPEZA DE MÁQUINA - MAPA DOS ELEMENTOS DE TEMPOS (DEPOIS)

Data: Sucata:

			Produto A para Produto B	Classificação				
Classe	T. corrido	T. p/op.	T. otimiz.	Descrição do Elemento de Tempo	L Limpeza	G Organização	R Regulagem	P Procura	O Outros
	0:00:00								
L	0:00:20	00:00:20	00:00:00	Limpeza com ar comprimido	00:00:20				
O	0:00:36	00:00:16	00:00:00	Retirar proteção lateral					00:00:16
L	0:00:50	00:00:14	00:00:00	Setup Jertopack 001 Resfenol 2x10 – Resfenol Gotas	00:00:14				
O	0:01:07	00:00:17	00:00:00	Guardar mangueira e pegar chave					00:00:17
R	0:02:36	00:01:29	00:00:00	Troca de lote do gliché					
R	0:06:18	0:03:42		Ajuste dos dentes					
R	0:08:59	00:02:41	00:00:00	Ajuste da bandeja			00:02:41		
R	0:09:21	00:00:22	00:00:00	Ajuste da cinta			00:00:22		
R	0:10:26	00:01:05	0:01:05	Ajuste da altura			00:01:05		
R	0:12:10	00:01:44	0:01:44	Ajuste do cartucho			00:01:44		
R	0:13:02	00:00:52	00:00:00	Ajuste do magazine			00:00:52		
R	0:15:14	00:02:12	0:02:12	Ajuste das ventosas			00:02:12		
R	0:15:50	00:00:36	00:00:00	Ajuste final do magazine			00:00:36		
R	0:16:46	00:00:56	0:00:56	Regular e testar abertura dos cartuchos			00:00:56		
R	0:21:21	00:04:35	0:04:35	Ajuste dos guias, abas, posicionamento do gliché, da cola e mesa			00:04:35		
R	0:23:26	00:02:05	0:02:05	Regulagem da parte traseira			00:02:05		
O	0:23:49	00:00:23	00:00:00	Fixar proteção lateral					00:00:23
O	0:24:39	00:00:50	0:00:50	Retirar amostras para liberação					00:00:50
O	0:25:59	00:01:20	0:01:20	Abastecimento das bandejjas					00:01:20
O	0:26:31	00:00:32	00:00:00	Abastecer bulas					00:00:32
G	0:26:49	00:00:18	00:00:00	Verificar da colocação na caixa de embarque		00:00:18			
O	0:27:18	00:00:29	0:00:29	Embalagem					00:00:29
		00:27:18	0:19:34	FIM DO SETUP	00:00:34	00:00:18	00:17:08	00:00:00	00:04:07

	Tempo	%
Setup Total	00:27:18	100%
Otimizável	00:19:34	72%
Ideal interno	00:07:44	28%

EQUIPE

Volume de Ocorrência

- Regulagem 77%
- Outros 19%
- Limpeza 3%
- Organização 1%
- Procura 0%

Pareto dos Elementos de Tempo

- Limpeza: 00:34
- Organização: 00:18
- Regulagem: 17:08
- Procura: 00:00
- Outros: 04:07

Figura 5.16 Segmentação dos tempos de *setup* na Vertopac I – planilha elaborada pelos operadores.

- Buleiro (27%): As bulas de alguns produtos tiveram seu dimensional aumentado, causando constantes paradas na máquina para ajuste. Para solucionar esse problema, as ações realizadas foram: *i*) adaptação de uma nova régua no buleiro para que não ocorressem dobras erradas e *ii*) treinamento com a operadora para que o procedimento deixasse de ser uma regulagem mecânica e passasse a ser uma regulagem operacional.
- Cartucho (21%): As embalagens de alguns produtos sofreram alteração no tipo de papel. O novo papel é muito maleável e fino, gerando perdas e paradas porque o cartucho não abria quando colocado na máquina. A ação corretiva foi solicitar ao controle de qualidade a mudança do tipo de papel das embalagens desses produtos.
- Ventosa e magazine (16%): Devido ao problema dos cartuchos (decorrente do papel maleável e fino), a ventosa não os puxava adequadamente quando eram colocados no magazine. Consequentemente, eles caíam ou entravam na máquina amassados, sem se abrirem da maneira correta. A mesma ação citada anteriormente para os cartuchos deve minimizar/eliminar esta causa de parada para regulagem.
- Carimbador (14%): A forma como eram impressos o lote e a validade dos produtos não poderia mais ser em baixo relevo, devendo a impressão ser feita com tinta. As peças adquiridas inicialmente não estavam completas, e outras peças da máquina estavam gastas, o que ocasionou as paradas para reajuste. A solução para esta causa de parada para regulagem é a aquisição de um conjunto completo de peças e a troca de algumas peças antigas do rolo carimbador.

A terceira causa de parada no segundo mês de monitoramento – almoço – tende a ser eliminada na medida em que são deslocados operadores habilitados para operar a Vertopac I no período de refeição dos operadores titulares.

A quarta causa de parada no segundo mês de monitoramento – troca de roupa – tende a permanecer, pois advém de um acordo entre a empresa e o sindicato que disponibiliza um período de 10 minutos no início e final do turno para a troca de roupa dos colaboradores que atuam na área de produção.

A partir da manutenção das ações de melhoria implementadas no primeiro mês e das ações de melhorias implementadas no segundo mês, a evolução do IROG no terceiro mês de monitoramento na Vertopac I é mostrada na Figura 5.18.

Ao se analisar a Figura 5.18, verifica-se que o IROG da Vertopac I mantém-se aproximadamente em 65% ao longo do período, caracterizando um ganho real em eficiência operacional em relação ao primeiro mês de monitoramento.

Já na Figura 5.19, é mostrado o gráfico de Pareto das principais causas de parada no terceiro mês de monitoramento. Conforme se observa nessa figura, o foco de ações de melhoria deve ter continuidade na redução dos tempos médios de *setup* e na análise das causas de regulagem de máquina.

Na Figura 5.20 é mostrada a evolução do IROG nos três meses de monitoramento. Nela, observa-se a implementação do método GPT na Vertopac I

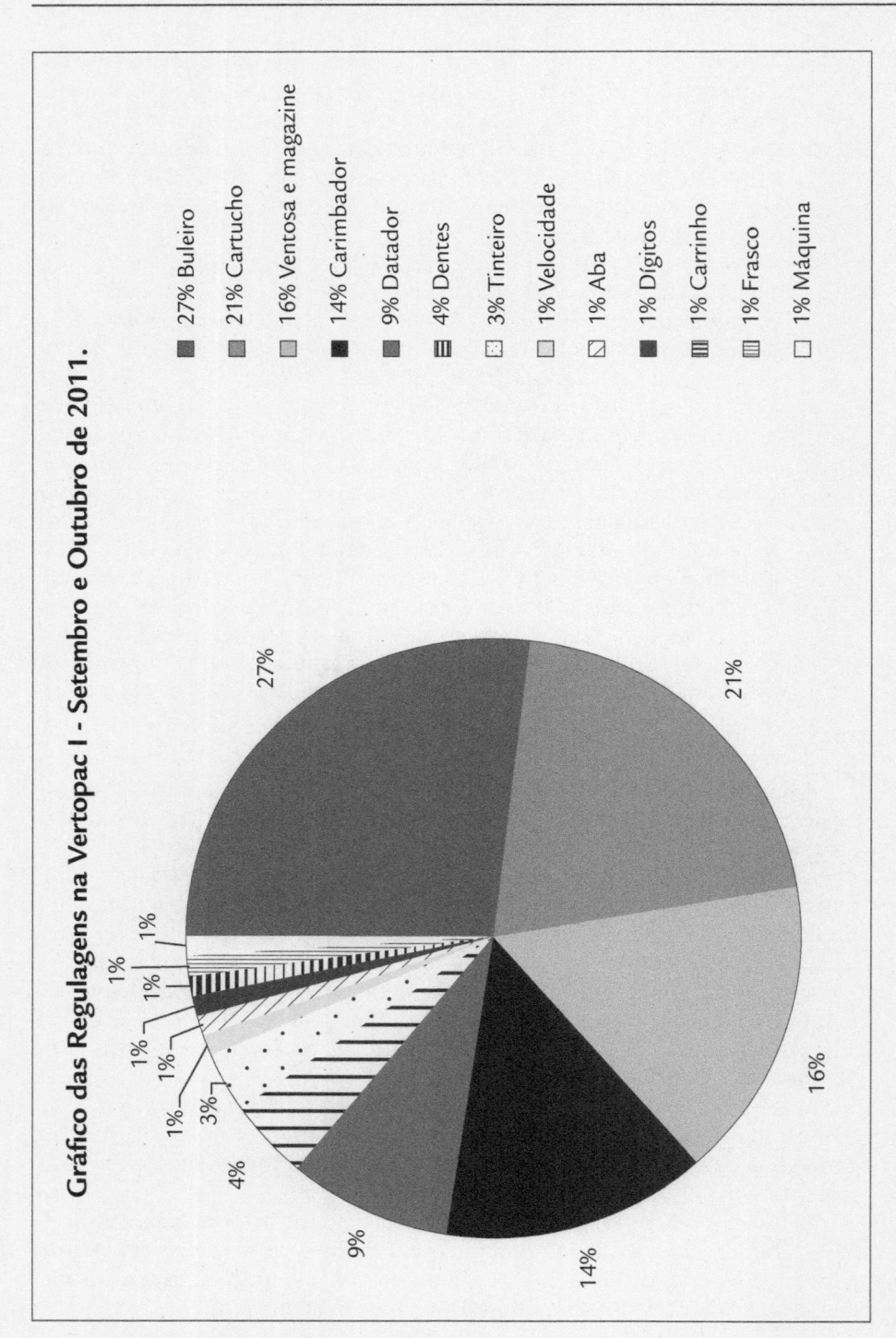

Gráfico das Regulagens na Vertopac I - Setembro e Outubro de 2011.

- 27% Buleiro
- 21% Cartucho
- 16% Ventosa e magazine
- 14% Carimbador
- 9% Datador
- 4% Dentes
- 3% Tinteiro
- 1% Velocidade
- 1% Aba
- 1% Dígitos
- 1% Carrinho
- 1% Frasco
- 1% Máquina

Figura 5.17 Segmentação dos tempos de regulagem na Vertopac I.

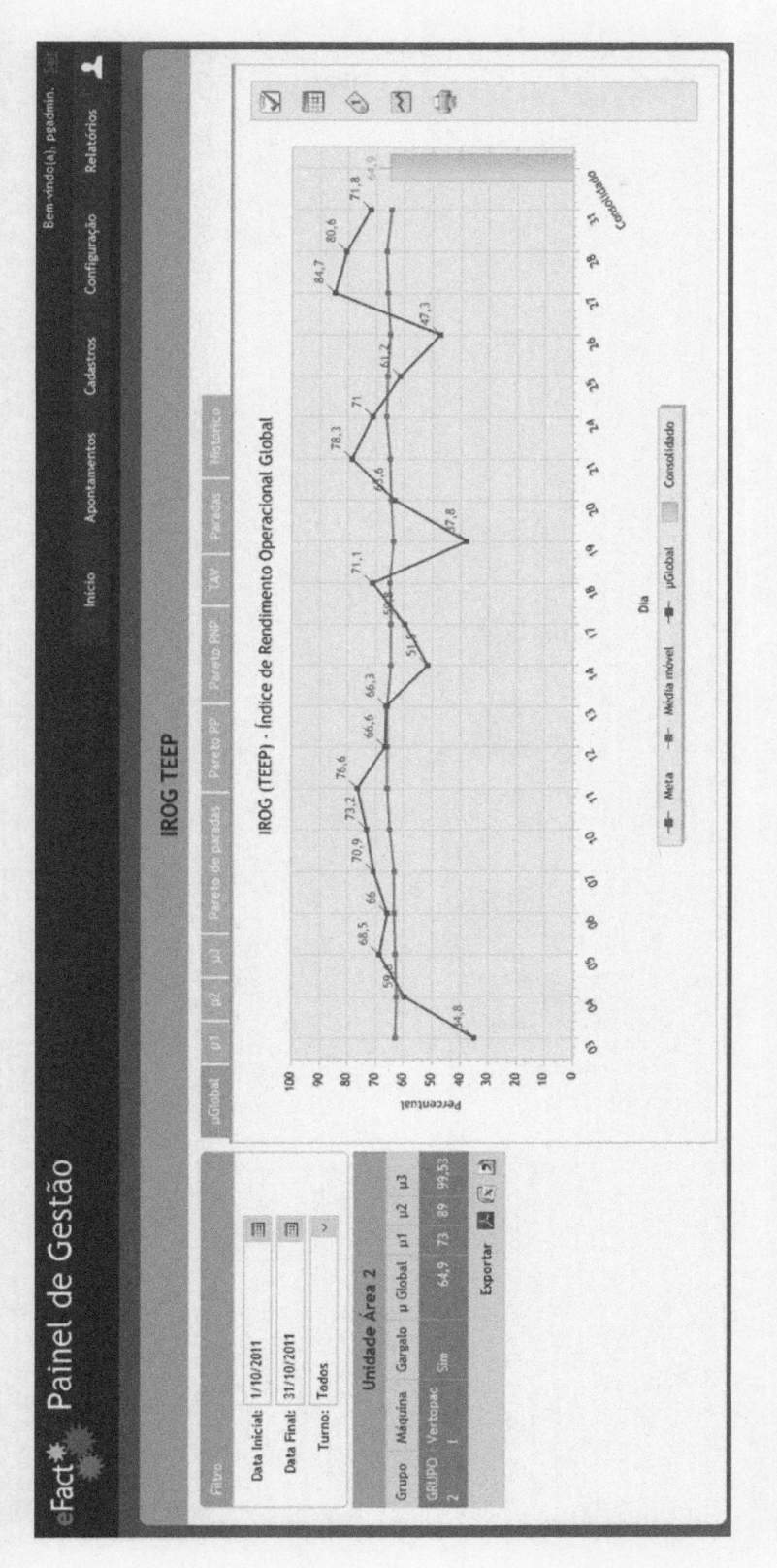

Figura 5.18 Dados do terceiro mês de monitoramento da Vertopac I.
Fonte: Painel de gestão eFact (© 2007).

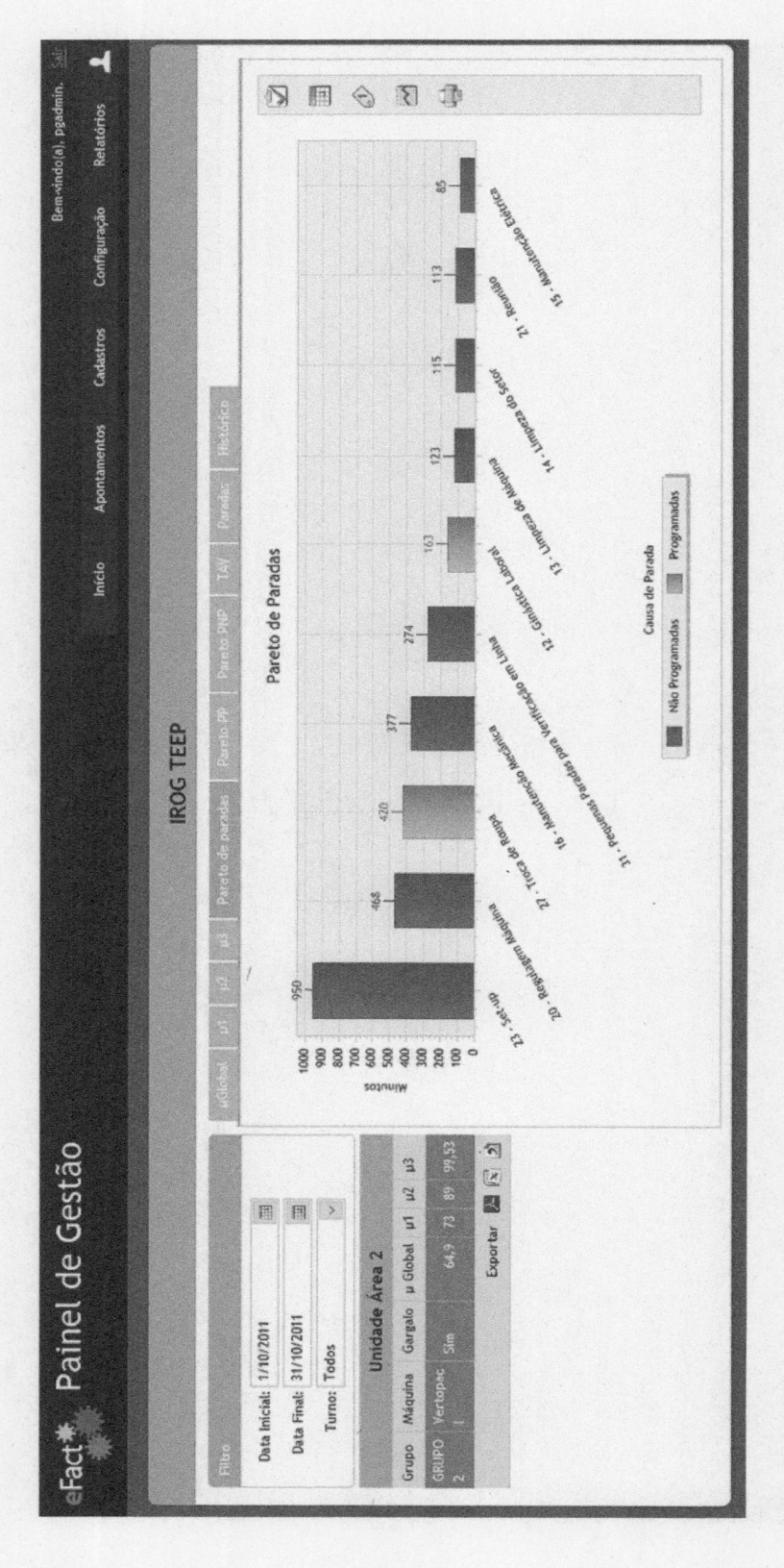

Figura 5.19 Gráfico de Pareto no terceiro mês de monitoramento da Vertopac I.

Fonte: Painel de gestão eFact (© 2007).

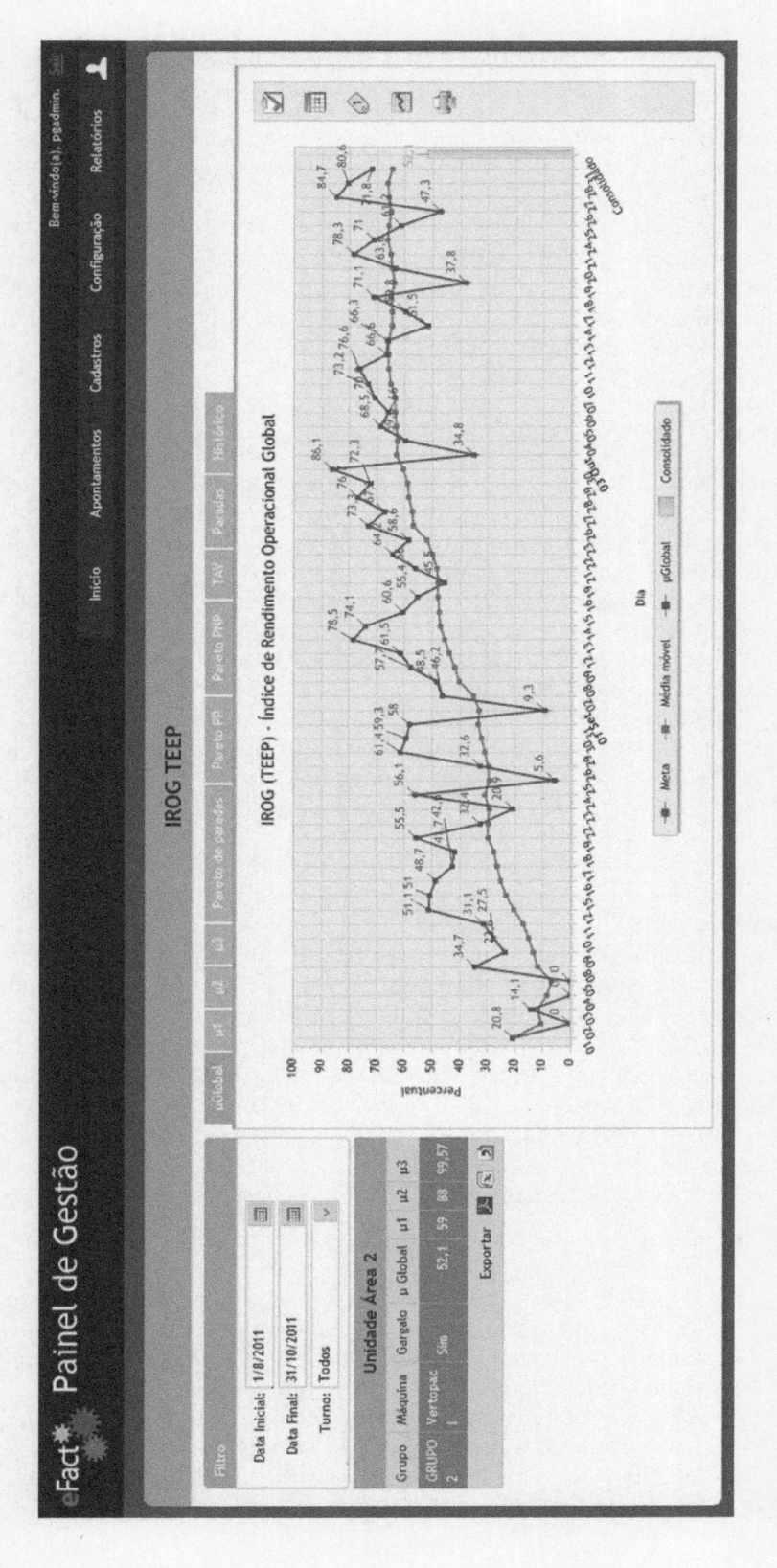

Figura 5.20 Evolução do IROG na Vertopac I em três meses de monitoramento.

Fonte: Painel de gestão eFact (© 2007).

resultou em um aumento significativo na eficiência operacional desse equipamento, bem como um incremento na produção e na produtividade horária, mostrado na Tabela 5.12.

Segundo a Tabela 5.12, entre o primeiro e o terceiro mês de monitoramento da máquina de embalar Vertopac I, além do aumento de 82,8% do valor do IROG (TEEP), houve um aumento de 73,6% na produtividade horária do equipamento. A partir desta experiência piloto, a empresa está implementando o método GPT no ambiente fabril, com o objetivo de monitorar todos os equipamentos restritivos.

5.1.8 Indústria alimentícia: o caso da cooperativa

Uma cooperativa agropecuária atua na fabricação de laticínios, com destaque em produtos como doce de leite, creme de leite, iogurtes e bebidas lácteas, além de doces de frutas, bebidas à base de soja e rações, com o objetivo de impulsionar o desenvolvimento de produtores rurais.

A cooperativa está dividida em três unidades de negócio distintas: indústria de alimentos, agronegócios e supermercados, sendo que a área de captação da cooperativa envolve produtores rurais de 85 municípios gaúchos, contando com cerca de 15 mil associados e mais de mil funcionários. Além da empresa de laticínios e doces, a cooperativa conta ainda com duas fábricas de rações e uma rede de supermercados e agropecuárias com 17 lojas. A distribuição dos produtos da cooperativa está concentrada nos três Estados do Sul – Rio Grande do Sul, Santa Catarina e Paraná –, além do Estado de São Paulo.

O estudo de caso foi desenvolvido na fabricação de laticínios na unidade de negócio indústria de alimentos. Essa unidade de negócio conta com um total de 16 equipamentos, e cada um deles produz um determinado *mix* de produtos.

O método GPT foi implementado em três equipamentos desde janeiro de 2011, tendo-se selecionado a máquina de embalar EBR para este estudo de caso. A evolução da eficiência operacional da máquina de embalar EBR durante o ano de 2011 está representada na Figura 5.21. Os dados nela apresentados são resultado de um conjunto de ações de melhoria implementadas durante o ano de 2011, a partir da análise do gráfico de Pareto das 10 principais causas de paradas ocorridas no mês de janeiro, apresentado na Figura 5.22, entre outras ações.

Entre as ações de melhoria implementadas estão:

- Capacitação tecnológica com foco nos conceitos básicos da produção enxuta para um conjunto de colaboradores.
- Capacitação tecnológica com foco nos conceitos do método de gestão dos postos de trabalho para um conjunto de colaboradores.
- Capacitação tecnológica com foco nos conceitos do método de troca rápida de ferramentas para um conjunto de colaboradores.
- Admissão de novos colaboradores para completar o quadro de funcionários, com vistas à redução da parada por falta de funcionário.
- Desenvolvimento de um novo aplicativo no sistema corporativo para programação da produção, no intuito de obter maior precisão na pro-

Tabela 5.12 Evolução mensal de dados na Vertopac I

Dados Gerais	Unidade	Vertopac 01		
		Agosto	Setembro	Outubro
Produção itens bons	unidades	445.578	667.849	855.798
Produção itens não conformes	unidades	19.597	36734	8.319
Produção total	unidades	465.175	704.583	864.117
Horas	horas	200	180	214
Média produção horária	itens/hora	2.326	3.914	4.038
TEEP	%	35,50%	60,70%	64,90%
μ_1	%	40,00%	68,00%	73,00%
μ_2	%	85,00%	90,00%	89,00%
μ_3	%	99,52%	99,66%	99,53%

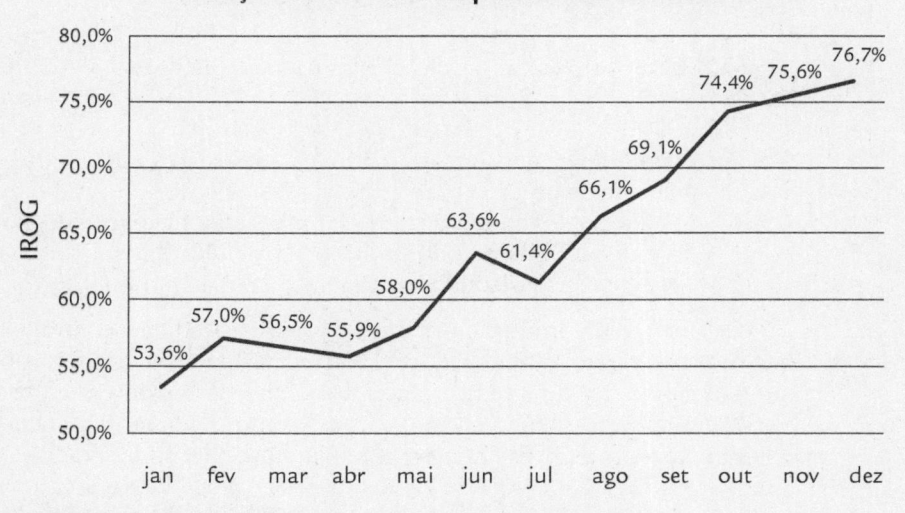

Figura 5.21 Evolução do IROG na máquina de embalar EBR.

gramação, e análise da capacidade *versus* demanda para um período preestabelecido.
- Adoção da lógica doutor-enfermeiro[1] para a redução dos tempos médios de *setup* e troca de sabor.
- Treinamento dos colaboradores para realizarem o CIP (lavagem e limpeza de equipamento), que consiste em uma parada programada, dentro do tempo preestabelecido.

---

[1] A lógica doutor-enfermeiro é uma analogia, feita por Shingo na construção do STP, que relaciona um ato cirúrgico à atividade industrial: o doutor (operador) realiza a atividade principal do *setup*, que corresponde à troca de ferramentas, enquanto o enfermeiro (auxiliar do operador) se responsabiliza pelas demais operações necessárias à realização do *setup*.

Principais causas de paradas na máquina de embalar EBR - Janeiro 2011

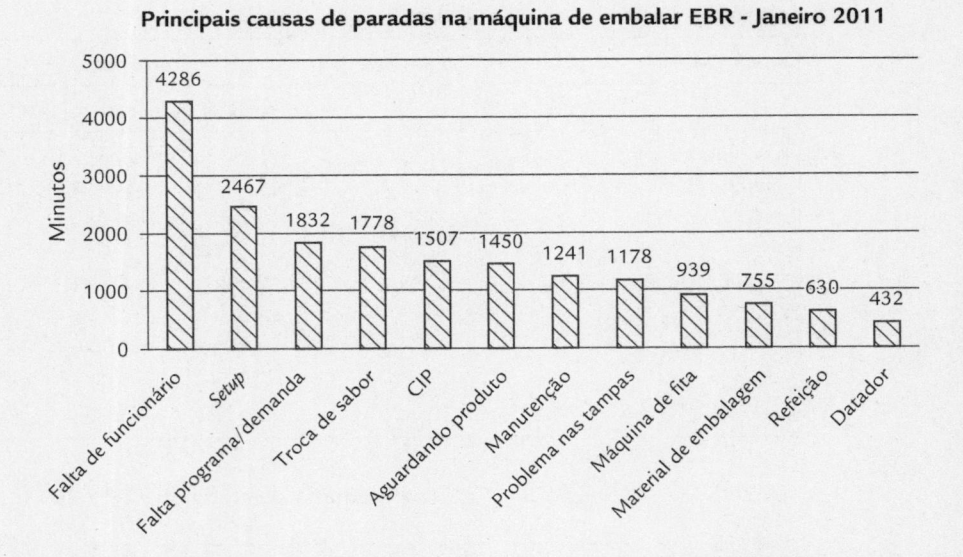

Causa	Minutos
Falta de funcionário	4286
Setup	2467
Falta programa/demanda	1832
Troca de sabor	1778
CIP	1507
Aguardando produto	1450
Manutenção	1241
Problema nas tampas	1178
Máquina de fita	939
Material de embalagem	755
Refeição	630
Datador	432

Figura 5.22 Principais causas de paradas na máquina de embalar EBR – janeiro 2011.

- Instalação de dois novos tanques de fermentação para reduzir a parada por falta de produto para as máquinas de envase.
- Instalação de um novo resfriador, com maior capacidade, possibilitando a disponibilidade do produto elaborado (bebida láctea e iogurte) para envase, reduzindo a parada por falta de produto.

A evolução da produção mensal está representada na Figura 5.23. No primeiro trimestre do ano, a produção, em termos de unidades totais produzidas no mês, foi maior do que nos meses subsequentes devido à maior quantidade de embalagens menores (180 gramas) com tempo de ciclo menor, sendo a maior embalagem envasada nesse equipamento a de 1.000 gramas. Nos meses de abril a julho ocorreu queda de demanda e, a partir de agosto, houve um aumento gradativo de produção, atingindo-se a produção recorde na história da empresa no mês de novembro.

As melhorias implementadas propiciaram o aumento no valor de outros indicadores de desempenho, entre os quais se destacam os relacionados com o *setup* e com a troca de sabor, conforme mostrado nas Figuras 5.24 e 5.25. Esses indicadores de desempenho evidenciam o aumento da flexibilidade do equipamento ocorrido no período de monitoramento, sendo essa uma das dimensões de competitividade.

Entre os ganhos obtidos com a implementação do método GPT, podem ser citados:

- Envolvimento e participação das lideranças e demais colaboradores na busca de melhores resultados organizacionais.
- Recorde de produção mensal na história da empresa no mês de novembro.

Estudos de casos de aplicação do método GPT • 123

Produção na máquina de embalar EBR em 2011

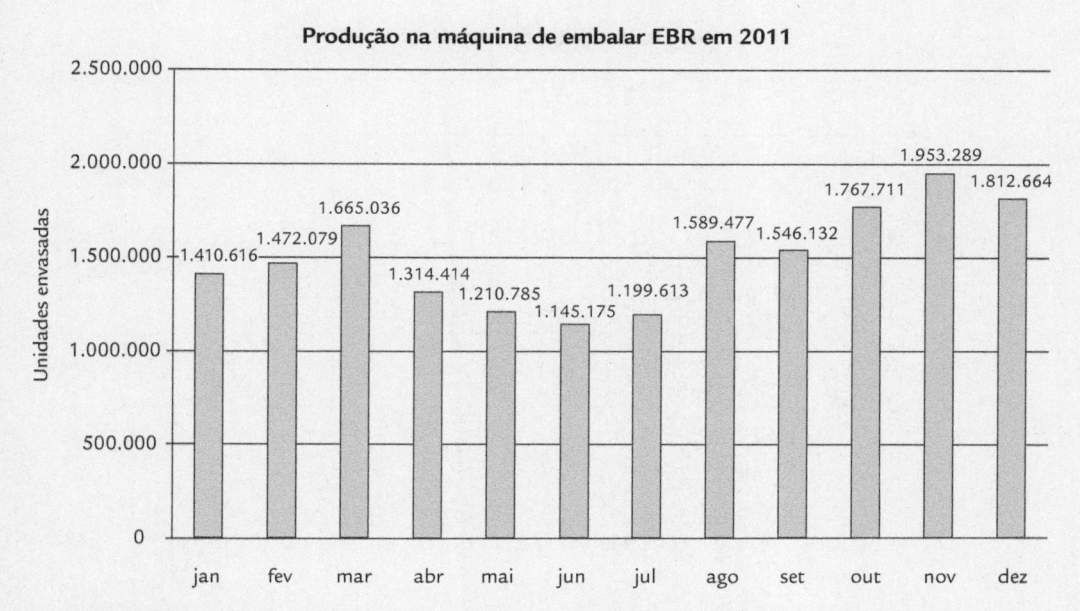

Valores mensais (Unidades envasadas):
- jan: 1.410.616
- fev: 1.472.079
- mar: 1.665.036
- abr: 1.314.414
- mai: 1.210.785
- jun: 1.145.175
- jul: 1.199.613
- ago: 1.589.477
- set: 1.546.132
- out: 1.767.711
- nov: 1.953.289
- dez: 1.812.664

Figura 5.23 Produção mensal na máquina de embalar EBR durante o ano de 2011.

- Aumento de 8,6% na produtividade horária passando de 3.976 unidades envasadas/hora em janeiro para 4.185 unidades envasadas/hora em novembro (recorde de produção).
- Redução do índice de "ruptura" (falta de produto em relação às vendas realizadas).
- Redução em 51,6% do tempo médio de *setup*, que passou de 37 minutos em janeiro para 18 minutos em dezembro.
- Redução em 56,2% do tempo médio de troca de sabor, que passou de 16 minutos em janeiro para 7 minutos em dezembro.

A empresa está construindo uma nova unidade fabril, com foco na produção de itens da linha de doces de frutas. Entre as metas previstas pela cooperativa para 2012 está a implementação do método GPT em todos os recursos considerados restritivos no ambiente fabril da cooperativa.

5.2 Considerações finais

A partir dos estudos de caso apresentados neste capítulo, pode-se constatar que os conceitos desenvolvidos no setor mecânico (Toyota Motor Company) para o cálculo da eficiência operacional dos postos de trabalho são aplicáveis aos mais diferentes setores da atividade industrial, desde que devidamente adaptados.

É importante registrar ainda que, de uma maneira geral, nas empresas em que os conceitos de eficiência global e cálculo do IROG não são conhecidos, a eficiência operacional é estimada ou confundida com o índice de disponibilidade (μ_1).

124 • Uma revolução na produtividade: a gestão lucrativa dos postos de trabalho

Setup na máquina de embalar EBR - 2011

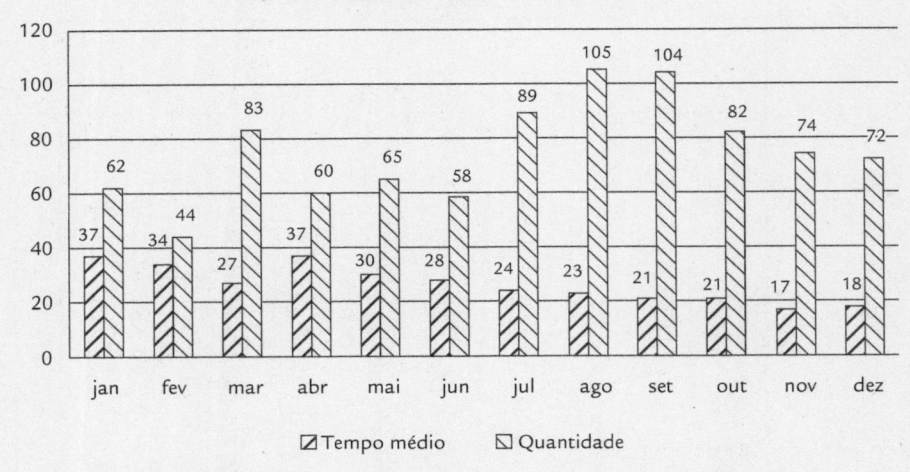

Mês	Tempo médio	Quantidade
jan	37	62
fev	34	44
mar	27	83
abr	37	60
mai	30	65
jun	28	58
jul	24	89
ago	23	105
set	21	104
out	21	82
nov	17	74
dez	18	72

Figura 5.24 Indicadores de *setup* na EBR durante o ano de 2011.

Troca de sabor na máquina de embalar EBR - 2011

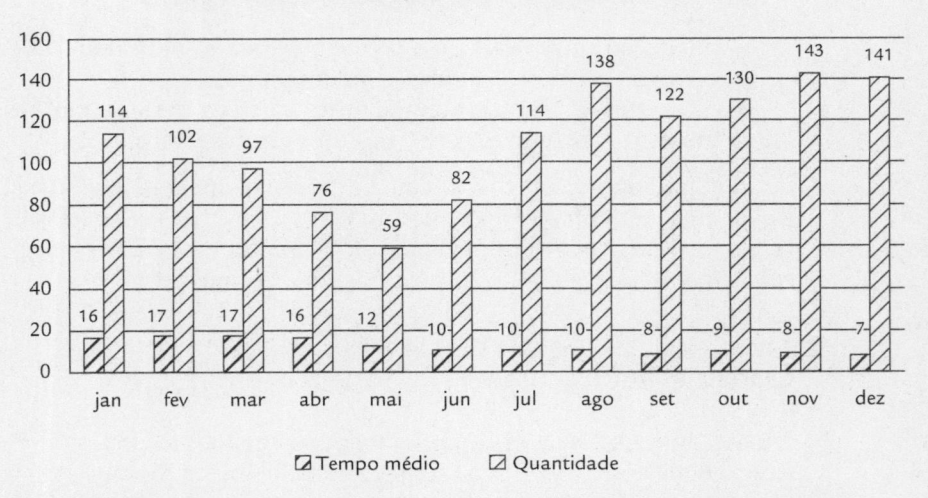

Mês	Tempo médio	Quantidade
jan	16	114
fev	17	102
mar	17	97
abr	16	76
mai	12	59
jun	10	82
jul	10	114
ago	10	138
set	8	122
out	9	130
nov	8	143
dez	7	141

Figura 5.25 Indicadores de troca de sabor na EBR durante o ano de 2011.

Atualização na internet

eFact Software. http://www.efact.com.br

Produttare: tecnologias e soluções para gestão. http://www.produttare.com.br

Referência

EFACT SOFTWARE. *eFact*: serviços e soluções para a empresa do futuro. Porto Alegre: eFact, c2007. Disponível em: <http://www.efact.com.br/>. Acesso em: 25 set. 2012.

6

O método de tempos de processamento (TP)

Neste capítulo é apresentado o método de tempo de processamento (TP), cujo foco é a redução dos tempos de processamento ou tempos de ciclo dos itens produzidos nos postos de trabalho restritivos, com vistas ao atendimento de uma dada demanda estabelecida.

Uma das questões essenciais da engenharia de produção é a determinação, com a máxima precisão possível, da capacidade grosseira de produção. Para o cálculo da capacidade grosseira de produção, utiliza-se a ferramenta capacidade×demanda (C×D), discutida no Capítulo 7 deste livro.

A partir da análise da ferramenta C×D, podem ocorrer três situações distintas:

1. Postos de trabalho com capacidade superior à demanda.
2. Postos de trabalho cuja capacidade é aproximadamente igual à demanda, constituindo, nesse caso, postos de trabalho denominados recursos com restrição de capacidade (CCR – *Capacity Constrained Resources*).
3. Postos de trabalho cuja capacidade é inferior à demanda, constituindo, nesse caso, postos de trabalho denominados gargalos.

Entre as alternativas possíveis para o atendimento de uma demanda estabelecida, destaca-se a redução dos tempos totais necessários para a produção dos itens demandados, o que pode ser alcançado pelas seguintes ações:

a) redução dos tempos de ciclo dos itens processados;
b) redução das quantidades (em peças) dos itens processados.

O método TP atua especificamente na redução dos tempos de ciclo dos itens processados nos postos de trabalho restritivos, buscando responder às seguintes questões:

a) Quais são os itens e seus respectivos tempos de ciclo que devem ser reduzidos?
b) Como reduzir os tempos de ciclo desses itens?

6.1 A lógica do método de tempos de processamento (TP)

O ponto inicial para a implementação do método TP é a definição dos postos de trabalho que constituem restrições do sistema produtivo (gargalos ou CCR), cujos conceitos foram discutidos no item 4 do Capítulo 3.

A lógica do método TP pode ser entendida a partir do exemplo apresentado a seguir. Na Tabela 6.1 está indicada a demanda de itens a serem processados em um posto de trabalho restritivo, com os respectivos tempos de ciclo e tempo total demandado por item. A partir dos dados da Tabela 6.1, pode-se classificar os itens de forma decrescente de acordo com o tempo total demandado por cada item, calculando, ainda, o respectivo percentual, conforme apresentado na Tabela 6.2.

Conforme se observa na Tabela 6.2, os itens E e D correspondem a 58% do tempo total demandado nesse posto de trabalho, respondendo a pergunta 1 do método TP formulada anteriormente.

Considerando-se uma redução de 50% no tempo de ciclo do item E e uma redução de 25% no tempo de ciclo do item D, obtém-se os dados apresentados na Tabela 6.3 para a redução do tempo total demandado para cada item, bem como o respectivo percentual de redução em relação à demanda total inicial (2.750 minutos).

Dessa forma, ao promover ações de melhoria nos tempos de ciclo dos itens com maior tempo demandado nos postos de trabalho restritivos E e D, tem-se a oportunidade de reduzir o tempo total da demanda em aproximadamente 24%, conforme a Tabela 6.3. Para responder a pergunta 2 do método TP formulada

Tabela 6.1 Dados de um posto de trabalho restritivo

Item	Quantidade (peças)	Tempo de ciclo (minutos/peça)	Demanda (minutos)
A	250	2,0	500
B	100	4,0	400
C	50	5,0	250
D	600	1,0	600
E	500	2,0	1.000

Tabela 6.2 Percentual da demanda de um posto de trabalho restritivo

Item	Quantidade (peças)	Tempo de ciclo (minutos/peça)	Demanda (minutos)	Demanda (%)
E	500	2,0	1.000	36%
D	600	1,0	600	22%
A	250	2,0	500	18%
B	100	4,0	400	15%
C	50	5,0	250	9%
			2.750	100%

Tabela 6.3 Percentual de redução da demanda dos itens de um posto de trabalho restritivo

Item	Quantidade (peças)	Tempo de ciclo (minutos/peça)	Demanda (minutos)	Redução do tempo da demanda (%)
E	500	1,0	500	18%
D	600	0,8	450	5%
A	250	2,0	500	0%
B	100	4,0	400	0%
C	50	5,0	250	0%
			2.100	24%

anteriormente, é necessário realizar uma análise detalhada da composição dos tempos de ciclo desses itens, utilizando, para isso, as técnicas usuais adotadas na Engenharia de Processo (tempos e métodos, análise de valor, técnicas específicas de engenharia estruturada).

6.2 O método de tempos de processamento

A delimitação do método de tempos de processamento (TP) está representada na Figura 6.1 (réplica da Figura 4.13, apresentada no Capítulo 4) e representa a relação do método tempos de processamento com o método da gestão do posto de trabalho.

Uma das características do método de TP é o tempo decorrido entre duas análises com a utilização da ferramenta C×D para determinação dos tempos de ciclo a serem analisados. Sugere-se que cada ciclo de análise tenha uma duração mínima de três meses e máxima de 12 meses. Em cada ciclo de análise devem ser obtidos os seguintes elementos:

a) Análise dos tempos de ciclo
b) Conjunto de potencialidades de ações de melhoria
c) Lista de projetos
d) Conjunto de planos de ação em função das ações de melhoria propostas
e) Indicadores e metas específicos para o período.

Isso se justifica devido ao tempo necessário para a execução das ações de melhoria entre as análises potenciais, propostas de melhorias, suas execuções e estabilização.

O método de TP é dividido em oito passos básicos, que compreendem um ciclo de análise. O detalhamento das atividades a serem desenvolvidas em cada um dos passos é apresentado na Figura 6.2. Nela, são apresentados os oito passos do método de tempos de processamento agrupados conforme o método PDCA. A etapa de planejamento compreende os passos de 1 a 6, o passo 7 corresponde à etapa de execução e o passo 8 corresponde às etapas

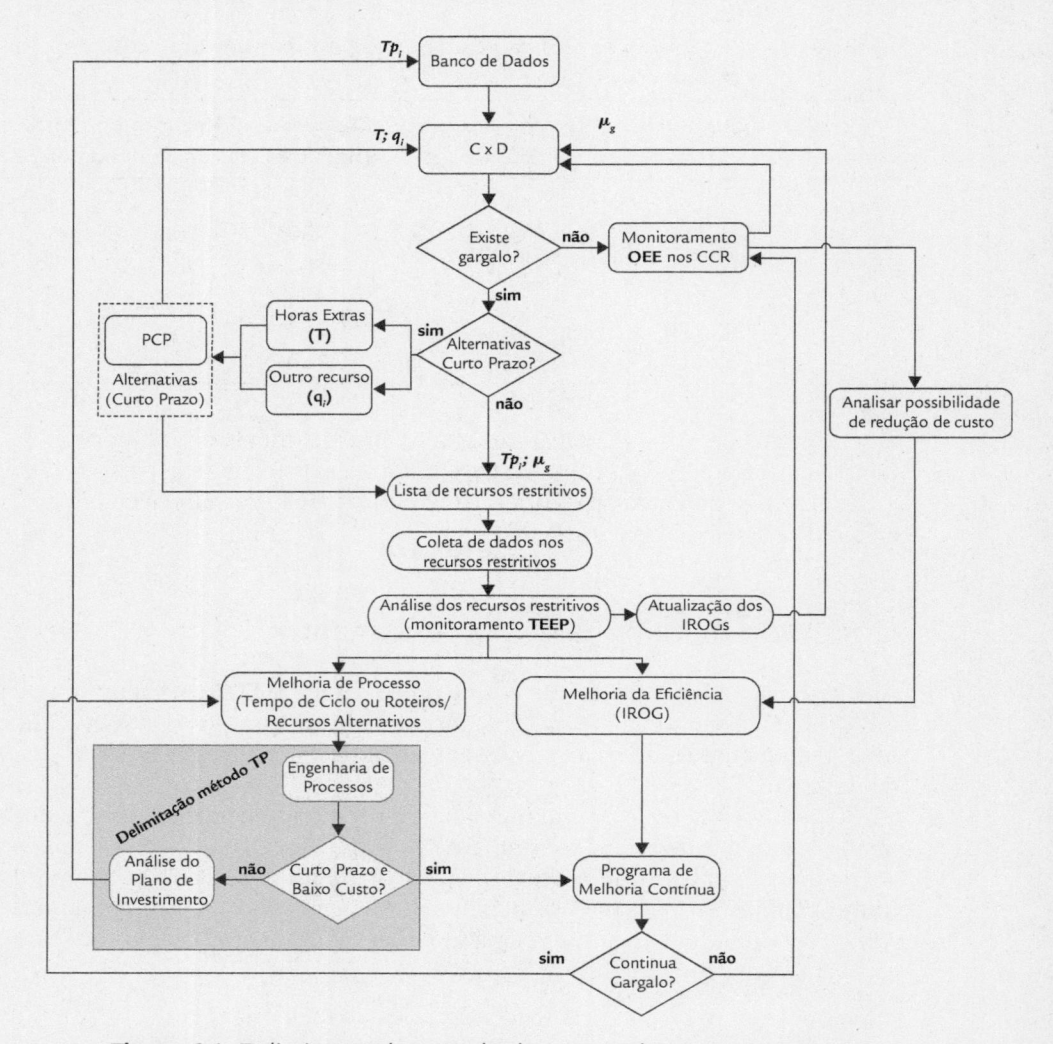

Figura 6.1 Delimitação do método de tempos de processamento.

de verificação e atuação corretiva. A seguir são apresentados os oito passos de forma sequencial.

O **Passo 1,** denominado situação **ANTES,** consiste na utilização da ferramenta C×D (discutida no Capítulo 7 deste livro) como forma de adotar os tempos e demandas dos itens como ponto de partida para a análise decorrente. A análise e definição dos potenciais de melhoria configuram-se no Passo 2, sendo que esse foi alimentado pela Situação Antes do passo anterior. Com base nessas definições, parte-se para o Passo 3 que, basicamente, pode ser definido como a abertura dos projetos de melhoria. O Passo 4 consiste no detalhamento das respectivas ações de melhoria.

O método de tempos de processamento (TP) • **131**

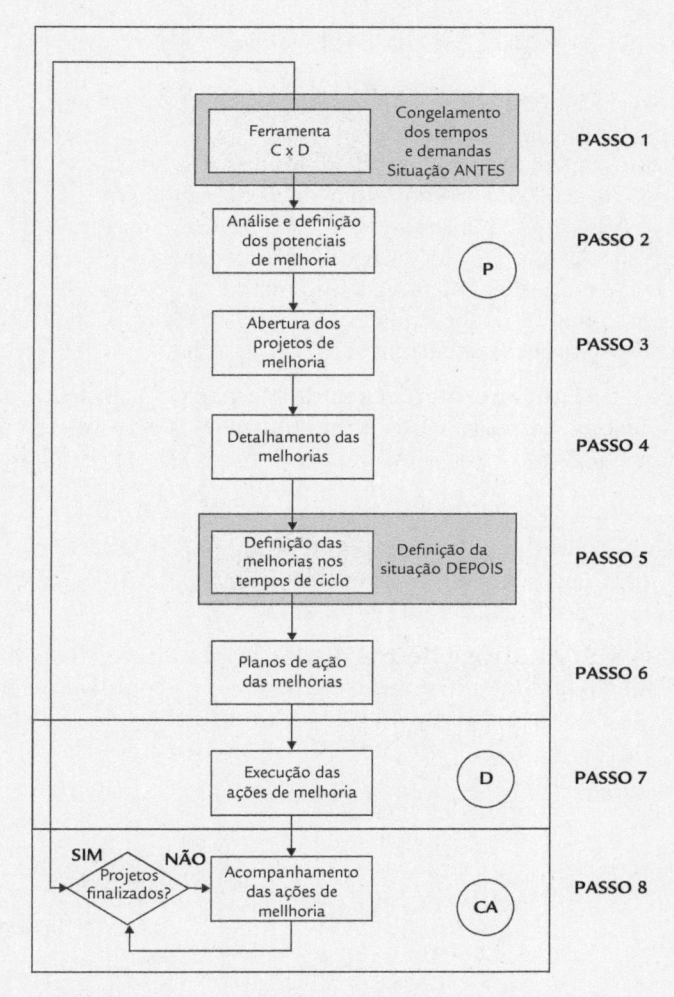

Figura 6.2 Os oito passos do método de tempos de processamento.

A partir do detalhamento das ações de melhoria, chega-se ao ponto denominado situação **DEPOIS**, que se configura no Passo 5, ou seja, na definição das ações de melhoria aplicadas aos tempos de ciclo. A definição do conjunto de melhorias nos tempos de ciclo possibilita a elaboração de planos de ação para que as ações de melhoria sejam implementadas. Esse é o Passo 6.

Após a elaboração dos planos de ação, parte-se para a etapa de Execução do método PDCA, e o Passo 7 nada mais é do que a execução dessas ações de melhoria.

O Passo 8 consiste no acompanhamento das ações de melhoria executadas na etapa anterior. Esse acompanhamento deve monitorar a conclusão dos projetos em execução, e sempre que algum projeto for finalizado deve-se retornar ao Passo 1 e aplicar novamente o método de tempos de processamento.

6.3 Implementação do método de TP

No Capítulo 2 discutiu-se que o método PDCA é utilizado não apenas para buscar resultados, mas também para manter e melhorar os resultados alcançados. Os passos para a implementação, manutenção e realização de melhoria contínua no método de TP, de acordo com a lógica do método PDCA, são detalhados a seguir.

A Figura 2.4 apresentada no Capítulo 2 está replicada na Figura 6.3 e corresponde ao método PDCA para implementar o método de TP. De acordo com ela, na etapa de planejamento do método PDCA devem ser definidas as metas e determinados os métodos utilizados para alcançá-las. Para tanto, os seguintes passos devem ser realizados:

Passo 1: Levantamento dos dados para elaboração da ferramenta C×D
A fase de planejamento do método PDCA tem início com o levantamento dos dados para elaboração da ferramenta C×D com vistas à construção dos cenários para definição da demanda, que podem ser, por exemplo, de 2, 6 ou 12 meses. Esse levantamento deve levar em conta a precisão dos dados, como a previsão de demanda de cada posto de trabalho. A análise da ferramenta C×D define os postos de trabalho restritivos, que são o foco de implementação do método de TP.

Passo 2: Análise e definição dos pontos potenciais de melhoria
Para possibilitar a realização de uma análise comparativa do impacto das ações de melhoria nos postos de trabalho restritivos, as demandas previstas serão congeladas no início de cada ciclo de análise.

Figura 6.3 Método PDCA para implementar o método de TP.
Fonte: Falconi (1994, p. 195).

Para cada posto de trabalho analisado é elaborado um gráfico de Pareto de demanda por itens. A seguir é apresentado um exemplo em uma empresa metalomecânica do ramo automotivo, considerando um cenário de análise de dois meses de demanda futura.

A análise da Tabela 6.4 mostra que os cinco primeiros itens são responsáveis por quase 80% da demanda prevista, constituindo-se, então, como o foco de análise para implementação do método de TP, conforme se observa na Figura 6.4.

A partir da definição dos itens a serem analisados, deve-se realizar uma análise detalhada dos tempos de ciclo para a compreensão dos diferentes elementos que os compõem. Para cada análise realizada devem ser elaboradas listas de potencialidades de melhoria.

Tabela 6.4 Análise de itens × demanda para um período de 2 meses

Item	Demanda (horas)	Demanda (%)	Demanda acumulada (%)	Item	Demanda (horas)	Demanda (%)	Demanda acumulada (%)
A1	200,21	35,71%	35,71%	A21	0,30	0,05%	99,63%
A2	102,50	18,28%	53,99%	A22	0,30	0,05%	99,68%
A3	48,13	8,58%	62,57%	A23	0,29	0,04%	99,72%
A4	45,82	8,17%	70,14%	A24	0,24	0,04%	99,76%
A5	41,89	7,47%	78,21%	A25	0,22	0,04%	99,80%
A6	38,33	6,84%	85,05%	A26	0,17	0,03%	99,83%
A7	20,97	3,74%	88,79%	A27	0,16	0,03%	99,86%
A8	20,97	3,74%	92,53%	A28	0,13	0,02%	99,88%
A9	19,61	3,50%	96,03%	A29	0,13	0,02%	99,90%
A10	11,59	2,07%	98,10%	A30	0,13	0,02%	99,92%
A11	2,41	0,43%	98,53%	A31	0,13	0,02%	99,94%
A12	1,32	0,24%	98,77%	A32	0,05	0,01%	99,95%
A13	1,05	0,19%	98,96%	A33	0,05	0,01%	99,96%
A14	0,85	0,15%	99,11%	A34	0,04	0,01%	99,97%
A15	0,85	0,15%	99,26%	A35	0,03	0,01%	99,98%
A16	0,42	0,08%	99,34%	A36	0,03	0,01%	99,99%
A17	0,36	0,06%	99,40%	A37	0,03	0,01%	100,00%
A18	0,36	0,06%	99,46%	A38	0,02	0,00%	100,00%
A19	0,34	0,06%	99,52%	A39	0,01	0,00%	100,00%
A20	0,30	0,05%	99,57%				

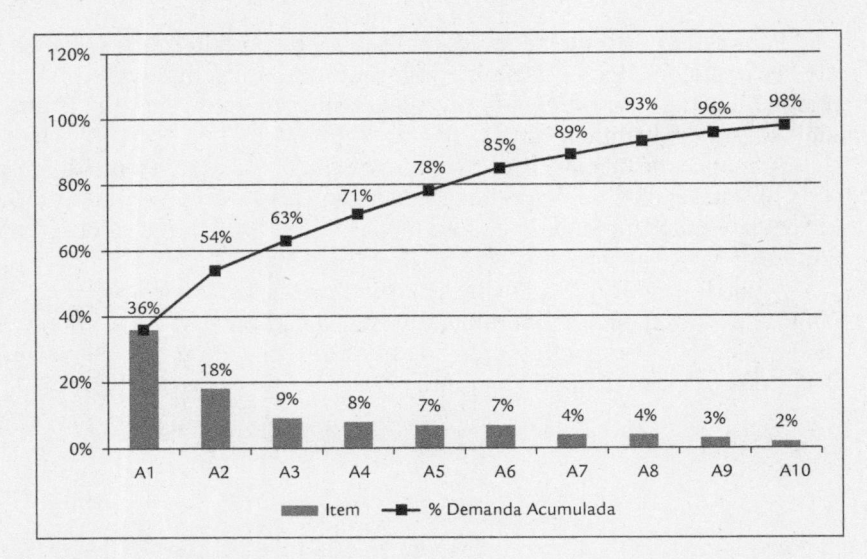

Figura 6.4 Gráfico de Pareto dos dez itens com maior demanda.

Passo 3: Abertura de projetos de melhoria

A lista de potencialidades de melhoria representa os potenciais projetos de redução de tempos de ciclo a serem analisados mais detalhadamente nos passos subsequentes. É importante destacar que as melhorias de um item podem ser replicadas também em outros itens. Essa análise pode ser realizada também nos processos, potencializando suas melhorias. Qualquer extensão das melhorias deve ser incorporada na análise dos ganhos.

As potencialidades de melhoria devem ser analisadas por um grupo multidisciplinar, constituído por recursos das áreas de engenharia de processo, qualidade, engenharia de produto, produção e ferramental. Essa análise seleciona as potencialidades de melhorias que serão transformadas em projetos de melhoria.

As equipes multidisciplinares responsáveis por cada projeto de melhoria são definidas de acordo com o projeto que será realizado. Essas equipes devem analisar e definir as ferramentas que serão aplicadas na busca das soluções para a redução dos tempos de ciclo dos itens analisados.

As melhorias selecionadas pela equipe multidisciplinar devem ser formalizadas em projetos de melhoria, sendo que as informações levantadas representam a situação ANTES das ações de melhorias nos projetos. Cada projeto deve ser formalizado por um formulário no qual devem constar as seguintes informações, fornecidas pelo líder do projeto:

a) Nome do projeto
b) Projeto
c) Líder
d) Objetivo
e) Resultados esperados

f) Estimativa de investimento
g) Estimativa de retorno
h) Cronograma
i) Premissas
j) Restrição
k) Riscos
l) Equipe de trabalho

Passo 4: Detalhamento das melhorias

De acordo com a complexidade, as soluções para a redução dos tempos de ciclo podem ser categorizadas de acordo com a seguinte lógica:

- Baixa complexidade: são soluções simples, que não requerem maiores investimentos de tempo e recursos para sua execução. Fazem parte desta categoria as análises de carga e descarga de máquina.
- Média complexidade: são soluções mais complexas, que demandam análises mais detalhadas dos processos. Fazem parte desta categoria as análises dos parâmetros de processo e da operação-padrão.
- Alta complexidade: são soluções que demandam análises mais complexas, podendo inclusive envolver alterações de produto e/ou modificações no processo. Fazem parte desta categoria AV/EV (análise de valor/engenharia de valor) e automação de processos.

A efetivação das melhorias propostas é de responsabilidade dos profissionais da área de Engenharia de Processos. A Figura 6.5 relaciona a complexidade das soluções com o envolvimento dos profissionais da área de engenharia de processos na efetivação das melhorias.

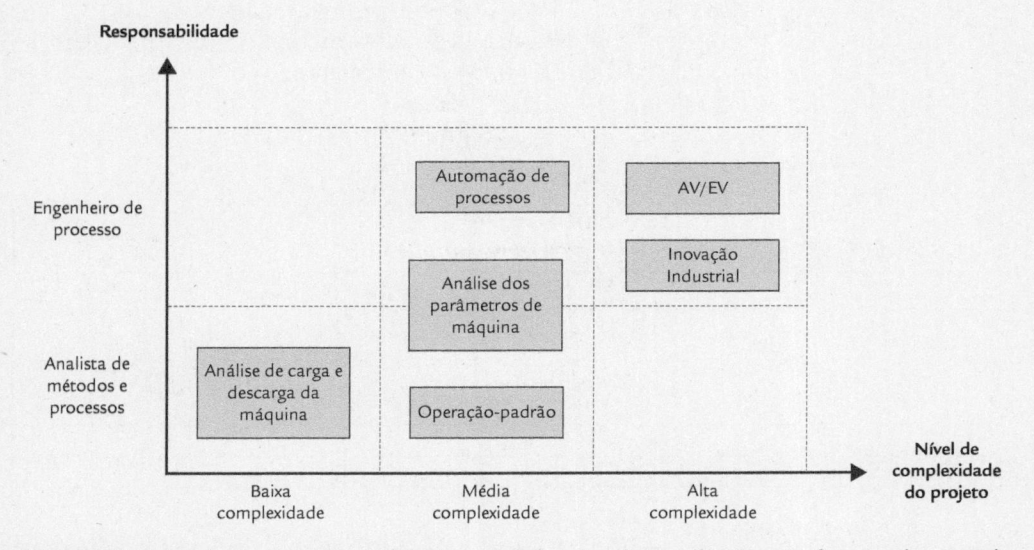

Figura 6.5 Relação da responsabilidade na efetivação das melhorias em função da complexidade dos projetos de melhoria.

Passo 5: Definição das ações de melhoria nos tempos de ciclo

Após o detalhamento das melhorias a serem realizadas, a equipe multidisciplinar tem sob sua responsabilidade as seguintes definições:

- As metas de melhoria dos tempos de ciclo – essas metas são comparadas com as metas definidas no início do ciclo de análise do método de TP.
- Os prazos para a conclusão das melhorias.
- Os investimentos necessários.
- As melhorias a serem realizadas.

Passo 6: Plano de ação de melhorias

As melhorias a serem realizadas devem ser registradas em planos de ação, que devem ser construídos com o uso da ferramenta 5W1H, acrescida de três outras colunas. A primeira (segundo H) tem por objetivo registrar o custo/investimento necessário para que uma determinada ação seja concretizada. A segunda corresponde à estimativa de ganho com a concretização da ação, o que permite avaliar o retorno sobre o investimento, e a terceira coluna mostra percentualmente o *status* atual da execução da ação. Na Figura 6.6 é apresentado um modelo de plano de ação com foco no método de TP.

O conjunto de melhorias (projetos de melhoria) do ciclo de realização do método deve ser validado com os gestores das áreas. Essa validação compreende as melhorias, seus ganhos e respectivas metas e seus investimentos.

São exemplos de ações a serem desenvolvidas para a redução dos tempos de ciclo:

- Melhorias no sistema de alimentação de máquinas na medida em que, em alguns casos, existe um assincronismo entre a velocidade de alimentação e a velocidade de processamento da máquina.
- Realocação de parte das operações feitas no recurso restritivo para outras máquinas não gargalo que estejam operando com supercapacidade.
- Mudanças de parâmetros de processo.
- Simplificações de processos (eliminação de etapas ou realocação).

PLANO DE AÇÃO Ações de Melhoria Contínua									Data: 10 nov			
									Elaborado por: Altair			
O que fazer (What)	Por que fazer (Why)	Onde fazer (Where)	Quem (Who)	Quando (When)	Como (How)	Quanto (How much)	Ganho (Saving)	Status			
									25%	50%	75%	100%
Revisar parâmetros da máquina	Reduzir o tempo de usinagem	Torno	João	15.11.2011	Realizar testes com vários parâmetros diferentes avaliando qualidade e consumo de ferramentas	Sem investimento	15% no tempo de ciclo				
Projetar dispositivo de avanço rápido	Reduzir o tempo de carga e descarga da máquina	Torno	Paulo	31.11.2011	Solicitar projeto e orçamento a partir do pré-projeto aprovado em reunião	Aguardando orçamento	15% no tempo de ciclo				

Figura 6.6 Modelo de plano de ação.

- Melhor utilização do espaço disponível em fornos e estufas, esteiras de pintura, etc., aumentando o número de peças processadas.

De acordo com a Figura 6.3, na etapa de Execução do método PDCA os colaboradores envolvidos com o método de TP devem ser educados e treinados para executarem suas atividades de acordo com os conceitos preconizados no método. Essa etapa também contempla a execução das ações de melhoria preconizadas nos planos de ação elaborados durante a fase de Planejamento. Na etapa de Execução, o seguinte passo deve ser realizado no método de TP.

Passo 7: Execução das ações de melhoria
As ações de melhoria propostas nos planos de ação devem ser implementadas tomando-se o cuidado de indicar um responsável por cada ação registrada e uma data limite como prazo para que a ação seja concretizada. Essa data deve ser definida em consenso com o responsável da ação.

De acordo com a Figura 6.3, as etapas de Verificação e Ação do método PDCA estão vinculadas à verificação dos resultados alcançados e à atuação no processo a partir da análise desses resultados. Para isso, o seguinte passo deve ser seguido:

Passo 8: Acompanhamento das ações de melhoria
Os projetos e os respectivos planos de ação devem ser monitorados por reuniões com uma frequência mensal (mínima). Nessas reuniões devem ser definidas as ações corretivas, quando necessárias, e discutido o encerramento dos projetos.

No exemplo considerado, após as ações desenvolvidas nos cinco itens selecionados, foi elaborada a Tabela 6.5, comparando as demandas ANTES e DEPOIS da realização das melhorias.

Os tempos de ciclo posteriores à implementação das melhorias devem ser atualizados no sistema de informação da empresa, sendo um fator crítico para o sucesso da implementação e consolidação do método de TP que os tempos estejam sempre acurados no sistema.

Tabela 6.5 Comparação das demandas ANTES×DEPOIS da realização das melhorias

Item	Demanda (ANTES)	Demanda (DEPOIS)
A1	200,21	170,18
A2	102,50	92,25
A3	48,13	38,50
A4	45,82	48,53
A5	41,89	35,61

6.4 Indicadores do método de TP

O indicador para monitoramento e controle do método de TP é denominado *percentual de redução dos tempos de ciclo por projeto e acumulado*, sendo calculado pela Equação 6.1 abaixo:

$$\% = 1 - \frac{\Sigma(Volume \times TC2)}{\Sigma(Volume \times TC1)}$$

Equação 6.1 Indicador de percentual de redução dos tempos de ciclo.

Onde:
$TC1$ = tempo de ciclo total do item (situação ANTES)
$TC2$ = tempo de ciclo total da peça (situação DEPOIS)
Volume = programação de produção para um período de três meses
Para o exemplo considerado:
- Demanda total ANTES das melhorias = 560h
- Demanda total DEPOIS das melhorias = 502h
- Indicador = 1 − (502/560) = 10,35%

Esse resultado significa que houve uma redução no tempo demandado para o posto de trabalho restritivo de 10,35%, em função das ações de melhorias realizadas nos tempos de ciclo.

Estudo de caso: a perfiladeira

Uma indústria de móveis modulados localizada no interior do Estado do Rio Grande do Sul estava com dificuldades para atender a demanda existente, tendo identificado o posto de trabalho restritivo como sendo a operação realizada em uma perfiladeira. A necessidade real do mercado era de 31.796 peças/dia. Para solucionar o problema e atender a demanda, a direção da empresa estava avaliando a compra de uma nova perfiladeira, orçada em 60.000 dólares.

Entretanto, antes da aquisição, foi realizado um estudo no intuito de identificar os pontos potenciais de melhorias para alavancar a produtividade horária desse equipamento. Os dados inicialmente registrados foram os seguintes:

a) Tempo disponível para produção: 10 horas/dia = 600 minutos/dia
b) Taxa de alimentação: 66 peças/minuto
c) Necessidade real do mercado: 31.796 peças/dia
d) Número de *setups* realizados: 10 *setups*/dia
e) Tempo médio de *setup*: 23 minutos

A capacidade de produção diária é de 39.600 peças/dia (66 peças/min × 600 min/dia). Considerando que a principal causa de paradas da perfiladeira era a realização de *setups* (10 *setups*/dia × 23 minutos/*setup* = 230 minutos/dia), para aumentar a eficiência operacional desse equipamento foram realizadas, prioritariamente, ações de melhoria com vistas à redução do tempo médio de *setup*.

Supondo que não houvesse a produção de produtos não conformes (μ_3=100%) nem a queda de desempenho (μ_2=100%) e que a única causa de paradas fosse para a realização de *setups*, a eficiência operacional da perfiladeira seria de μ_g = 61,7% (600 min − 230 min / 600 min).

A capacidade real de produção diária é igual à produção teórica multiplicada pela eficiência operacional, ou seja, 39.600 peças/dia × 61,7% = 24.420 peças/dia, inferior à demanda do mercado.

Como atuar para aumentar a capacidade de produção da perfiladeira?

a) Aplicar o método GPT, aumentando a eficiência operacional (μ_g) pela redução do tempo médio de *setup*.
b) Aplicar o método de TP, aumentando a produtividade horária pelo aumento da taxa de alimentação, ou seja, pela redução do tempo de ciclo.

Após analisar a filmagem de um *setup*, as ações de melhoria propostas foram as seguintes:

a) Padronizar as fresas e as flanges.
b) Minimizar os ajustes.
c) Realizar 5S no posto de trabalho.
d) Construir um carrinho para ferramentas com rodas, utilizado pelo operador ao circular ao redor da perfiladeira durante o *setup*.
e) Construir gabaritos para controlar a qualidade.
f) Realizar estudos de ergonomia.
g) Implantar procedimentos operacionais ou instruções de trabalho e treinar os operadores.
h) Adotar a lógica "doutor-enfermeiro".

Como consequência da implantação das melhorias propostas, o tempo médio de *setup* passou de 23 minutos para 6 minutos, fazendo com que o tempo total para realização de 10 *setups* por dia caísse de 230 minutos para 60 minutos.

Considerando as premissas anteriores (μ_2 e μ_3 = 100%), a eficiência operacional da perfiladeira aumentou para μ_g = 90% (600 min − 60 min / 600 min), e a capacidade de produção passou a ser de 39.600 peças/dia × 90% = 35.640 peças/dia, superior à demanda do mercado, com um incremento de 46%.

O estudo para a redução da taxa de alimentação indicou as seguintes ações de melhoria:

a) Aumentar a velocidade de abastecimento da perfiladeira com a instalação de um alimentador de gravidade.
b) Padronizar as peças.

Como consequência da implantação das melhorias propostas, a taxa de alimentação passou de 66 peças/min (tempo de ciclo de 0,91 min/peça) para 150 peças/min (tempo de ciclo de 0,40 min/peça), fazendo com que a capacidade real de produção diária passasse para 90.000 peças/dia (150 peças/min × 600 min/dia).

Além de reduzir o tempo de ciclo pelo aumento da taxa de alimentação, por sua vez pelo aumento da velocidade da esteira da perfiladeira, a instalação do alimentador de gravidade propiciou o aumento real do índice de desempenho (μ_2) para 100%, ao aproveitar todos os espaços disponíveis da esteira da perfiladeira (logo, a suposição anterior de que o Índice de Desempenho era de 100% é equivocada). Antes da instalação desse dispositivo, o abastecimento de peças era feito diretamente na esteira pelo operador, que deixava de utilizar espaços disponíveis na esteira devido à sua velocidade.

Com os novos valores da eficiência operacional ($\mu_g = 90\%$) e da produtividade horária (150 peças/min), a capacidade real de produção diária passou para 81.000 peças/dia (150 peças/min × 600 min × 90%), com um incremento de 231%. Houve, portanto, um excesso de capacidade em relação à demanda, visto que a necessidade real do mercado era de 31.796 peças/dia.

Neste novo cenário, foram propostas ações de melhoria para utilizar o excesso de capacidade:

a) Sincronizar a produção pela implantação do cartão *kanban*;
b) Desenvolver, produzir e comercializar novos itens que não passassem pela pintura, que se tornou o posto de trabalho restritivo, aumentando o *mix* de itens ofertados ao mercado.
c) Reduzir a taxa de alimentação pela redução da velocidade de operação da perfiladeira no intuito de reduzir os custos de manutenção de ferramentas em função do aumento da vida útil delas;
d) Diminuir o tamanho do lote, reduzindo o tempo de atravessamento dos itens produzidos.

Ao dividir o tamanho do lote por quatro, a quantidade de *setups* realizados por dia passou de 10 para 40, correspondendo a um tempo total de paradas de 240 minutos/dia (40 *setups*/dia × 6 min/*setup*) para realização de *setups*. A eficiência operacional da perfiladeira passou para $\mu_g = 60\%$ (600 min – 240 min / 600 min) e, consequentemente, a capacidade real de produção diária passou para 54.000 peças (90.000 peças × 60%), o que corresponde a um aumento de 121%.

A pergunta conclusiva neste estudo de caso é: por que foi possível aumentar a produção da perfiladeira? A resposta está no índice de desempenho (μ_2), pois na realidade esse índice não era 100% como considerado inicialmente, mas de 44% (66 peças/min dividido por 150 peças/min).

Ao considerar o Índice de Disponibilidade (μ_1) igual a 61,7%, o Índice de Desempenho (μ_2) igual a 44% e o Índice de Qualidade (μ_3) igual a 100%, o Índice de Rendimento Operacional Global (μ_g) real da perfiladeira era de apenas 27,1%, mostrando que a produtividade estava oculta no chão de fábrica, sendo responsabilidade dos gestores fazer com que ela aflorasse e fosse eficientemente utilizada.

As ações de melhoria implantadas na perfiladeira a partir dos conceitos do método GPT e do método de TP, aumentando sua eficiência operacional de 27,1% para 60%, evitaram a realização do investimento previsto de 60.000 dólares para aquisição de um novo equipamento.

> O estudo de caso apresentado comprova o potencial de ações de melhoria existente em um ambiente fabril. É responsabilidade dos gestores da produção definir a melhor utilização dos ativos disponíveis na empresa na busca de melhores resultados econômico-financeiros.

6.5 Considerações finais

O método de tempos de processamento descrito neste capítulo potencializa a integração entre as áreas de engenharia de processo, programação de produção e produção com a lógica da melhoria contínua. A partir do desenvolvimento das atividades relacionadas ao método, um novo olhar sobre a importância da gestão dos tempos de processamento é percebida na organização.

No Capítulo 7 é apresentada a ferramenta Capacidade×Demanda (C×D), construída a partir da análise da capacidade de produção para atender a demanda prevista nas empresas.

Atualização na internet

Japan Institute of Plant Maintenance. http://www.jipm.or.jp/en/

IMAN: logística, embalagem, movimentação, armazenagem, distribuição e transporte. http://www.imam.com.br

Lean Institute Brasil. http://lean.org.br

Referência

FALCONI, V. *TQC*: gerenciamento da rotina do trabalho do dia-a-dia. 3. ed. Rio de Janeiro: Block, 1994.

Leitura sugerida

ANTUNES JÚNIOR, J. A. et al. *Sistemas de produção*: conceito e práticas para projeto e gestão da produção enxuta. Porto Alegre: Bookman, 2008.

7

Gestão da capacidade *versus* demanda: a ferramenta C × D

Uma das questões relevantes nas empresas é a análise de sua capacidade produtiva em relação à demanda existente. Em períodos de alta demanda, as empresas podem adotar a estratégia de ampliar o mercado na qual atuam ou, ainda, pesquisar novos mercados. Por outro lado, em períodos de queda de demanda, elas devem estar preparadas para manter o espaço já conquistado. Em ambas as situações, é importante que as empresas adotem estratégias de produção que assegurem seu crescimento e permanência no mercado, buscando alcançar vantagens competitivas em relação à concorrência.

Para isso, elas devem realizar uma eficiente gestão de sua capacidade produtiva com vistas ao atendimento da demanda, adotando ferramentas que possibilitem considerar todos os fatores envolvidos no processo produtivo. Entre esses fatores, destaca-se a eficiência operacional dos recursos restritivos, calculada pelo IROG, discutido no Capítulo 3. A ferramenta C × D insere-se nesta lógica.

7.1 A capacidade de produção e os postos de trabalho restritivos

As empresas precisam ter um plano claro de controle da capacidade dentro da sua concepção de estratégia de produção. De acordo com Barreto (2010), a estratégia de produção, entre outros temas, dedica-se a compreender como a fábrica irá atender a demanda de mercado atual e a projetada. A estratégia de produção e capacidade é formada por um conjunto de decisões que afetarão não só a capacidade de atender as demandas dos clientes, mas o desempenho econômico-financeiro do negócio.

Segundo Hopp e Spearman (2000), o planejamento da capacidade tem a função de verificar se a capacidade física instalada na empresa está adequada à previsão de demanda futura e se, consequentemente, deve gerar um plano de adequação da empresa ao mercado. A decisão estaria em torno da aquisição ou não de novos equipamentos e de alternativas que permitam elevar a capacidade do sistema produtivo.

Para Hayes e colaboradores (2008), a capacidade real da operação é consequência de diversos problemas não planejados que impedem as empresas de operar como esperado. É o caso, por exemplo, de um problema de rendimento que reduz a quantidade produzida de produtos bons e ainda gasta tempo de produção de operadores e equipamentos ao retrabalhar produtos defeituosos.

Assim, são oito os principais pontos que podem afetar a capacidade de produção:

- A tecnologia do processo afeta a eficiência dos recursos e a capacidade de produção.
- A capacidade depende da interação de múltiplas restrições de recursos: os fatores limitantes ou gargalos podem ser a disponibilidade de máquinas e mão de obra, espaço de armazenamento, instalações de transporte, etc.
- A capacidade depende do *mix*: processos diferentes resultam em uso dos recursos em quantidades diferenciadas.
- A capacidade pode, algumas vezes, ser armazenada: manter equipamentos e mão de obra em excesso é um tipo diferente de estoque, que afeta a capacidade.
- A capacidade depende de políticas de gerenciamento: as políticas definem o tempo de horas trabalhadas por dia, semana ou mês.
- A capacidade é dinâmica: por meio de melhorias contínuas, a capacidade do sistema tende a aumentar, mesmo sem grandes investimentos pontuais.
- A capacidade é específica da localidade: os custos de transporte podem limitar a transferência de capacidade entre localidades distintas.
- A capacidade é limitada pelo grau da variabilidade da demanda e pelo tempo de processamento: a capacidade é limitada pela variabilidade das taxas de chegada e de processamento do material. Quanto maior a variabilidade das taxas de chegada e de processamento, maior será a quantidade de capacidade não utilizada.

No cenário atual, de alta competitividade, as empresas precisam adotar estratégias para utilizar melhor seus ativos, ampliando a capacidade produtiva e reduzindo os custos de produção.

O resultado econômico-financeiro de uma empresa está diretamente relacionado com sua capacidade de atender as demandas de produtos com o menor custo possível. Portanto, o planejamento da demanda futura é fundamental, seja pelo fato de que as previsões de venda podem não se confirmar, seja pela ausência de um instrumento de análise gerencial que permita planejar a capacidade com precisão para atender as tendências de mercado.

McNair e colaboradores (2003) acreditam que os gestores tendem a tomar decisões de capacidade não com base na capacidade de seus ativos, mas considerando a demanda futura esperada. Um gestor que acredita que a demanda futura irá ocupar mais de 100% da capacidade dos ativos se comportará de forma diferente (adquirindo uma nova máquina, por exemplo) do que aquele que percebe uma baixa utilização nos ativos atuais. A subjetividade sugerida por McNair e colaboradores (2003) pode ter um contraponto se houver um bom modelo de apoio à tomada de decisão.

Klippel e colaboradores (2003) abordam a relação existente entre oferta e demanda pela ótica do mecanismo da função produção proposta por Shingo, dividindo a questão em função processo e função operação. Para esses autores, a análise da capacidade de uma linha depende da análise da oferta do recurso produtivo. Sob essa mesma ótica, Antunes Júnior e colaboradores (2008) propõem uma metodologia de análise da capacidade e demanda baseada em um modelo determinístico, considerando a eficiência dos recursos de produção.

7.2 Apresentando a ferramenta capacidade *versus* demanda (C × D)

Conforme comentado anteriormente, a capacidade de produção de um posto de trabalho (C) é igual ao tempo durante o qual esse posto de trabalho está disponível para produção (T) multiplicado pela sua eficiência (μ_{global}), ou seja, $C = T \times \mu_{global}$, e a demanda de um posto de trabalho é igual ao somatório (Σ) da multiplicação da quantidade de cada item conforme produzido (q_i) pelo respectivo tempo de ciclo (tp_i) de cada item, ou seja, $D = \Sigma\, tp_i \times q_i$, com a quantidade de tipos de itens produzidos, "i", variando de 1 até "n". Em um sistema produtivo, o atendimento a uma demanda existente é igual à capacidade do seu posto de trabalho restritivo, neste caso, $C = D$.

Conceitualmente, a construção da planilha C×D está representada na Figura 7.1, onde:

t_{11} é o tempo de ciclo do item 1 no posto de trabalho 1
PM_{11} é a programação mensal de produção do item 1 no mês 1
D_{11} é a demanda mensal do item 1 no mês 1
C_1 é a capacidade teórica de produção do posto de trabalho 1
μ_{g1} é o IROG do posto de trabalho 1

Na Figura 7.2 é apresentado um exemplo de aplicação da planilha C×D. A demanda mensal para o mês analisado (setembro de 2011) na Figura 7.2 é de quatro itens (A, B, C e D), cujos roteiros de fabricação são definidos: o item A passa pelos postos de trabalho PT01, PT02 e PT04; o item B passa pelos postos de trabalho PT01, PT3 e PT04; o item C passa pelos postos de trabalho PT01, PT02 e PT4 e o item D passa pelos postos de trabalho PT1 e PT3. Os tempos de

Item	Tempo de ciclo nos postos de trabalho				Programação Mensal	Demanda mensal por posto de trabalho			
	PT 01	PT 02	PT 03	PT 04		Mês 1			
						PT 01	PT 02	PT 03	PT 04
1	t_{11}	t_{12}	t_{13}	t_{14}	PM_{11}	$t_{11} \times PM_{11}$	$t_{12} \times PM_{11}$	$t_{13} \times PM_{11}$	$t_{14} \times PM_{11}$
2	t_{21}	t_{22}	t_{23}	t_{24}	PM_{21}	$t_{21} \times PM_{21}$	$t_{22} \times PM_{21}$	$t_{23} \times PM_{21}$	$t_{24} \times PM_{21}$
3	t_{31}	t_{32}	t_{33}	t_{34}	PM_{31}	$t_{31} \times PM_{31}$	$t_{32} \times PM_{31}$	$t_{33} \times PM_{31}$	$t_{34} \times PM_{31}$
4	t_{41}	t_{42}	t_{43}	t_{44}	PM_{41}	$t_{41} \times PM_{41}$	$t_{42} \times PM_{41}$	$t_{43} \times PM_{41}$	$t_{44} \times PM_{41}$
Demanda total por posto de trabalho (D) =						D_{11}	D_{21}	D_{31}	D_{41}
Capacidade teórica do posto de trabalho (C) =						C_1	C_2	C_3	C_4
Índice de Rendimento Operacional Global (IROG) =						μ_{g1}	μ_{g2}	μ_{g3}	μ_{g4}
Capacidade real do posto de trabalho: (C × IROG) =						$C_1 \times \mu_{g1}$	$C_2 \times \mu_{g2}$	$C_3 \times \mu_{g3}$	$C_4 \times \mu_{g4}$
Diferença Temporal do posto de trabalho (C × IROG) - D =						$(C_1 \times \mu_{g1}) - D_{11}$	$(C_2 \times \mu_{g2}) - D_{21}$	$(C_3 \times \mu_{g3}) - D_{31}$	$(C_4 \times \mu_{g4}) - D_{41}$

Figura 7.1 Lógica de construção da planilha C × D.

Fonte: Adaptada de Antunes Júnior e colaboradores (2008, p. 168).

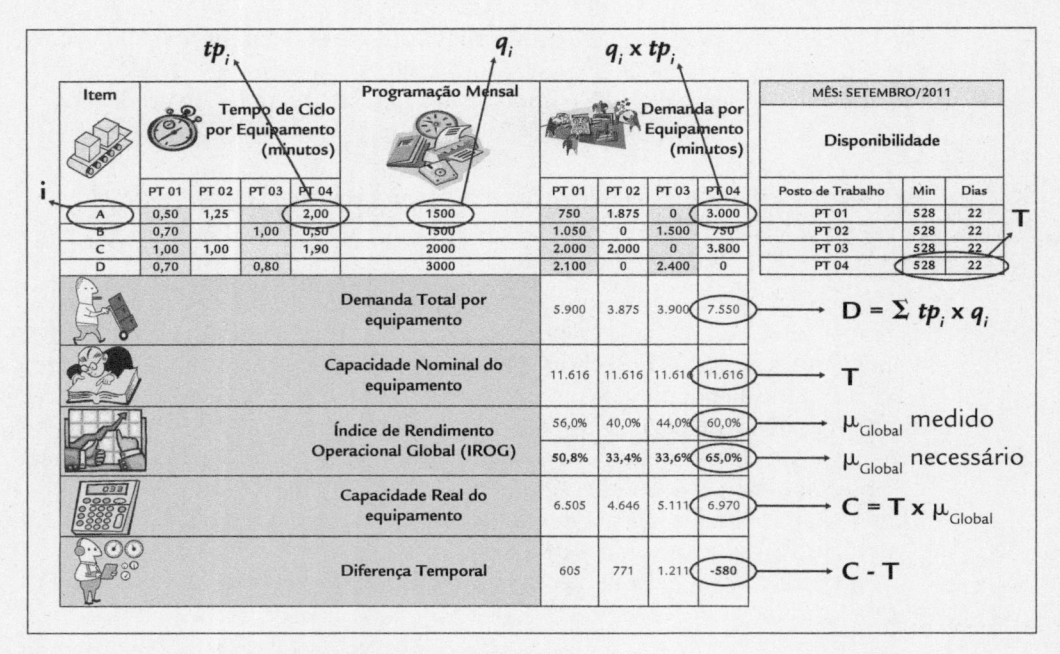

Item	Tempo de Ciclo por Equipamento (minutos)				Programação Mensal	Demanda por Equipamento (minutos)				MÊS: SETEMBRO/2011 Disponibilidade		
	PT 01	PT 02	PT 03	PT 04		PT 01	PT 02	PT 03	PT 04	Posto de Trabalho	Min	Dias
A	0,50	1,25		2,00	1500	750	1.875	0	3.000	PT 01	528	22
B	0,70		1,00	0,50	1500	1.050	0	1.500	750	PT 02	528	22
C	1,00	1,00		1,90	2000	2.000	2.000	0	3.800	PT 03	528	22
D	0,70		0,80		3000	2.100	0	2.400	0	PT 04	528	22
	Demanda Total por equipamento					5.900	3.875	3.900	7.550	$D = \Sigma\, tp_i \times q_i$		
	Capacidade Nominal do equipamento					11.616	11.616	11.616	11.616	T		
	Índice de Rendimento Operacional Global (IROG)					56,0%	40,0%	44,0%	60,0%	μ_{Global} medido		
						50,8%	33,4%	33,6%	65,0%	μ_{Global} necessário		
	Capacidade Real do equipamento					6.505	4.646	5.111	6.970	$C = T \times \mu_{Global}$		
	Diferença Temporal					605	771	1.211	-580	C - T		

Figura 7.2 Exemplo de aplicação da planilha C×D.

ciclo de cada item em cada posto de trabalho também são definidos. A demanda de cada posto de trabalho é obtida pela multiplicação do tempo de ciclo de cada item pela respectiva quantidade a ser produzida, obtendo-se a demanda total de cada posto de trabalho para o mês considerado.

Considerando-se um regime de trabalho de 44 horas semanais, cinco dias por semana e 22 dias de trabalho no mês, a capacidade nominal de cada posto de trabalho no exemplo apresentado é de 11.616 minutos no mês (528 min/dia × 22 dias). Ao se multiplicar a capacidade nominal pela eficiência operacional de cada um dos postos de trabalho, obtém-se a capacidade real desses, que, comparada com a demanda total de cada posto de trabalho, define a diferença temporal entre o tempo disponibilizado para produzir (capacidade) e o tempo necessário para a produção dos itens de acordo com a programação (demanda).

No exemplo da Figura 7.2, verifica-se que o PT04 é um gargalo, pois faltam 580 minutos para o atendimento da demanda prevista. Para que ele possa atender a demanda, quatro ações podem ser pensadas, três relacionadas com o aumento da capacidade de produção e uma relacionada com a redução da demanda nesse posto de trabalho:

1. Aumentar a capacidade nominal do gargalo pelo aumento do tempo disponível para produção (T) – análise a ser feita pelo setor de programação e controle da produção (PCP) em conjunto com a gerência de produção. Antunes Júnior e colaboradores (2008) sugerem as seguintes alternativas para o aumento do tempo disponível para produção: *i*) aquisição de novos equipamentos; *ii*) aumento de mão de obra no

gargalo; *iii*) utilização de horas extras; *iv*) adição de novos turnos de trabalho; e *v*) uso de equipamentos e roteiros alternativos.

Ao se realizar uma ação de melhoria como, por exemplo, não interromper a operação do posto de trabalho no horário de refeição, substituindo-se os operadores titulares por outros habilitados a operá-lo, o tempo disponível para operação desse posto de trabalho passa para 588 minutos/dia. Essa ação de melhoria proporciona uma sobra de capacidade de 212 minutos, sendo possível atender a demanda prevista, conforme se observa na Figura 7.3.

2. Aumentar a eficiência operacional (IROG) do gargalo por meio de ações de melhorias relacionadas à gerencia de produção. Antunes Júnior e colaboradores (2008) sugerem as seguintes alternativas para aumentar a eficiência operacional: *i*) eliminar ou minimizar os períodos de tempos perdidos, *ii*) reduzir os tempos de *setup* e promover melhorias na manutenção das máquinas.

No exemplo da Figura 7.2, constata-se também que o PT04 não tem capacidade para atendimento da demanda com um IROG = 60%. Realizando-se ações de melhorias nesse posto de trabalho, como, por exemplo, redução dos tempos médios de *setup*, pode-se aumentar sua eficiência operacional. Ao atingir um IROG = 65%, esse posto de trabalho tem capacidade de atender a demanda prevista, conforme se observa na Figura 7.4.

Item	Tempo de Ciclo por Equipamento (minutos)				Programação Mensal	Demanda por Equipamento (minutos)				MÊS: SETEMBRO/2011 Disponibilidade		
	PT 01	PT 02	PT 03	PT 04		PT 01	PT 02	PT 03	PT 04	Posto de Trabalho	Min	Dias
A	0,50	1,25		2,00	1500	750	1.875	0	3.000	PT 01	528	22
B	0,70		1,00	0,50	1500	1.050	0	1.500	750	PT 02	528	22
C	1,00	1,00		1,90	2000	2.000	2.000	0	3.800	PT 03	528	22
D	0,70		0,80		3000	2.100	0	2.400	0	PT 04	588	22
	Demanda Total por equipamento					5.900	3.875	3.900	7.550			
	Capacidade Nominal do equipamento					11.616	11.616	11.616	12.936			
	Índice de Rendimento Operacional Global (IROG)					56,0%	40,0%	44,0%	60,0%			
						50,8%	33,4%	33,6%	58,4%			
	Capacidade Real do equipamento					6.505	4.646	5.111	7.762			
	Diferença Temporal					605	771	1.211	212			

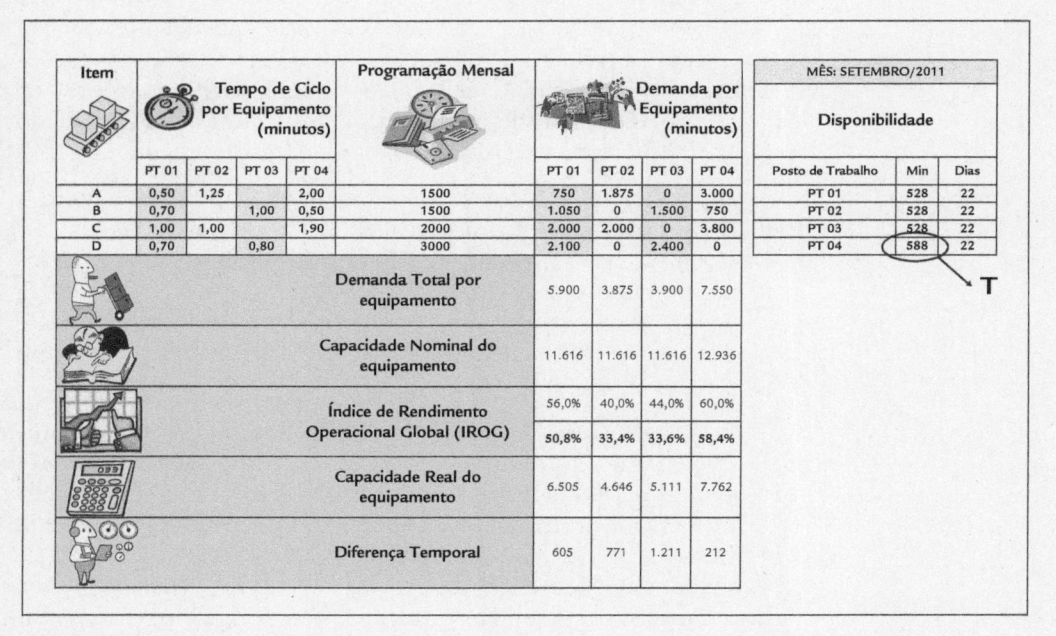

Figura 7.3 Planilha C× D: aumento do tempo disponível para produção no gargalo.

Item	Tempo de Ciclo por Equipamento (minutos)				Programação Mensal	Demanda por Equipamento (minutos)				MÊS: SETEMBRO/2011 Disponibilidade		
	PT 01	PT 02	PT 03	PT 04		PT 01	PT 02	PT 03	PT 04	Posto de Trabalho	Min	Dias
A	0,50	1,25		2,00	1500	750	1.875	0	3.000	PT 01	528	22
B	0,70		1,00	0,50	1500	1.050	0	1.500	750	PT 02	528	22
C	1,00	1,00		1,90	2000	2.000	2.000	0	3.800	PT 03	528	22
D	0,70		0,80		3000	2.100	0	2.400	0	PT 04	528	22
	Demanda Total por equipamento					5.900	3.875	3.900	7.550			
	Capacidade Nominal do equipamento					11.616	11.616	11.616	11.616			
	Índice de Rendimento Operacional Global (IROG)					56,0%	40,0%	44,0%	65,0%	μ_{Global}		
						50,8%	33,4%	33,6%	65,0%			
	Capacidade Real do equipamento					6.505	4.646	5.111	7.550			
	Diferença Temporal					605	771	1.211	0			

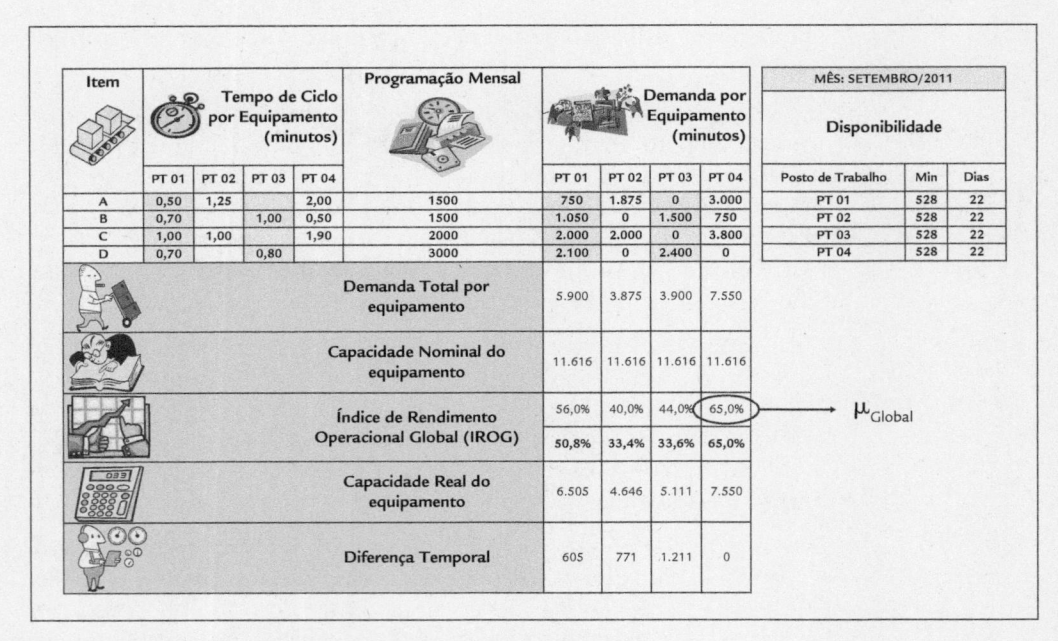

Figura 7.4 Planilha C×D: aumento do IROG do gargalo.

3. Reduzir os tempos de processamento (tp_i) por meio de ações coordenadas pela Engenharia de Processo. Antunes Júnior e colaboradores (2008) sugerem as seguintes alternativas para redução dos tempos de processamento: *i*) adoção de técnicas relacionadas com a melhoria dos métodos e processos; *ii*) melhorias nos sistemas de alimentação das máquinas; *iii*) divisão da operação gargalo em várias suboperações menores, com o objetivo de realizar essas operações em outros recursos com capacidade excedente de modo a aumentar a capacidade do gargalo; e *iv*) melhorias no processo de fabricação das máquinas.

No exemplo da Figura 7.2, observa-se que o tempo de ciclo do item A no PT04 é de 2,0 minutos. Ao se realizar ações de melhorias a partir da Engenharia de Processo, pode-se, por exemplo, realizar estudos com vistas à redução dos tempos de ciclo dos itens nos postos de trabalho. Reduzindo-se para 1,5 minutos, por exemplo, o tempo de ciclo do produto A no PT04, a demanda é atendida, ocorrendo uma sobra de capacidade de 170 minutos, conforme se verifica na Figura 7.5.

4. Reduzir as quantidades a serem processadas no gargalo. Antunes Júnior e colaboradores (2008) sugerem as seguintes alternativas para redução das quantidades processadas no gargalo: *i*) melhorar o controle de qualidade do sistema para que nenhuma peça seja processada pelo gargalo e, ainda, para que todas as peças processadas pelo gargalo cheguem ao cliente; *ii*) utilizar roteiros alternativos ao gargalo, mesmo que isso implique em utilizar duas máquinas para executar

Item	Tempo de Ciclo por Equipamento (minutos)				Programação Mensal	Demanda por Equipamento (minutos)				MÊS: SETEMBRO/2011 Disponibilidade		
	PT 01	PT 02	PT 03	PT 04		PT 01	PT 02	PT 03	PT 04	Posto de Trabalho	Min	Dias
A	0,50	1,25		1,50	1500	750	1.875	0	2.250	PT 01	528	22
B	0,70		1,00	0,50	1500	1.050	0	1.500	750	PT 02	528	22
C	1,00	1,00		1,90	2000	2.000	2.000	0	3.800	PT 03	528	22
D	0,70		0,80		3000	2.100	0	2.400	0	PT 04	528	22
	Demanda Total por equipamento					5.900	3.875	3.900	6.800			
	Capacidade Nominal do equipamento					11.616	11.616	11.616	11.616			
	Índice de Rendimento Operacional Global (IROG)					56,0%	40,0%	44,0%	60,0%			
						50,8%	33,4%	33,6%	58,5%			
	Capacidade Real do equipamento					6.505	4.646	5.111	6.970			
	Diferença Temporal					605	771	1.211	170			

Figura 7.5 Planilha C×D: Alteração do tempo de ciclo no gargalo.

a operação realizada pelo gargalo; e *iii*) subcontratar/terceirizar uma parte da produção que anteriormente era feita pelo gargalo.

No exemplo da Figura 7.2, verifica-se que são demandados 1.500 itens A no PT4. Ao se realizar ações de melhorias como as citadas anteriormente, pode-se reduzir a quantidade demandada nesse posto de trabalho para, por exemplo, 1.200 unidades. A partir dessa redução a demanda é atendida, ocorrendo uma sobra de capacidade de 20 minutos, conforme mostrado na Figura 7.6.

Segundo Antunes Júnior e colaboradores (2008), ações visando melhorar o desempenho dos gargalos necessitam ser pensadas a partir de uma ótica sistêmica, na medida em que envolvem um amplo conjunto de áreas como gerência de produção, manutenção, engenharia de processo, qualidade, vendas, etc. O aumento da taxa de processamento unitária, por exemplo, pode ser alcançado a partir de mudanças de engenharia que viabilizem o processamento paralelo de peças (matrizes de cavidade múltipla, esteiras de pintura com várias "trilhas", cabines com gancheiras múltiplas, melhor aproveitamento do espaço disponível em fornos, etc.); o tempo de ciclo pode ser reduzido alterando-se parâmetros de processo (temperatura, pressão, velocidades, etc.), formulações, desenhos ou projetos, etc., de forma a melhorar a processabilidade dos itens, ou ainda com melhorias de tempos e métodos que reduzam tempos de abastecimento, desabastecimento, etc. (Antunes Júnior e colaboradores, 2008, p.171).

A análise da ferramenta C×D, além de indicar os postos de trabalho restritivos, auxilia também na correção da base de dados, pois seu desenvolvimento e manutenção explicitam divergência entre os tempos de ciclo reais e os tempos de ciclo cadastrados no sistema.

As ações de melhoria realizadas podem implicar mudança do posto de trabalho restritivo em um sistema de produção. Por esse motivo, é importante que na ferramenta C × D esteja incluso não só os postos de trabalho restritivos, mas também aqueles que são "potencialmente" restritivos. Por outro lado, as ações de melhoria realizadas nos postos de trabalho não restritivos podem acarretar em redução de custos, via redução de jornada de trabalho ou parada de equipamentos quando existem mais de um para a mesma operação, bem como em melhoria na qualidade, redução da velocidade e flexibilidade. Tais melhorias podem propiciar maior competitividade e mais demanda até que sejam identificados postos de trabalho restritivos no sistema produtivo, o que pode ser gerenciado pela ferramenta C×D.

Segundo Antunes Júnior e colaboradores (2008), devem-se priorizar ações que demandem menor tempo de execução e recursos financeiros, já que, em alguns casos, as melhorias são de rápida execução, como, por exemplo, eliminar períodos mortos no gargalo. Por outro lado, melhorias que envolvam elevados recursos financeiros e tempo de execução devem ser pautadas por análise da viabilidade econômica, como, por exemplo, a aquisição de novos equipamentos.

7.3 Análise crítica da ferramenta Capacidade *versus* Demanda (C × D)

Para Barreto (2010), devem ser feitas algumas considerações com relação à utilização da ferramenta C×D:

- **Necessidade de precisão nos dados da eficiência operacional:** variações significativas de *mix* podem afetar, positiva ou negativamente, a eficiência global dos recursos de produção. A eficiência geral utilizada na ferramenta C×D será, em geral (exceto quando se busca eficiência meta), o valor da eficiência média de um período transcorrido no passado, ou seja, não necessariamente representará fielmente a eficiência futura.
- **Dificuldade na identificação dos recursos com restrição de capacidade (CCR):** Recursos com capacidades muito maiores do que a demanda podem se transformar em CCR pela conjuntura de fatores mais graves que podem onerar significativamente a capacidade num dado tempo, como, por exemplo, a quebra de máquina única (sem reserva) por um período razoavelmente longo. Outro fator que dificulta a identificação de CCR, em fábricas minimamente sincronizadas, refere-se ao fato de que a eficiência pode ser menor devido à falta de gerência específica do recurso. Por não ser normalmente considerado um recurso crítico, o recurso com capacidade similar à demanda tende a ter uma eficiência igual à necessária para atender a demanda corrente.

- **Dificuldade de identificação dos gargalos em células sincronizadas:** a identificação do gargalo compreende analisar o contexto do recurso, tendo em vista que o conceito de gargalo remete a problemas de cunho estrutural. São exemplos que podem afetar a identificação do gargalo: se o período analisado é coerente para determinação de gargalo de produção; se o equipamento crítico apresentou queda de eficiência por conjunturas momentâneas; se o tempo total disponível está coerente com um recurso crítico; se a alocação de pessoas está correta ou se é facilmente modificável de modo a ganhar em produtividade, entre outras análises.
- **A ferramenta não sequencia a produção:** a ferramenta C×D não é uma ferramenta de programação e não faz o sequenciamento da produção. Por isso, precisa atuar em conjunto com um sistema de programação.
- **Na sua forma original, não define o maior *mix* de ganho financeiro:** a ferramenta C×D possibilita o aumento da capacidade em horas, pode avaliar o *mix* de produção e gerar alterações na programação do gargalo com o objetivo de maximizar a produtividade do sistema, mas carece de uma análise na dimensão financeira de taxa de ganho no gargalo de cada item.
- **Não dimensiona diretamente o número necessário de pessoas para atender a demanda:** a ferramenta C×D deixa uma lacuna no dimensionamento do número de pessoas, gerando necessidade de controles paralelos pelas empresas que utilizam essa ferramenta de dimensionamento da capacidade instalada e pessoas.

7.4 Estudos de caso de aplicação da ferramenta capacidade *versus* demanda (C × D)

Barreto (2010) realizou um estudo de caso[1] em uma indústria do ramo metalomecânica, apresentando diferentes cenários para aplicação e implementação da ferramenta C×D, descrito a seguir.

Resumo dos investimentos simulados nos estudos de caso

A Tabela 7.18 mostra um comparativo entre os cenários propostos. São apresentados os valores investidos para cada opção, sendo o retorno esperado de R$ 2 milhões de reais em aumento de margem de contribuição global oriunda do aumento das vendas. O cálculo do *payback* anual, considerando o tempo necessário para obter o ganho equivalente ao investimento, permite avaliar

---

[1] O estudo de caso apresentado neste capítulo foi retirado e adaptado do trabalho *Modelo para a tomada de decisão nos sistemas produtivos a partir da utilização de uma ferramenta de capacidade versus demanda* (Barreto, 2010).

Estudo de caso I

Este estudo de caso se dá em uma indústria metalomecânica com 55 anos de existência que apresenta um histórico voltado para a qualidade de seus produtos e processos. De origem e capital nacionais, a empresa possui três plantas industriais localizadas no Brasil, China e Estados Unidos. A planta brasileira, objeto deste estudo de caso, tem sua estrutura fabril dividida em cinco unidades de negócio do segmento de autopeças, produzindo uma cartela de produtos com cerca de onze mil itens. A empresa é líder de seu segmento no mercado interno e exporta cerca de 40% de sua produção para mais de 80 países. Atualmente conta com cerca de 2.500 funcionários.

O caso analisado refere-se a uma unidade de negócio da empresa em questão, com demanda mensal futura de cerca de 550 mil peças, com aproximadamente 82 diferentes itens (*part numbers*). São utilizados 44 diferentes grupos de máquinas, totalizando 54 equipamentos ou postos de trabalho. De acordo com os roteiros de fabricação, cada item passa em média por 15 recursos produtivos ao longo do seu processo de fabricação. A Tabela 7.1 mostra a estrutura esquemática resumida da planilha Demanda por Item.

Tabela 7.1 Estrutura esquemática resumida da planilha Demanda por Item

Código do item	Descrição do item	Unidade	Demanda
1001	N1	Peças	1.426
1002	N2	Peças	1.441
1003	N3	Peças	1.411
1004	N4	Peças	1.441
1005	N5	Peças	3.782
1006	N6	Peças	1.986
1007	N7	Peças	389
1008	N8	Peças	11.834
...	...	...	...
1082	N82	Peças	49.499

Fonte: Adaptada de Barreto (2010, p. 110).

A Tabela 7.2 mostra a estrutura esquemática resumida da planilha tempo de processamento (tempo de ciclo) por item de acordo com o roteiro de fabricação. Os tempos de processamento estão alocados nos recursos conforme o roteiro de fabricação. Se em um dado recurso o tempo é zero para um item específico, isso significa que esse item não passa por aquele recurso, e assim sucessivamente. As unidades utilizadas são de horas necessárias por unidade demandada. Na Tabela 7.3 é explicitada a estrutura esquemática resumida da planilha relação C×D conforme o roteiro de fabricação. As informações nela contidas resultam das informações das Tabelas 7.1 e 7.2. Em uma primeira análise, a planilha C×D mostra que existem recursos cuja demanda excede a capacidade de produção do recurso (REC1 – Recurso SD; REC5 – Recurso SD; REC9 – Recurso SH; e REC38 – Recurso TC). Esses recursos poderiam ser como restrições do sistema de produção.

Tabela 7.2 Estrutura esquemática resumida da planilha de tempo de processamento por item de acordo com o roteiro de fabricação

Código do item	Descrição do item	Recursos								
		REC1	REC2	REC3	REC4	REC5	REC6	REC7	...	REC52
1001	N1	0,2703	0	0	0,2703	0	0	0	...	0,1193
1002	N2	0,2703	0	0	0,2703	0	0	0	...	0,1193
1003	N3	0,1006	0	0	0,1697	0	0	0	...	0,1193
1004	N4	0,2703	0	0	0,2703	0	0	0	...	0,1193
1005	N5	0	0	0	0	0,0807	0	0	...	0,0608
1006	N6	0	0	0	0	0,0807	0	0	...	0,0608
1007	N7	0	0	0,2492	0,4809	0	0	0	...	0,1404
1008	N8	0,0772	0	0	0	0	0	0	...	0,0608
...	...	...	...	...	...	...	...	...	...	...
1082	N82	0,0772	0	0	0	0	0	0	...	0,0608

Fonte: Adaptada de Barreto (2010, p. 110).

O recurso REC1 não possui capacidade suficiente para atender a demanda. No entanto, seu período disponível atual é de um turno. O acréscimo de capacidade nesse recurso pode ser obtido pela contratação de pessoal para acioná-lo em outros turnos. Considerando três turnos de trabalho (23,7 horas/dia), a capacidade desse recurso é de 214 (superior à demanda de 180 horas). Assim, o recurso REC1 não pode ser considerado um gargalo a mé-

Tabela 7.3 Estrutura esquemática resumida da planilha C×D

	Grupo de máquina		Número máquinas	Horas/dia	Dia/mês	IROG	Capacidade (horas)	Demanda (horas)	Diferença (horas)
1	REC1	RECURSO SD	1	8,25	21	43%	74	180	−106
2	REC2	RECURSO SD	1	23,7	21	25%	125	109	16
5	REC5	RECURSO SD	1	23,7	21	44%	218	259	−41
6	REC6	RECURSO SD	1	23,7	21	39%	193	121	72
9	REC9	RECURSO SH	1	23,7	21	46%	229	549	−320
10	REC10	RECURSO SH	1	23,7	21	45%	224	44	180
29	REC29	RECURSO VN	2	23,7	21	65%	650	434	216
33	REC33	RECURSO PC	2	23,7	21	32%	321	292	29
34	REC34	RECURSO PR	1	23,7	21	50%	249	38	211
38	REC38	RECURSO TC	3	23,7	21	81%	1215	1554	−339
42	REC42	RECURSO ED	1	23,7	21	51%	253	5	248
44	REC44	RECURSO RT	2	23,7	21	42%	418	371	47
52	REC52	RECURSO EM	3	23,7	21	50%	747	451	296

Fonte: Adaptada de Barreto (2010, p. 111).

dio e longo prazo. No entanto, é um recurso crítico, na medida em que, se não forem executadas ações de contenção, certamente ele não será capaz de atender a demanda.

O recurso RC5 não possui capacidade suficiente para atender a demanda. É importante considerar que todos os recursos SD (REC1, REC2, REC5 e REC6) são recursos que executam a mesma operação (soldar). O motivo pelo qual os equipamentos de solda não estão agrupados num único grupo de máquinas na ferramenta C×D é porque eles estão preparados para produzir peças de diferentes dimensões, não sendo totalmente flexíveis.

Os tempos de troca são elevados (200 minutos em média), o que leva a gestão da fábrica e a área de PCP a evitarem trocas frequentes de itens. No entanto, há alguns itens que podem ser processados tanto no equipamento REC5 quanto no REC6, sem necessidade de alterações construtivas do equipamento ou ferramental. Assim, é provável reprogramar os itens do REC5 para o REC6. Essa ação reduz a necessidade de aumentar a capacidade do REC5. Entretanto, o excedente de capacidade não é considerado grande o bastante para desconsiderar a criticidade do recurso. Levando em conta que os recursos de solda (Recurso SD) são CCR, é necessário formalizar ações estratégicas de médio prazo como *i*) redução do tempo de preparação, via utilização da metodologia de Troca Rápida de Ferramentas, e *ii*) flexibilização dos equipamentos de solda, via alterações do equipamento, de modo a utilizar melhor a capacidade de todos os recursos.

A falta de capacidade do Recurso SH, REC9, alerta para um gargalo real do sistema. Os REC9 e REC10 são idênticos, sendo possível considerá-los como um único grupo de máquinas, pois têm flexibilidade de fazer peças de diferentes dimensões (salvo exceções que têm baixa representatividade no volume total). Assim, analisando de forma agregada, os recursos SH têm capacidade total de 453 horas, para uma eficiência média de 45% e uma demanda agregada de 593 horas, gerando um *deficit* de capacidade de 140 horas. O monitoramento desses recursos pelo método de Gestão do Posto de Trabalho (GPT) aponta para um baixo índice de eficiência neste tipo de equipamento, havendo várias causas para essa ineficiência (ex: anomalias de *setup*, tempos de processamento elevados em relação ao padrão e falta de peças). Assim, a estratégia a ser adotada para o gargalo (Recurso SH) é a de elevar a eficiência global do equipamento – IROG até o índice mínimo de 60% (índice que iguala a capacidade com a demanda nos recursos SH).

O último recurso crítico a ser analisado é o REC38. Por possuir a maior diferença entre a capacidade e a demanda, é classificado como gargalo do sistema. Esse recurso, um grupo de três equipamentos, possui um elevado índice de eficiência (81%). Dessa forma, ações visando incrementar a eficiência tendem a exigir maiores investimentos para serem implementadas e, ainda, podem levar um tempo considerável para proporcionar o retorno projetado. A estratégia de aumento da capacidade mais adequada nessa operação parece ser a de aquisição de novos equipamentos, visando tanto atender a demanda de curto prazo quanto prever eventuais acréscimos na demanda a médio/longo prazo, tendo em vista a tendência de crescimento do mercado.

A aquisição de novos equipamentos deve ser avaliada quanto ao retorno do investimento. Para isso, de acordo com as diretrizes da empresa pesquisada, é considerado o aumento de margem de contribuição propiciado à empresa com a ampliação da capacidade, quando comparado ao investimento necessário.

Estudo de caso II

Para a mesma empresa pesquisada no estudo de caso anterior, este estudo de caso refere-se à aplicação de melhorias físicas e de informação na fábrica, especificamente em uma célula de manufatura de peças automotivas. Os lotes de fabricação são da ordem de 5.000 peças, e a produção se alterna entre dois itens, tratados genericamente por A e B. O lote de transferência interno da célula é de 40 peças, regulado pela necessidade de completar uma carga do recurso R2. A célula de manufatura analisada produz componentes que serão montados em células de montagem posteriores. A célula de manufatura possui cinco equipamentos divididos em quatro grupos de máquinas conforme mostrado na Tabela 7.4.

Tabela 7.4   Estrutura esquemática resumida da planilha C × D

			Célula de manufatura				
Recurso	N° de máquinas	Horas/ dia	Dias/ mês	IROG	Capacidade (horas)	Demanda (horas)	Diferença (horas)
Recurso R1	2	22	21	55%	508	503	5
Recurso R2	2	22	21	67%	309	322	−13
Recurso R3	2	22	21	45%	208	88	120
Recurso R4	2	22	21	45%	208	80	128

Fonte: Adaptada de Barreto (2010, p. 114).

O primeiro passo realizado é de identificação da restrição. Para isso é utilizada a ferramenta C×D a partir das informações fornecidas pelo sistema ERP (grupos de máquinas, tempos de processamento/ciclo e roteiro de fabricação). São utilizadas, ainda, as informações relativas à eficiência de cada recurso[2] e a demanda do período que se deseja analisar conforme dados fornecidos pela área de Vendas e PCP da empresa.

Neste caso, a ferramenta C×D ajuda a identificar o recurso gargalo do sistema, recurso R2, visto que apresenta a maior diferença negativa entre a demanda do mercado e a capacidade do recurso.

Uma vez identificada a restrição, o passo seguinte consiste em identificar as alternativas de melhorias para elevar a capacidade da célula. A base de dados coletada para calcular a eficiência ajuda na análise do problema. Verifica-se, para o recurso R2, a eficiência global do recurso e sua composição dividida em Índice de Disponibilidade (μ_1), Índice de Desempenho (μ_2) e Índice de Qualidade (μ_3). A Tabela 7.5 apresenta os resultados do recurso restritivo.

Visto que μ_1 apresenta o maior *gap* entre o valor atual de 75% e o valor máximo possível (100%), ele será analisado prioritariamente, com ações de melhorias concentradas.

---

[2] Os recursos R3 e R4 não eram monitorados quanto à eficiência, no período de análise, por não serem considerados recursos críticos. Para fins de análise, foram utilizados dados de IROG, dos mesmos recursos, coletados cerca de seis meses antes do período analisado sem impactos para o resultado da análise.

Tabela 7.5 Desdobramento da eficiência global do gargalo

Recurso R2 – gargalo	Célula de manufatura			
	μ_{Global}	μ_1	μ_2	μ_3
	67%	75%	90%	99%

Fonte: Adaptada de Barreto (2010, p. 115).

O detalhamento dos motivos de parada conforme banco de dados coletados em um período de 30 dias e registrados na forma de gráfico de Pareto é apresentado na Figura 7.6.

Pela análise do primeiro motivo de parada – falta de material –, verifica-se que, apesar de apresentar maior capacidade em relação à restrição, os recursos que antecedem o gargalo falham no fornecimento para o recurso R2. Isso ocorre devido às variações da eficiência do recurso produtivo (R1) que afetam, em algum momento, a capacidade do gargalo, visto que o *buffer*[3] de peças presente entre as duas operações é mínimo. A proposição de melhoria é criar um *buffer* de proteção imediatamente antes do recurso R2 para que as variações de eficiência do recurso R1 sejam amortecidas.

Para atuar na causa raiz do problema, foram avaliados os motivos de paradas do recurso R1. Verificou-se que a falta de matéria-prima é o principal problema (tempo de reposição média de 02 horas). A solução encontrada foi a implementação da metodo-

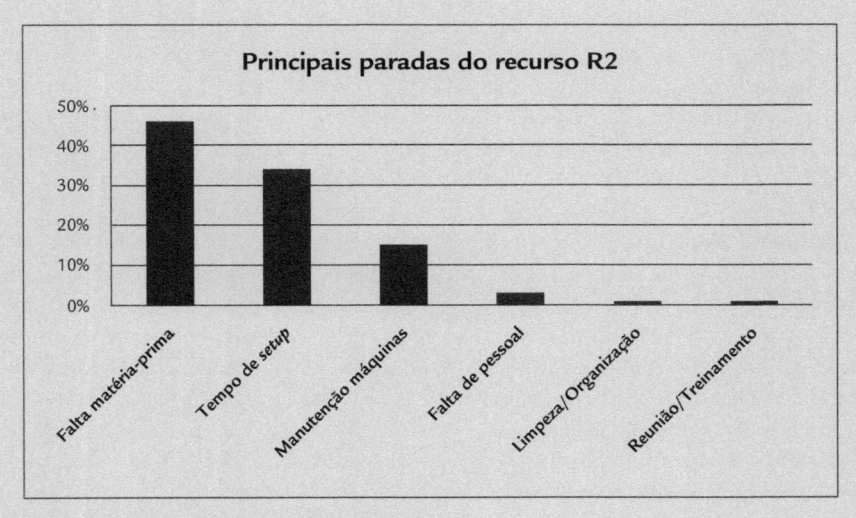

Figura 7.6 Pareto de paradas do recurso R2.

Fonte: Adaptada de Barreto (2010, p. 115).

---

[3] *Buffer* significa "pulmão de tempo", ou seja, peças são estocadas antes de um recurso gargalo para protegê-lo da falta de peças.

logia *kanban* de fornecimento de matéria-prima na entrada da célula de manufatura, o que ampliou o IROG do recurso para 65%.

Voltando ao recurso restritivo R2, o segundo problema de maior relevância apresentado no Gráfico de Pareto é o tempo de *setup*. A célula de manufatura opera com dois itens apenas, o que gera, em média, uma troca de ferramentas por dia. Trabalhos de troca rápida de ferramentas foram conduzidos para redução do tempo médio de *setup* no gargalo. O resultado obtido foi de redução de 55% do tempo médio de troca no recurso R2.

Após trabalhos de melhorias realizados na célula de manufatura e padronização dos procedimentos de trabalho, verificou-se um aumento na eficiência do recurso restritivo da ordem de 20%, elevando a eficiência global do recurso R2 e, consequentemente, de toda a célula de manufatura para 80%, o que resulta no aumento da capacidade real da célula de manufatura, como mostra a Tabela 7.6.

Tabela 7.6 Ferramenta C × D após implementação de melhorias

	Célula de Manufatura						
Recurso	N° de máquinas	Horas/dia	Dias/mês	IROG	Capacidade (horas)	Demanda (horas)	Diferença (horas)
Recurso R1	2	22	21	55%	601	503	98
Recurso R2	2	22	21	80%	370	322	48

Fonte: Adaptada de Barreto (2010, p. 116).

Neste caso, após a implementação das melhorias, a restrição passa a ser o mercado, uma vez que a oferta passou a ser maior do que a demanda.

Estudo de caso III

Este estudo de caso, realizado na mesma empresa dos dois estudos de caso anteriores, tem como foco uma unidade de negócio diferente, com fábricas de maior porte, com maior quantidade de itens no *portfolio* e de recursos.

Nessa unidade de negócio existe uma previsão de incremento da demanda nos próximos dois anos, da ordem de 30% na linha de produtos de veículos pesados. A variedade de produtos na linha é de aproximadamente 4.000 itens, e a produção diária é de cerca de 10.000 peças. O aumento de demanda deve gerar para a empresa uma margem de contribuição[4] anual adicional da ordem de R$ 2 milhões. Nesse contexto, a empresa precisa decidir como atender a demanda com o menor investimento possível,

---

[4] A margem de contribuição considerada é o valor que resulta da receita líquida descontada do custo industrial variável e dos custos variáveis de venda.

com o objetivo de otimizar os ganhos gerais do sistema. A unidade fabril pesquisada possui 126 equipamentos dispostos em leiaute por processo, divididos em 21 diferentes grupos de máquinas.

A Tabela 7.7 mostra, resumidamente, como é apresentada a demanda futura conforme previsão da área de vendas para cada item na unidade de peças por mês.

Tabela 7.7 Previsão de demanda por item

Código do ítem	Descrição do ítem	Unidade	Demanda
1001	I.1	Peças/mês	1.476
1002	I.2	Peças/mês	969
1003	I.3	Peças/mês	157.329
1004	I.4	Peças/mês	155.150
1005	I.5	Peças/mês	59.040
1006	I.6	Peças/mês	48.273
1007	I.7	Peças/mês	8.750
...	...	...	...

Fonte: Adaptada de Barreto (2010, p. 117).

A Tabela 7.8 mostra os principais recursos disponíveis para a fabricação e suas eficiências médias (IROG/OEE):

Tabela 7.8 Número de equipamentos disponíveis e eficiências operacionais (OEE)

Grupo de máquinas		Quantidade equipamentos	OEE
M1	Misturadores	4	68%
M2	Prensas	46	81%
M3	Estufas	16	95%
M4	Retíficas	10	61%
M5	Furadeiras	20	58%
M6	Embalagem	8	60%

Fonte: Adaptada de Barreto (2010, p. 118).

O tempo de processamento de cada item de produção foi gerado a partir da Tabela 7.9, que registra a quantidade de peças por hora nos diferentes recursos de fabricação.

A consolidação de dados é realizada em planilha de cálculo, sendo a capacidade (horas) resultado do produto do número de recursos disponíveis pelo tempo disponível e pela eficiência de cada recurso. Já a demanda é o valor resultante da multiplicação do tempo de processamento pela quantidade demandada nos recursos.

A Tabela 7.10 mostra a relação entre a demanda futura oriunda da previsão de vendas e a capacidade atual do sistema produtivo. O resultado pode ser analisado a

Tabela 7.9 Quantidade de peças por hora por item de acordo com o roteiro de fabricação

Código do ítem	Descrição do ítem	Peças/hora					
		M1	M2	M3	M4	M5	M6
1001	I.1	1.000	228	260	1.330	458	1.500
1002	I.1	1.000	228	260	1.330	458	1.500
1003	I.1	1.000	228	260	1.330	458	1.500
1004	I.1	1.000	228	260	1.330	458	1.500
1005	I.1	1.000	228	260	1.330	458	1.500
1006	I.1	1.000	228	260	1.330	458	1.500
1007	I.1	1.000	228	260	1.330	458	1.500
...	...	...	...	...	...	...	...

Fonte: Adaptada de Barreto (2010, p. 118).

partir da análise da última coluna da tabela (a diferença em horas entre a capacidade e a demanda), que representa a defasagem entre a capacidade e a demanda requerida. A partir dessa percepção objetiva é necessário buscar alternativas para equacionar os *deficits* de capacidade.

Tabela 7.10 Relação C × D nas condições atuais da capacidade fabril

	Grupo de máquinas	N° de máquinas	Horas/ dia	Dias/ mês	IROG	Capacidade (horas)	Demanda (horas)	Diferença (horas)
1	M1 Misturadores	4	23,7	21	68%	1.354	1.200	154
2	M2 Prensas	46	23,7	21	81%	18.544	18.936	–392
3	M3 Estufas	16	23,7	21	95%	7.565	5.896	1.669
4	M4 Retíficas	10	23,7	21	61%	3.036	3.210	–174
5	M5 Furadeiras	20	23,7	21	58%	5.773	6.506	–733
6	M6 Embalagem	8	23,7	21	60%	2.389	2.100	289

Fonte: Adaptada de Barreto (2010, p. 119).

Barreto (2010) propõe a formação de diferentes cenários técnico-econômicos para a análise do caso: 1) utilização de toda a capacidade atual e uso de horas extras; 2) aquisição de novos equipamentos; 3) aumento da eficiência global; e 4) redução dos tempos de processamento. Para cada cenário são consideradas ações de melhorias nos recursos M2, M4 e M5.

Cenário 1: ações de curto prazo

O primeiro cenário é a utilização da máxima capacidade atual acrescida de horas extras. A verificação de cenário é importante para encontrar uma alternativa possível caso ocorra aumento de demanda antes de melhorias na capacidade instalada serem concretizadas. Essa alternativa fornece flexibilidade aos sistemas produtivos em relação ao aumento de volume, tendo em vista a dificuldade de prever com exatidão em que momento ocorrerá o aumento da demanda futura e, ainda, a dificuldade objetiva de elevar a capacidade produtiva rapidamente. A Tabela 7.11 mostra as horas extras necessárias para atender a previsão de vendas proposta.

Tabela 7.11 Relação C × D considerando uso de horas extras

	Grupo de máquinas		N° de máquinas	Horas/ dia	Dias/ mês	IROG	Capacidade (horas)	Demanda (horas)	Diferença (horas)
2	M2	Prensas	46	23,7	21,5	81%	18.986	18.936	50
4	M4	Retíficas	10	23,7	23	61%	3.325	3.210	115
5	M5	Furadeiras	20	23,7	24	58%	6.598	6.506	92

Fonte: Adaptada de Barreto (2010, p. 120).

A última coluna à direita na tabela deve ser sempre positiva, visto que o objetivo é elevar a restrição até que se tenha capacidade para atender a demanda proposta. Pela análise deste cenário, percebe-se que são necessários três dias completos a mais de produção no recurso M5, dois dias no recurso M4 e 12 horas no recurso M2 para atender o aumento da demanda. Considerando a quantidade de horas extras necessárias para atender a demanda e a quantidade de pessoas envolvidas, a Tabela 7.12 apresenta o custo para a realização da quantidade de peças que excede a capacidade.

Tabela 7.12 Levantamento de custos para a realização de horas extras

Grupo de máquina	Total horas extras/mês	Custo com horas extras/mês	Custo com horas extras/ano
M2	616	R$ 6.435,00	R$ 77.220,00
M4	1896	R$ 19.806,00	R$ 237.672,00
M5	474	R$ 4.951,00	59.412,00

Fonte: Adaptada de Barreto (2010, p. 120).

Na análise do acréscimo da capacidade por meio de horas extras, não foram considerados os custos com transporte, alimentação e outros benefícios disponíveis para os trabalhadores. Também, dado que se trata de um leiaute fabril por processo, considera-se que os recursos podem atuar independentemente uns dos outros na medida em que os estoques intermediários permitem seu consumo, ao longo do tempo, pelos recursos que não necessitam de horas extras, ao longo da jornada normal de trabalho.

Cenário 2: ações de médio prazo

Outro cenário possível está relacionado com o aumento do IROG. A Tabela 7.13 mostra a análise C×D identificando a eficiência mínima para atender o mercado.

O aumento da capacidade via aumento da eficiência global dos equipamentos permite a melhor utilização dos ativos da empresa. No caso estudado, estima-se que a

Tabela 7.13 Relação C × D considerando aumento da eficiência global

Grupo de máquinas		N° de máquinas	Horas/ dia	Dias/ mês	IROG	Capacidade (horas)	Demanda (horas)	Diferença (horas)
2	M2 Prensas	46	23,7	21	83%	19.002	18.936	66
4	M4 Retíficas	10	23,7	21	65%	3.235	3.210	25
5	M5 Furadeiras	20	23,7	21	66%	6.570	6.506	64

Fonte: Adaptada de Barreto (2010, p. 121).

melhoria na eficiência será obtida a partir de investimentos em melhorias de *setup* de equipamentos na ordem R$ 650 mil reais, conforme mostrado na Tabela 7.14.

Tabela 7.14 Investimentos necessários em redução do tempo de *setup*

Grupo de máquinas		N° de máquinas	Ação	Investimento total por equipamento (R$)
2	M2 Prensas	46	Equipamentos específicos para troca de ferramentas	R$ 350.000,00
4	M4 Retíficas	10	Carros e ferramentas para preparação de *setup*	R$ 132.000,00
5	M5 Furadeiras	20	Revisão de dispositivos e ferramentas	R$ 161.000,00

Fonte: Adaptada de Barreto (2010, p. 121).

Cenário 3: ações de longo prazo

Outra estratégia possível para o aumento de capacidade poderia ser a aquisição de novos equipamentos. A análise da C×D auxilia na definição do número de equipamentos necessários, como mostra a Tabela 7.15.

Tabela 7.15 Relação C × D considerando aquisição de novos equipamentos

Grupo de máquinas		N° de máquinas	Horas/ dia	Dias/ mês	IROG	Capacidade (horas)	Demanda (horas)	Diferença (horas)
2	M2 Prensas	47	23,7	21	81%	18.947	18.936	11
4	M4 Retíficas	11	23,7	21	61%	3.340	3.210	130
5	M5 Furadeiras	23	23,7	21	58%	6.639	6.506	133

Fonte: Adaptada de Barreto (2010, p. 122).

Investimentos em mais equipamentos representam uma opção especialmente nos casos em que as máquinas existentes já atingiram elevados índices de eficiência. A Tabela 7.15 mostra a necessidade de aquisição de novos equipamentos nos recursos M2, M4 e M5. Considerando essa estratégia, a planilha C×D para o cenário 2 propõe um investimento de 3 milhões de reais, conforme mostrado na Tabela 7.16.

Tabela 7.16 Investimentos necessários em novos equipamentos

Grupo de máquinas	Quantidade de novos equipamentos	Valor por equipamento	Investimento total por grupo de máquinas
2 M2 Prensas	1	R$ 800.000,00	R$ 800.000,00
4 M4 Retíficas	1	R$ 400.000,00	R$ 400.000,00
5 M5 Furadeiras	3	R$ 600.000,00	R$ 1.800.000,00

Fonte: Adaptada de Barreto (2010, p. 122).

Com a aquisição de novos equipamentos surge a necessidade de contratação de funcionários para operá-los. Considerando o número de pessoas necessárias para atender a demanda, há um acréscimo anual de despesas operacionais de aproximadamente R$ 320.000,00.

Cenário 4: ações de médio e longo prazo

O ultimo cenário é formado por alterações simultâneas de eficiência e de tempos de processamento. Partindo da análise do cenário 2 é possível perceber que o aumento da eficiência em recursos que já possuem índice elevado de utilização pode ser dispendioso. É o caso do recurso M2, grupo de máquinas prensas, que possui eficiência atual de 81%, sendo desejável um incremento de IROG para 83%. Dessa forma, uma alternativa possível é investir na redução dos tempos de processamento por meio de alterações de processo e do método de trabalho. Estudos anteriores na empresa pesquisada permitem estimar a redução do tempo de processamento de ciclo/processamento em 2% no recurso M2. A Tabela 7.17 mostra o resultado que seria obtido caso essa ação fosse efetivada em conjunto com as ações propostas no cenário 2, de aumento da eficiência dos recursos M5 e M6.

Tabela 7.17 Relação C × D considerando aumento da eficiência global

Grupo de máquinas	N° de máquinas	Horas/ dia	Dias/ mês	IROG	Capacidade (horas)	Demanda (horas)	Diferença (horas)
2 M2 Prensas	46	23,7	21	81%	18.544	17.989	555
4 M4 Retíficas	10	23,7	21	65%	3.235	3.210	25
5 M5 Furadeiras	20	23,7	21	66%	6.570	6.506	64

Fonte: Adaptada de Barreto (2010, p. 123).

Neste cenário, é possível perceber que a eficiência permanece a mesma para o recurso M2. No entanto, a demanda em horas diminuiu significativamente em função da efetivação de melhorias visando reduzir o tempo de ciclo dos produtos que passam nesse recurso. No caso estudado, a alteração no tempo de ciclo/processamento necessitará investimentos associados a: *i*) atuação de engenheiros de processo e de aplicação; *ii*) testes de alteração de processo; *iii*) testes em laboratório para aprovação do novo processo; e *iv*) negociações com o cliente. Os investimentos em alteração do processo no recurso M2 não somam mais do que R$ 50 mil reais. Já os investimentos em melhorias nos recursos M4 e M5 somam R$ 293 mil reais. Portanto, no cenário 4 o investimento necessário seria de R$ 343 mil reais.

o tempo necessário para recuperar o investimento despendido. Por exemplo, se o valor investido na aquisição de novos equipamentos for de R$ 3 milhões de reais, somados a R$ 320.000,00 referentes ao acréscimo de mão de obra, conforme estudo de caso, e, considerando retorno de margem de contribuição total de R$ 2 milhões de reais por ano, o *payback* será de 1,66 ano ou 20 meses. O intervalo de tempo necessário para implementação da alternativa também deve ser analisado no processo de tomada de decisão da estratégia a ser seguida pela empresa. Além disso, tempos de implementação mais rápidos podem ser necessários para garantir o atendimento à demanda momentânea de mercado.

Considerando a possibilidade de aumentar as eficiências das restrições, os gestores da empresa optaram, na situação real, por efetivar ações de melhorias nas eficiências dos recursos M4 e M5. Simultaneamente, agiram no sentido de reduzir o tempo de ciclo do recurso M2. Na estratégia de produção adotada, foi prevista também a possibilidade de realizar horas extras no caso de ser necessário responder com rapidez a eventuais incrementos abruptos de demanda. De qualquer forma, parece possível afirmar que, uma vez estudados os cenários pela ferramenta C×D, a estratégia de produção adotada pode sugerir combinações de ações de melhoria envolvendo, por exemplo, *i*) uma combinação de ações de curto e médio prazo (como atender eventuais aumentos abruptos da demanda adotando as ações previstas no cenário 1 e, simultaneamente, tratar os temas de melhoria do uso dos ativos – cenários 2 e 4) ou *ii*) uma combinação de ações com foco na melhoria de todo o sistema (adoção do cenário 4). Aparentemente, o cenário 3 deve ser levado em consideração, uma vez esgotadas as alternativas propostas nos cenários 2 e 4.

A conclusão que sintetiza este estudo de caso é que a compreensão de todos cenários, possível a partir do método proposto, permite melhorar a eficácia da tomada de decisão tendo como base uma visão plural das ações passíveis de serem executadas em cada caso.

Tabela 7.18 Comparativo de investimentos entre os cenários propostos

Cenários	Despesas operacionais	Investimento	Tempo de implementação	*Payback*
Cenário 1: Horas extras	R$ 374.304,00		Imediato	
Cenário 2: Aumento da eficiência		R$ 650.000,00	3 – 12 meses	4 meses
Cenário 3: Aquisição de equipamentos	R$ 320.000,00	R$ 3.000.000,00	6 – 8 meses	20 meses
Cenário 4: Redução do tempo de ciclo e aumento da eficiência		R$ 343.000,00	3 – 12 meses	2 meses

Fonte: Adaptada de Barreto (2010, p. 124).

Estudo de caso IV

Este estudo de caso, realizado em uma empresa metalomecânica que fornece componentes para a cadeia de suprimentos de veículos leves, teve como objetivo uma análise para um plano de investimentos utilizando o conceito de Capacidade × Demanda discutido nos casos anteriores e ao longo deste livro.

A realidade de mercado prevista para a unidade de negócio em questão era de aumento de demanda para os próximos anos, sendo consenso por parte da direção da empresa a necessidade de aquisição de novos equipamentos. Foi utilizado, então, o conceito de Capacidade × Demanda para simular os cenários de incremento de demanda e validar as necessidades de equipamentos para o atendimento da demanda prevista. Para a realização deste estudo, foram utilizadas algumas premissas fundamentais:

- **Cenários de demanda**: Foram simulados quatro cenários de demanda, considerando uma demanda média em peças por dia. Esses cenários variam de 30% a 100% de previsão de crescimento da demanda.
- **Mix de produção**: Como *mix*-base utilizou-se o *mix* atual da época analisada, projetando o crescimento sobre o cenário atual da unidade de negócios.
- **Eficiência dos equipamentos**: Os quatro cenários estudados foram analisados com as eficiências dos equipamentos em patamares de 60% e 80%, ou seja, foram simulados *i)* um cenário que considerou a eficiência dos equipamentos da ordem de 60% e *ii)* outro para a mesma demanda com eficiências da ordem de 80%. Assim, oito cenários foram estudados.
- **Custos de aquisição e mão de obra**: Para cada equipamento estimaram-se os custos de aquisição bem como a necessidade adicional de mão de obra para operar as novas máquinas.
- **Margens de contribuição dos produtos**: Cada produto da unidade de negócios possui uma margem de contribuição que foi utilizada para calcular o ganho obtido com o crescimento da demanda em relação ao patamar atual. Esse ganho adicional constituiu a base para o cálculo do retorno sobre o investimento (RSI). O conceito de margem de contribuição utilizada neste estudo considera o preço de venda dos produtos, descontando somente os custos totalmente variáveis (ou seja, matérias-primas). Custos como mão de obra, por exemplo, não entraram na conta da margem de contribuição do produto, pois a curto prazo constituem custos fixos.

Os quatro cenários estudados estão detalhados em itens de venda com suas respectivas margens de contribuição. O produto da margem de contribuição e das quantidades previstas origina o ganho projetado para cada item. O somatório desses produtos gera o ganho projetado do cenário. Diante desses dados, é possível identificar o *gap* de ganho que haverá com o crescimento da demanda em relação ao cenário atual.

A Tabela 7.19 representa uma simplificação da lista de itens com suas respectivas quantidades para os quatro cenários analisados.

Tabela 7.19 Cenários de demanda em quantidades

Código	Descrição	Atual (QTD)	CEN 1 (QTD)	CEN 2 (QTD)	CEN 3 (QTD)	CEN 4 (QTD)
Item 1	Desc. 1	9.421	12.562	15.074	16.331	18.843
Item 2	Desc. 2	347	462	554	601	693
Item 3	Desc. 3	874	1.166	1.399	1.516	1.749
Item 4	Desc. 4	1.886	2.515	3.017	3.269	3.772
Item 5	Desc. 5	48	64	77	84	97
Item 6	Desc. 6	101	134	161	174	201
Item 7	Desc. 7	218	291	349	378	436
Item 8	Desc. 8	1	2	2	2	2
Item 9	Desc. 9	13	18	21	23	27
Item 10	Desc. 10	4.614	6.152	7.382	7.997	9.228
Item "N"	Desc. "N"	333	443	532	576	665
Total (peças/dia)		75.000	100.000	120.000	130.000	150.000

A partir das quantidades de cada item da demanda e das informações de margem de contribuição, é possível calcular o ganho (em reais) para cada cenário de demanda, conforme a Tabela 7.20.

Tabela 7.20 Ganho em R$ de cada cenário de demanda

Código	Descrição	Margem (R$/un.)	Atual (R$)	CEN 1 (R$)	CEN 2 (R$)	CEN 3 (R$)	CEN 4 (R$)
Item 1	Desc. 1	3,76	35.427,19	47.236,25	56.683,50	61.407,13	70.854,38
Item 2	Desc. 2	4,26	1.477,32	1.969,76	2.363,72	2.560,69	2.954,65
Item 3	Desc. 3	2,01	1.759,96	2.346,61	2.815,94	3.050,60	3.519,92
Item 4	Desc. 4	15,82	29.828,93	39.771,90	47.726,28	51.703,48	59.657,86
Item 5	Desc. 5	6,86	331,07	441,43	529,71	573,86	662.14
Item 6	Desc. 6	9,33	938,07	1.250,76	1.500,91	1.625,99	1.876,14
Item 7	Desc. 7	30,43	6.632,55	8.843,40	10.612,07	11.496,41	13.265,09
Item 8	Desc. 8	6,09	7,08	9,44	11,33	12,27	14,16
Item 9	Desc. 9	5,00	66,87	89,17	107,00	115,92	133,75
Item 10	Desc. 10	9,13	42.110,17	56.146,90	67.376,28	72.990,97	84.220,35
Item "N"	Desc. "N"	4,50	1.496,43	1.995,24	2.394,29	2.593,82	2.992,86
Total (R$/mês)			2.560.794,09	4.17.126,18	4.769.334,15	5.126.964,12	5.579.176,44

Em suma, a comparação dos cenários previstos com o cenário atual permitirá identificar o ganho adicional que a unidade de negócio irá obter quando atingir a demanda prevista. Essa informação serve como base para o cálculo do retorno sobre o investimento que será ilustrado ao final deste estudo de caso. A Tabela 7.21 apresenta o ganho adicional em cada cenário previsto.

Tabela 7.21 Ganho adicional em cada cenário previsto

	Volume (peças/dia)	Incremento (%)	Ganho (R$/mês)	Ganho adicional (R$/mês)
Cenário atual	75 mil	–	R$ 2.562.794,09	–
Cenário 1	100 mil	33%	R$ 4.197.126,18	R$ 1.636.332,09
Cenário 2	120 mil	60%	R$ 4.769.334,15	R$ 2.208.540,06
Cenário 3	130 mil	73%	R$ 5.126.964,12	R$ 2.566.170,04
Cenário 4	150 mil	100%	R$ 5.579.176,44	R$ 3.018.382,35

A partir dos cenários de demanda estabelecidos, o próximo passo consiste em analisar a capacidade dos recursos que compõem a unidade de negócio para identificar as necessidades de investimentos em maquinário. Para tanto, foi considerado o conceito de Capacidade × Demanda utilizando-se os dados de roteiros de fabricação de cada item da unidade para o cálculo da demanda em tempo (horas) por equipamento e as informações de eficiência dos equipamentos para o cálculo da capacidade.

A Tabela 7.22 representa uma análise detalhada do primeiro cenário de demanda considerando as eficiências propostas nos patamares de 60%. Esse cenário constitui-se em base mensal com uma média de volume de 100 mil peças/dia, conforme previamente definido para o cenário.

As máquinas/equipamentos do cenário proposto estão separadas por grupos de máquinas. O conceito de grupos de máquinas utilizado neste estudo é por similaridade de processo. Ou seja, as máquinas somente são relacionadas no mesmo grupo caso seus tempos de ciclo sejam idênticos. Caso contrário, uma análise de Capacidade × Demanda poderá ficar distorcida, pois haverá recursos diferentes em um mesmo grupo.

Com base nessa análise, podem ser identificados os *gaps* de capacidade que alguns recursos devem apresentar caso o cenário se confirme (última coluna da tabela), e, com base nessas informações, validado um plano de investimento para aumentar a capacidade instalada da unidade de negócio. Nesse cenário, será necessária a aquisição de 13 máquinas/equipamentos para atender a demanda, considerando as eficiências desses equipamentos na ordem de 60%. A eficiência dos equipamentos é o elemento-chave para a definição de um plano de investimentos em uma unidade de negócio e, por isso, deve ser entendida e considerada como uma questão estratégica.

A Tabela 7.23 ilustra o mesmo cenário em termos de volume, porém agora com as eficiências em 80%.

Gestão da capacidade *versus* demanda: a ferramenta C × D • **167**

Tabela 7.22 Análise da Capacidade × Demanda – cenário com volume de 100 mil peças/dia, com eficiências propostas no patamar de 60%

Grupo de máquina	N° de maq.	Dia (horas)	Dias (sem)	Situação atual					Situação proposta				
				% Efic.	Cap. (horas)	Dem. (horas)	Dif. (horas)		% Efic.	Cap. (horas)	Dem. (horas)	Dif. (horas)	Neces. Máq.
Grupo 1	2,0	23,7	20	46%	436	561	−125		60%	569	746	−177	0,6	1
Grupo 2	1,0	23,7	20	51%	242	376	−134		60%	284	500	−216	0,8	1
Grupo 3	3,0	23,7	20	46%	654	634	20		60%	853	843	10	
Grupo 4	31,0	23,7	20	56%	8229	7248	981		60%	8816	9640	−823	2,9	3
Grupo 5	4,0	23,7	20	41%	777	830	−53		60%	1138	1104	34	
Grupo 6	4,0	23,7	20	58%	1100	675	424		60%	1138	898	240	
Grupo 7	3,0	23,7	20	56%	796	556	240		60%	853	739	114	
Grupo 8	18,0	23,7	20	54%	4607	4235	372		60%	5119	5633	−513	1,8	2
Grupo 9	5,0	24,0	20	56%	1344	1224	120		60%	1440	1628	−188	0,7	1
Grupo 10	16,0	23,7	20	53%	4020	3328	692		60%	4550	4426	124	
Grupo 11	4,0	23,7	20	57%	1081	778	303		60%	1138	1035	103	
Grupo 12	1,0	23,7	20	47%	223	208	15		60%	284	277	8	
Grupo 13	2,0	23,7	20	55%	521	405	116		60%	569	539	30	
Grupo 14	4,0	23,7	20	57%	1081	823	258		60%	1138	1095	43	
Grupo 15	1,0	23,7	20	48%	228	414	−186		60%	284	551	−266	0,9	1
Grupo 16	1,0	23,7	20	50%	237	161	76		60%	284	214	70	
Grupo 17	2,0	23,7	20	55%	521	411	110		60%	569	547	22	
Grupo 18	1,0	23,7	20	35%	166	187	−21		60%	284	249	36	
Grupo 19	1,0	23,7	20	65%	308	275	33		65%	308	366	−58	0,2	1
Grupo 20	2,0	23,7	20	45%	427	563	−136		60%	569	749	−180	0,6	1
Grupo 21	1,0	23,7	20	51%	242	23	219		60%	284	30	254	
Grupo 22	1,0	23,7	20	32%	152	132	19		60%	284	176	108	
Grupo 23	1,0	23,7	20	38%	180	162	18		60%	284	215	69	
Grupo 24	5,0	23,7	20	46%	1090	947	143		60%	1422	1260	162	
Grupo 25	1,0	23,7	20	46%	218	193	25		60%	284	257	28	
Grupo 26	2,0	23,7	20	66%	626	796	−170		66%	626	1059	−433	1,4	2
Grupo 27	3,0	23,7	20	55%	782	616	166		60%	853	819	34	
Grupo 28	2,0	23,7	20	53%	502	359	144		60%	569	477	92	
Grupo 29	1,0	23,7	20	42%	199	69	130		60%	284	92	193	

Tabela 7.23 Análise da Capacidade × Demanda – cenário com volume 100 mil peças/dia com eficiências propostas no patamar de 80%

Grupo de máquina	N° de maq.	Dia (horas)	Dias (sem)	Situação atual				Situação proposta				Neces. Máq.
				% Efic.	Cap. (horas)	Dem. (horas)	Dif. (horas)	% Efic.	Cap. (horas)	Dem. (horas)	Dif. (horas)	
Grupo 1	2,0	23,7	20	46%	436	561	-125	80%	758	746	12	
Grupo 2	1,0	23,7	20	51%	242	376	-134	80%	379	500	-121	0,3
Grupo 3	3,0	23,7	20	46%	654	634	20	80%	1138	843	294	
Grupo 4	31,0	23,7	20	56%	8229	7248	981	80%	11755	9640	2115	
Grupo 5	4,0	23,7	20	41%	777	830	-53	80%	1517	1104	413	
Grupo 6	4,0	23,7	20	58%	1100	675	424	80%	1517	898	619	
Grupo 7	3,0	23,7	20	56%	796	556	240	80%	1138	739	398	
Grupo 8	18,0	23,7	20	54%	4607	4235	372	80%	6826	5633	1193	
Grupo 9	5,0	24,0	20	56%	1344	1224	120	80%	1920	1628	292	
Grupo 10	16,0	23,7	20	53%	4020	3328	692	80%	6067	4426	1641	
Grupo 11	4,0	23,7	20	57%	1081	778	303	80%	1517	1035	482	
Grupo 12	1,0	23,7	20	47%	223	208	15	80%	379	277	103	
Grupo 13	2,0	23,7	20	55%	521	405	116	80%	758	539	220	
Grupo 14	4,0	23,7	20	57%	1081	823	258	80%	1517	1095	422	
Grupo 15	1,0	23,7	20	48%	228	414	-186	80%	379	551	-171	0,5
Grupo 16	1,0	23,7	20	50%	237	161	76	80%	379	214	165	
Grupo 17	2,0	23,7	20	55%	521	411	110	80%	758	547	212	
Grupo 18	1,0	23,7	20	35%	166	187	-21	80%	379	249	130	
Grupo 19	1,0	23,7	20	65%	308	275	33	80%	379	366	13	
Grupo 20	2,0	23,7	20	45%	427	563	-136	80%	758	749	10	
Grupo 21	1,0	23,7	20	51%	242	23	219	80%	379	30	349	
Grupo 22	1,0	23,7	20	32%	152	132	19	80%	379	176	203	
Grupo 23	1,0	23,7	20	38%	180	162	18	80%	379	215	164	
Grupo 24	5,0	23,7	20	46%	1090	947	143	80%	1896	1260	636	
Grupo 25	1,0	23,7	20	46%	218	193	25	80%	379	257	123	
Grupo 26	2,0	23,7	20	66%	626	796	-170	80%	758	1059	-300	0,8
Grupo 27	3,0	23,7	20	55%	782	616	166	80%	1138	819	318	
Grupo 28	2,0	23,7	20	53%	502	359	144	80%	758	477	281	
Grupo 29	1,0	23,7	20	42%	199	69	130	80%	379	92	287	

Tabela 7.24 Valores base para o cálculo de investimento

	Mão de obra (R$ / un)	R$ 1.700,00
Máquinas	Grupo 1	R$ 200.000,00
	Grupo 1	R$ 200.000,00
	Grupo 2	R$ 200.000,00
	Grupo 4	R$ 200.000,00
	Grupo 5	R$ 450.000,00
	Grupo 8	R$ 450.000,00
	Grupo 9	R$ 200.000,00
	Grupo 11	R$ 200.000,00
	Grupo 12	R$ 200.000,00
	Grupo 15	R$ 400.000,00
	Grupo 17	R$ 200.000,00
	Grupo 19	R$ 200.000,00
	Grupo 20	R$ 200.000,00
	Grupo 25	R$ 200.000,00
	Grupo 26	R$ 200.000,00

Comparando esse cenário com o anterior, identifica-se a diferença na necessidade de investimentos da ordem de 10 máquinas/equipamentos. Ou seja, elevando-se as eficiências dos equipamentos para os patamares de 80%, a necessidade de investimentos reduz-se a apenas 3 máquinas/equipamentos adicionais. Essa comparação evidencia a importância de se utilizar os ativos de forma eficiente em uma unidade de negócio.

Para calcular o investimento desses dois cenários explicitados, utilizou-se uma estimativa de valor para cada máquina/equipamento adicional. Essa estimativa muda em função do grupo de máquina e também do valor de custo da mão de obra adicional. Esses valores foram estimados mediante pesquisa e dados atuais à data do estudo. A Tabela 7.24 resume esses valores.

Os resultados das análises de Capacidade × Demanda (Tabelas 7.22 e 7.23), juntamente com os valores base de investimentos (Tabela 7.24) e os dados do cenário (Tabela 7.21), formam a análise completa de investimentos da unidade de negócio para o primeiro cenário (100 mil peças/dia) e estão consolidados na Tabela 7.25.

A partir da análise da Tabela 7.25, pode-se observar que será necessário um investimento de R$ 3.300.000,00 na aquisição de 13 máquinas/equipamentos e uma contratação adicional de mão de obra de 19 pessoas, a um custo mensal de R$ 32.300,00. Esses investimentos são necessários para que se obtenha capacidade suficiente para atender ao cenário 1 (100 mil peças/dia), considerando a eficiência dos equipamentos da ordem de 60%.

Em contrapartida, se essas eficiências forem elevadas aos patamares de 80%, a necessidade de investimentos se reduz a 3 máquinas/equipamentos (R$ 800.000,00) e o custo adicional de mão de obra passa para R$ 11.900,00 mensais. O retorno

Tabela 7.25 Análise de investimentos para o primeiro cenário (100 mil peças/dia)

Dados do cenário	Atual	Cenário 1
Volume (média diária mensal)	75 mil peças	100 mil peças
Ganho (mês):	R$ 2.560.794,09	R$ 4.197.126,18
Ganho adicional (mês):	R$ –	R$ 1.636.332,09
Dados de investimento	Eficiência 60%	Eficiência 80%
Necessidade de mão de obra (Qtd.)	19	7
Custo adicional com mão de obra (mês)	R$ 32.300,00	R$ 11.900,00
Necessidade de máquinas (Qtd.)	13	3
Investimento em máquinas (R$)	R$ 3.300.000,00	R$ 800.000,00
Retorno sobre investimento (meses)	2,06	0,49

Dados de necessidade de máquinas

Grupo de máquina	N° de máq.	Eficiência atual	Eficiências de 60%	Eficiências de 80%
Grupo 1	2	46%	1	
Grupo 2	1	51%	1	1
Grupo 3	3	46%		
Grupo 4	31	56%	3	
Grupo 5	4	41%		
Grupo 6	4	58%		
Grupo 7	3	56%		
Grupo 8	18	54%	2	
Grupo 9	5	56%	1	
Grupo 10	16	53%		
Grupo 11	4	57%		
Grupo 12	1	47%		
Grupo 13	2	55%		
Grupo 14	4	57%		
Grupo 15	1	48%	1	1
Grupo 16	1	50%		
Grupo 17	2	55%		
Grupo 18	1	35%		
Grupo 19	1	65%	1	
Grupo 20	2	45%	1	
Grupo 21	1	51%		
Grupo 22	1	32%		
Grupo 23	1	38%		
Grupo 24	5	46%		
Grupo 25	1	46%		
Grupo 26	2	66%	2	1
Grupo 27	3	55%		
Grupo 28	2	53%		
Grupo 29	1	42%		

Tabela 7.26 Necessidade de máquinas/equipamentos – visão consolidada de todos os cenários de Capacidade × Demanda estudados

Grupo de máquina	N° de máq.	Efic. atual	Cenário 1 100 mil/pçs/dia Efic. 60%	Cenário 1 Efic. 80%	Cenário 2 120 mil/pçs/dia Efic. 60%	Cenário 2 Efic. 80%	Cenário 3 130 mil/pçs/dia Efic. 60%	Cenário 3 Efic. 80%	Cenário 4 150 mil/pçs/dia Efic. 60%	Cenário 4 Efic. 80%
Grupo 1	2	46%	1		2	1	2	1	2	1
Grupo 2	1	51%	1	1	1	1	1	1	2	1
Grupo 3	3	46%								
Grupo 4	31	56%	3		8		11	2	14	5
Grupo 5	4	41%			1		2		1	
Grupo 6	4	58%								
Grupo 7	3	56%								
Grupo 8	18	60%	2		4		6		8	2
Grupo 9	5	56%	1		2		2		2	1
Grupo 10	16	53%								
Grupo 11	4	57%			1		1		2	
Grupo 12	1	47%			1		1		1	1
Grupo 13	2	55%								
Grupo 14	4	57%								
Grupo 15	1	48%	1	1	2	1	2	1	2	1
Grupo 16	1	50%								
Grupo 17	2	55%			1		1		1	1
Grupo 18	1	35%								
Grupo 19	1	65%	1		1	1	1	1	1	1
Grupo 20	2	45%	1		1		2		2	1
Grupo 21	1	51%								
Grupo 22	1	32%								
Grupo 23	1	38%								
Grupo 24	5	46%								
Grupo 25	1	46%							1	
Grupo 26	2	66%	2	1	2	2	2	2	3	3
Grupo 27	3	55%								
Grupo 28	2	53%								
Grupo 29	1	42%								
Necessidade de máquinas			13	3	27	6	34	8	42	18

sobre o investimento é calculado pela razão entre a necessidade de investimento e o ganho adicional em relação ao cenário atual. Nesse caso, o ganho adicional é de R$ 1.636.323,00 por mês, que deverá ser subtraído pelo custo adicional da mão de obra para obter o ganho real mensal do cenário previsto. Esse valor, para o cenário com eficiências de 60%, é de R$ 1.603.932,00 por mês (subtraindo R$ 32.300,00 do custo adicional de mão de obra), e de R$ 1.624.432 por mês (subtraindo R$ 11.900 do custo adicional de mão de obra) para o cenário em que as eficiências estão consideradas em 80%.

Por fim, a razão do investimento necessário (R$ 3.300.000,00 para 60% de eficiência e R$ 800.000,00 para 80% de eficiência) pelo ganho adicional obtido (R$ 1.603.932,00 por mês para 60% de eficiência e R$ 1.624.432,00 por mês para 80% de eficiência) resulta no retorno sobre o investimento. Para o caso de 60% de eficiência é de 2,06 meses, e para 80% de eficiência é de 0,49 meses.

Diante dessa análise, pode-se afirmar que o esforço no aumento em 20 pontos percentuais das eficiências dos equipamentos para esse cenário resultará em um *saving* de R$ 2.500.000,00 de investimento, que será necessário caso as eficiências permaneçam nos patamares de 60%.

Essas etapas para a construção das análises foram replicadas para cada cenário previsto, totalizando oito cenários propostos para a tomada de decisão em nível de plano de investimentos. A Tabela 7.26 consolida o resultado de cada cenário estudado, que de maneira detalhada está ilustrado nas Tabelas 7.22 e 7.23 para o cenário 1, como forma de exemplificação.

As necessidades de máquinas/equipamentos projetadas para cada cenário, conforme apresentado na Tabela 7.26, resultam na análise de investimentos de cada cenário. Um resumo desses dados encontra-se na Tabela 7.27, na qual pode ser identificado o retorno sobre investimento para cada cenário, bem como as necessidades de mão de obra e máquinas/equipamentos adicionais e os ganhos adicionais pelo incremento da demanda em relação ao cenário atual.

Com base neste estudo de caso, pode-se concluir que, com o mesmo nível de investimentos, elevando-se as taxas de eficiência para patamares de 80%, é possível atender uma demanda bem maior do que a que aquela atendida no cenário atual enfrentado pela empresa. Esse tipo de análise é fundamental para que o escalão gerencial possa tomar decisões de investimentos considerando as perspectivas futuras do negócio, além de identificar de forma precisa a real capacidade instalada, bem como seu respectivo limite operacional.

Gestão da capacidade *versus* demanda: a ferramenta C × D • **173**

Tabela 7.27 Resultados consolidados da análise de investimentos

Cenário		Ganho (R$/mês)	Ganho adicional (R$/mês)	Efic. (%)	Mão de obra			Máquinas		Retorno sobre invest. (meses)
					Quantidade adicional	Custo adicional (R$/mês)		Quantidade adicional	Invetimento (R$)	
100 mil peças	33% Aumento	R$ 4.197.126,18	R$ 1.636.332,09	60% 80%	19 7	R$ 32.300,00 R$ 11.900,00		13 3	R$ 3.300.000,00 R$ 800.000,00	2,06 0,49
120 mil peças	60% Aumento	R$ 4.769.334,15	R$ 2.208.540,06	60% 80%	36 11	R% 61.200,00 R$ 18.7000,00		27 6	R$ 7.050.000,00 R$ 1.400.000,00	3,28 0,64
130 mil peças	73% Aumento	R$ 5.126.964,12	R$ 2.566.170,04	60% 80%	46 13	R$ 78.200,00 R$ 22.100,00		34 8	R$ 9.200.000,00 R$ 1.800.000,00	3,70 0,71
150 mil peças	100% Aumento	R$ 5.579.176,44	R$ 3.018.382,35	60% 80%	56 25	R$ 95.200,00 R$ 42.500,00		42 18	R$ 11.050.000,00 R$ 4.300.000,00	3,78 1,44

7.5 Considerações finais

Neste capítulo foi discutida a importância da utilização da ferramenta Capacidade×Demanda (C × D) para a tomada de decisão gerencial pela construção dos possíveis cenários para o atendimento da demanda existente no mercado. Para exemplificar essa discussão, foi apresentado um estudo de caso real.

Em um eficiente modelo de gestão, a ferramenta C × D torna-se um instrumento-chave para a obtenção dos resultados organizacionais. No Capítulo 8 é apresentada a estrutura do modelo de gestão do Sistema Produttare de Produção – SPP.

Atualização na internet

Factory Pshysics: strategy, execution, profit. http://www.factoryphysics.com

Referências

ANTUNES JÚNIOR, J. A. et al. *Sistemas de produção*: conceito e práticas para projeto e gestão da produção enxuta. Porto Alegre: Bookman, 2008.

BARRETO, R. M. *Modelo para a tomada de decisão nos sistemas produtivos a partir da utilização de uma ferramenta de capacidade versus demanda*. Dissertação (Mestrado) - Universidade do Vale do Rio dos Sinos, São Leopoldo, 2010.

HAYES, R. et al. *Produção, estratégia e tecnologia*: em busca da vantagem competitiva. Porto Alegre: Bookmann, 2008.

HOPP, W. J.; SPEARMAN, M. L. *Factory physics*: foundations of manufacturing management. 2nd ed. New York: McGraw-Hill, 2000.

KLIPPEL, A. F. et al. Proposta de metodologia para análise de redução de capacidade e demanda nas empresas industriais. In: ENCONTRO NACIONAL DE ENGENHARIA DE PRODUÇÃO, 23., 2003, Ouro Preto. *Anais...* Santa Bárbara d' Oeste: ABEPRO, 2003.

MCNAIR, C. J. et al. Shifting perspectives: accouting, visibility and management action. *Advances in Management Accouting*, United Kingdom, ano 10, 2003.

8

O Sistema Produttare de Produção e a inserção dos métodos GPT e TP

O cenário de alta competitividade em que vivem as organizações, discutido no Capítulo 1, leva as empresas a desenvolverem sistemas de gestão que possibilitem a obtenção de resultados econômico-financeiros que assegurem sua sobrevivência a médio e longo prazo.

Este capítulo apresenta a estrutura de gestão do Sistema Produttare de Produção (SPP), concebida a partir de uma base conceitual suportada: i) pelo conceito de unidades estratégicas de negócio (UENs); ii) pelo princípio de custeio variável ou direto; iii) pelos princípios, técnicas e ferramentas do Sistema Toyota de Produção (STP), também denominado de Sistema de Produção Enxuta; e iv) pelos princípios, técnicas e ferramentas da Teoria das Restrições (TOC).

A estrutura do SPP está formatada em circuitos de melhorias vinculados às dimensões da competitividade – custo, prazo, velocidade, flexibilidade, qualidade e tecnologia –, e tem como um dos seus objetivos a implementação de melhorias nos processos produtivos das organizações com vistas à melhor utilização dos seus ativos fixos.

Um dos principais objetivos deste capítulo é mostrar a inserção dos métodos GPT e TP no quadro mais amplo do Sistema Produttare de Produção.

8.1 Introdução

O ambiente empresarial altamente competitivo e globalizado obriga as empresas brasileiras a melhorar seu desempenho, aumentando a produtividade e assegurando sua competitividade, com a realização do menor investimento possível. Nesse contexto, os princípios, conceitos e técnicas do Sistema Toyota de Produção – atualmente também denominado Sistema de Produção Enxuta (*Lean Production System*) – e da Teoria das Restrições (*Theory of Constraints*) são essenciais para a obtenção de resultados nas empresas industriais. Também são essenciais os métodos de gestão propugnados no âmbito da gestão da qualidade total (TQM – *Total Quality Management*), bem como os conceitos de estratégia de operações e estratégia competitiva.

A competitividade de uma empresa manifesta-se de forma diferenciada para cada unidade de negócio (agrupamento lógico de família de produtos × unidades de manufatura) e para cada tipo de mercado, de forma que a produção/operação deve ser capaz de atender demandas específicas que são traduzidas em "pacotes de valor" distintos. Ou seja, a manufatura deverá ser capaz de atender demandas com vantagens sobre seus concorrentes no que diz respeito às dimensões da competitividade que lhes são prioritárias, mercado a mercado: custo, prazo, velocidade, flexibilidade, qualidade e tecnologia.

Para isso, é necessário organizar os sistemas de produção de forma que respondam adequadamente a esses vários desafios, otimizando a utilização dos recursos da empresa para a maximização dos resultados, seja do lucro ou do retorno sobre o investimento. Organizar um sistema de produção significa atuar desde a definição da metodologia de alinhamento estratégico e de gestão das várias unidades de negócio e/ou centros de lucro da empresa, passando pela definição das melhores práticas e/ou ferramentas e técnicas para a busca da excelência operacional – de acordo com as características específicas dos negócios em questão –, até a adequação da estrutura organizacional, envolvendo também a melhoria contínua da sua base de competências e de tecnologia.

O modelo da Figura 8.1 procura representar sinteticamente um sistema de produção organizado para acionar circuitos de melhoria contínua (centros de competência, técnicas, ferramentas e métodos) de acordo com a dimensão estratégica que necessite alavancagem. A definição dessa necessidade parte de uma análise cruzada entre mercado (valor desejado pelo cliente) e concorrência (*gaps* em relação aos concorrentes).

Esse modelo de referência oferece um modelo de gestão estratégica de produção enxuta com visão sistêmica. Mais que a sistematização de princípios, métodos e técnicas do Sistema Toyota de Produção em sinergia com a Teoria das Restrições, esse modelo reconhece a necessidade de buscar competitividade pelas diferentes dimensões da Estratégia de Operações de forma distinta para cada unidade estratégica de negócio (combinações produto × mercado) características da empresa e de analisar o sistema de custos utilizado pela empresa pela lógica do princípio do custeio direto.

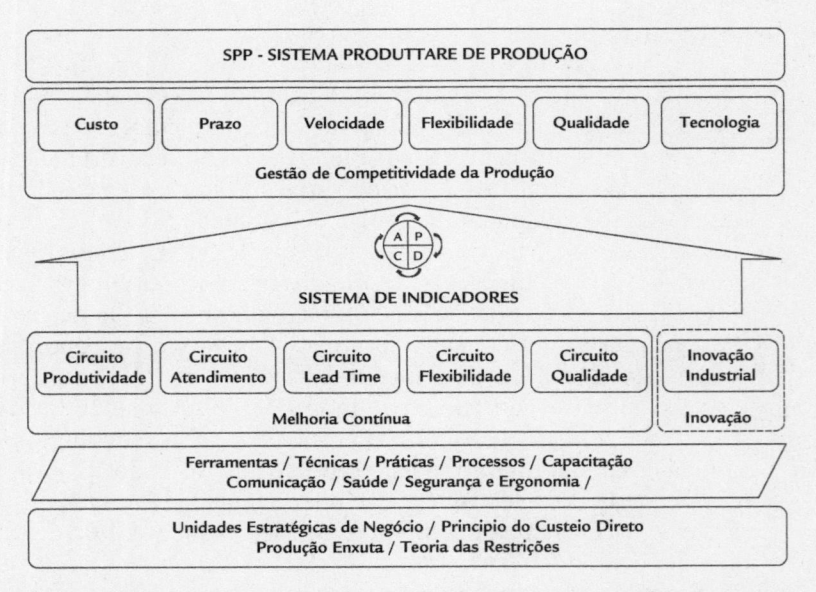

Figura 8.1 Modelo de referência do Sistema Produttare de Produção – SPP.

8.2 O conceito de unidade estratégica de negócio

Com a Revolução Industrial no início do século XX, grandes empresas surgiram, principalmente no segmento automobilístico, como foi o caso da Ford Motor Company, em um ambiente no qual a demanda era superior à capacidade produtiva. Entretanto, conforme discutido no Capítulo 1, a partir da crise do petróleo na década de 70 e, principalmente, a partir do segundo semestre de 2008, as empresas tiveram que se tornar eficientes em seus processos produtivos e de gestão para serem competitivas em mercados que evoluíram em complexidade e no aumento de sua segmentação. Dessa forma, elas precisaram desenvolver sistemas produtivos capazes de responder de forma efetiva e eficiente, segundo as diferentes dimensões da competitividade.

Skinner (1969) abordou os problemas decorrentes da formação de grandes empresas e suas estratégias de gestão de produção em *Manufacturing – Missing Link in Corporate Strategy* (1969) e *The Focused Factory* (1974). Nesses trabalhos, Skinner propôs a adoção da focalização das fábricas, isto é, a concepção de fábricas dentro da fábrica (*Factory Within Factory* – FWF). O argumento básico do autor consistiu em propor a divisão de fábricas "grandes" em fábricas "pequenas" e, portanto, mais fáceis de gerir. Esse conceito evolui para a noção econômica ampla de unidades estratégicas de negócio.

As UENs podem ser entendidas como diferentes famílias de produtos que têm relação direta com o mercado, ou seja, que apresentam preços reais no mercado. Já as unidades de manufatura se caracterizam pela entrega de peças físicas para outras unidades produtivas da fábrica, conforme representado na Figura 8.2.

Harmon e Peterson (1991) apresenta diversos motivos pelos quais a organização tradicional das grandes empresas tende a falhar: *i*) a comunicação dentro da fábrica torna-se muito difícil; *ii*) os executivos dirigem a fábrica a partir de escritórios muito distantes, gerando lentidão no processo de tomada de decisão; *iii*) as funções de apoio administrativo aumentam, sendo incrementados os controles burocráticos; *iv*) o pessoal do escritório raramente visita a fábrica, dificultando sua comunicação com ela; *v*) os trabalhadores operam em fronteiras limitadas, não

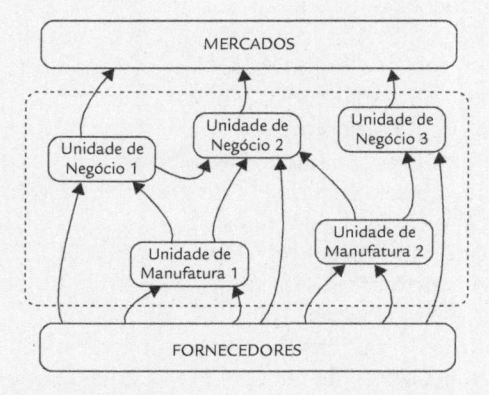

Figura 8.2 Unidades estratégicas de negócio e unidades de manufatura.

tendo responsabilidade e autonomia em questões importantes como a gestão de materiais e da qualidade; e *vi*) não existe uma cultura de resultados nos operadores da fábrica.

Em contrapartida, Harmon e Peterson (1991) salienta que as organizações gerenciadas sob o prisma das UENs têm características que ampliam o potencial de sucesso da empresa: *i*) excelente comunicação (facilidade de acesso aos níveis hierárquicos); *ii*) rapidez na solução de problemas (gestores operam próximo da operação); *iii*) minimização do tamanho das áreas de apoio, facilitando a comunicação com operação, fornecedores e clientes; *iv*) multifuncionalidade dos gestores, pois não é justificável a contratação de especialistas, devido ao tamanho da empresa; *v*) os serviços de apoio são, normalmente, realizados pelos operadores; *vi*) o pessoal de apoio conhece muito bem a realidade da fábrica; *vii*) todos os colaboradores sentem-se envolvidos diretamente com o resultado da empresa; *viii*) as pequenas empresas possuem limitada disponibilidade de recursos financeiros, o que leva a busca da otimização da utilização dos recursos disponíveis.

De acordo com Fischmann e Santos (1982), outro aspecto da aplicação das UENs está relacionado com as definições estratégicas da empresa. Quanto maior o grau de diversificação dos negócios, mais difícil se torna a concepção de estratégias, em função das peculiaridades de cada "negócio dentro do negócio". A constituição de UENs tende a possibilitar que as empresas construam suas estratégias a partir de uma visão diferenciada e integrada da empresa.

Em uma empresa gerenciada sob a lógica de unidades estratégicas de negócio, a aplicação do modelo apresentado na Figura 8.1 é feita pensando na realidade de cada uma das UENs da empresa, tendo como foco as principais dimensões de competitividade de cada uma delas.

8.3 Análise gerencial de custos nas UENs

A análise do sistema de custos de uma empresa pode ser feita verificando-se se o tipo de informação gerada é adequado às necessidades da empresa e quais seriam as informações importantes que deveriam ser fornecidas. Essa discussão está intimamente relacionada com os objetivos do sistema, pois a relevância das informações depende de sua finalidade. Assim, o que é importante para uma decisão pode não ser válido para outra. Segundo Bornia (2002), a análise do sistema, sob esse enfoque, será denominada *princípio de custeio*.

Um dos princípios possíveis é o denominado *princípio do custeio direto*, no qual apenas os custos variáveis são relacionados aos produtos, e os custos fixos são considerados como custos do período.

Bornia (2002) afirma que, entendendo os princípios de custeio como filosofias intimamente ligadas aos objetivos do sistema de custos, pode-se dizer que o custeio direto está relacionado com a utilização de custos para o apoio a decisões de curto prazo, nas quais os custos variáveis tornam-se relevantes e os custos fixos não (Bornia, 2002).

Dupont e Souza (2007), para ampliar a visão gerencial sobre a empresa, propõem a utilização de um sistema de custeio que tenha como princípio o custeio direto, classificando os custos fixos em três diferentes grupos:

a) Despesas de estrutura (DE): despesas com pessoal de diretoria, administrativo, financeiro, comercial, entre outros.
b) Custos fixos indiretos de apoio à fábrica (CFI): custos fixos com pessoal de manutenção, planejamento e controle da produção, gerência industrial, Engenharia de Produto e Processo, Pesquisa e Desenvolvimento, entre outros.
c) Custos fixos diretos de produção (CFD): custos fixos com a mão de obra direta, depreciação de máquinas, entre outros.

A margem de contribuição unitária de cada produto (MCU_i) é obtida pela Equação 8.1:

$$MCU_i = PV_i - CV_i$$

Equação 8.1 Margem de contribuição unitária do produto.

Onde:

MCU_i = Margem de contribuição unitária do produto i
PV_i = Preço de venda líquido do produto i
CV_i = Custo variável do produto i

Com essas informações e com os dados das quantidades de cada produto vendidas no mês (q_i), pode-se executar todos os cálculos para se obter o resultado de uma empresa em um determinado período de análise, conforme a Figura 8.3.

O DRE elaborado de acordo com o princípio do custeio direto em uma empresa para um período de análise de 12 meses é apresentado na Figura 8.4. A elaboração da planilha de DRE para análise da empresa, apresentada na Figura 8.4, para o mesmo período e considerando-se o princípio do custeio direto e as unidades estratégicas de negócio toma a forma apresentada na Figura 8.5.

Demonstrativo de Resultados	
Itens de Cáculo	Fórmulas
1. Faturamento Líquido (F)	$F = \sum_{i=1}^{n} PV_i \times q_i$
2; Custos Variáveis de Fábrica (CVF)	$CVF = \sum_{i=1}^{n} PV_i \times q_i$
3. Margem de Contribuição Total (MCT)	$MCT = F - CVF$
4. Custos Fixos Diretos (CFD)	x-x-x
5. Margem Fábrica Total (MFD)	$MFD = MCT - CFD$
6. Custos Fixos Indiretos (CFI)	x–x–x
7. Margem Fábrica Total (MFT)	$MFT = MFD - CFI$
8. Despesas com Estrutura (DE)	x–x–x
9. Resultado do Período (R)	$R = MFT - DE$

Figura 8.3 Fórmulas para se chegar ao resultado da empresa no período de análise.
Fonte: Dupont e Souza (2007).

EMPRESA "A"			
DESCRIÇÃO		TOTAL	%
1. FATURAMENTO BRUTO	R$	115.768.476,62	
%			100%
2. DEDUÇÕES	R$	21.057.383,49	
3. FATURAMENTO LÍQUIDO	R$	94.711.093,13	100%
%			81,81%
4. CUSTO VARIÁVEL DE PRODUÇÃO	R$	69.340.130,57	73,21%
4.1 Matéria-prima	R$	49.623.381,67	52,39%
4.2 Serviços de terceiros	R$	16.122.997,49	17,02%
4.3 Comissão de Vendas	R$	3.593.751,41	3,79%
5. MARGEM DE CONTRIBUIÇÃO TOTAL	R$	25.370.962,57	26,79%
%			26,79%
6. CUSTO FIXO DIRETO	R$	4.276.141,79	4,51%
6.1 Fábrica 1	R$	1.132.422,33	1,20%
6.2 Fábrica 2	R$	1.606.722,52	1,70%
6.3 Fábrica 3	R$	1.440.095,00	1,52%
6.4 Programação de Produção e Materiais	R$	96.901,94	0,10%
7. MARGEM FÁBRICA DIRETA	R$	21.094.820,77	22,27%
%			21,91%
8. CUSTO FIXO INDIRETO	R$	5.408.663,01	5,71%
9. MARGEM FÁBRICA TOTAL	R$	15.686.157,76	16,56%
10. DESPESAS COM ESTRUTURA	R$	7.694.403,90	8,12%
11. RESULTADO OPERACIONAL	R$	7.991.753,86	8,44%

Figura 8.4 DRE elaborado de acordo com o princípio de custeio direto.

Fonte: Adaptada de Dupont e Souza (2007).

Dupont, Antunes Júnior e Pantaleão (2009) propõem que sejam analisados *i*) o resultado operacional (R), *ii*) a margem de fábrica direta (MFD) e *iii*) a margem de contribuição total (MCT). Podem ser feitas, então, as seguintes considerações: *i*) o resultado operacional da empresa (EBTIDA) é obtido descontando da receita líquida todas as despesas para operação da empresa

EMPRESA "A"										
DESCRIÇÃO		UEN 1		UEN 2		UEN 3		TOTAL		%
1. FATURAMENTO BRUTO	R$	34.740.884,85	R$	64.395.767,78	R$	16.631.824,00	R$	115.768.476,62		
%		30,01%		55,62%		14,37%				100%
2. DEDUÇÕES	R$	7.831.289,79	R$	13.176.942,70	R$	3.049.151,00	R$	21.057.383,49		
3. FATURAMENTO LÍQUIDO	R$	29.909.595,06	R$	51.218.825,08	R$	13.582.673,00	R$	94.711.093,13		100%
%		77,46%		79,54%		81,67%		81,81%		
4. CUSTO VARIÁVEL DE PRODUÇÃO	R$	436.689,28	R$	42.264.899,28	R$	12.638.542,00	R$	69.340.130,57		73,21%
4.1 Matéria-prima	R$	9.466.491,78	R$	28.049.456,88	R$	12.107.433,00	R$	49.623.381,67		52,39%
4.2 Serviços de terceiros	R$	3.727.472,54	R$	12.209.169,95	R$	186.355,00	R$	16.122.997,49		17,02%
4.3 Comissão de Vendas	R$	1.242.724,96	R$	2.006.272,45	R$	344.754,00	R$	3.593.751,41		3,79%
5. MARGEM DE CONTRIBUIÇÃO TOTAL	R$	12.472.905,78	R$	8.953.925,80	R$	944.131,00	R$	25.370.962,58		26,79%
%								26,79%		
6. CUSTO FIXO DIRETO	R$	1.160.108,60	R$	1.648.251,92	R$	1.467.781,27	R$	4.276.141,79		4,51%
6.1 Fábrica 1	R$	1.132.422,33	R$	-	R$	-	R$	1.132.422,33		1,20%
6.2 Fábrica 2	R$	-	R$	1.606.722,52	R$	-	R$	1.606.722,52		1,70%
6.3 Fábrica 3	R$	-	R$	-	R$	1.440.095,00	R$	1.440.095,00		1,52%
6.4 Programação de Produção e Materiais	R$	27.686,27	R$	41.528,40	R$	27.686,27	R$	96.901,94		0,10%
7. MARGEM FÁBRICA DIRETA	R$	11.312.797,18	R$	7.305.673,88	R$	(523.650,27)	R$	21.094.820,79		22,27%
%		42,04%		14,26%		-3,86%		21,91%		
8. CUSTO FIXO INDIRETO							R$	5.408.663,01		5,71%
9. MARGEM DE FÁBRICA TOTAL							R$	15.686.157,76		16,56%
10. DESPESAS COM ESTRUTURA							R$	7.694.403,90		8,12%
11. RESULTADO OPERACIONAL							R$	7.991.753,86		8,44%

Figura 8.5 DRE elaborado de acordo com o principio de custeio direto por UEN.

Fonte: Adaptada de Dupont, Antunes Júnior e Pantaleão (2009).

no período; *ii*) a margem de contribuição total (MCT) por UEN é obtida pela subtração dos custos variáveis diretos da receita líquida de cada UEN; e *iii*) a margem de fábrica direta (MFD), que representa o valor real agregado da UEN para a empresa, é obtida descontando-se da MCT de cada UEN seus custos fixos diretos.

Observa-se na Figura 8.5 que a UEN2 apresenta, percentualmente, o maior resultado em termos de faturamento (55,62%), enquanto a UEN1 é a que possibilita a maior margem (42,04%) e a UEN3, que tem a menor participação no faturamento (6,95%), apresenta um resultado negativo (-3,86%).

Dessa forma, cada UEN pode ter seu perfil gerencial e de resultados gerenciado com o princípio do custeio variável. O resultado operacional da empresa é a diferença entre o ganho operacional e as despesas operacionais.

Para aumentar o resultado operacional, as seguintes questões devem ser analisadas pelo corpo gerencial das empresas: *i*) como melhorar o preço de venda?; *ii*) como aumentar as quantidades vendidas?; *iii*) como reduzir os custos das matérias-primas?; e *iv*) como melhorar as margens de contribuição? Essas questões são fundamentais no que tange ao aumento de produtividade e à obtenção de melhores resultados na empresa.

8.4 Metodologias de gestão como base conceitual do Sistema Produttare de Produção

Além do conceito das unidades estratégicas de negócio e da aplicação do princípio do custeio direto para análise da tomada de decisão gerencial, o modelo proposto na Figura 8.1 considera a implantação das ferramentas, técnicas e práticas de duas consagradas metodologias de gestão – o Sistema Toyota de Produção (STP), também conhecido como Sistema de Produção Enxuta, e a Teoria das Restrições (TOC) – como as bases conceituais para sua construção. Essas bases estão alinhadas com as diretrizes estratégicas do SPP para a gestão competitiva da produção com foco nos resultados organizacionais. Essas diretrizes estratégicas são: *i*) a redução dos custos; *ii*) a melhoria do atendimento; *iii*) o aumento da velocidade; *iv*) o aumento da flexibilidade; *v*) o aumento da qualidade intrínseca; e *vi*) a inovação tecnológica.

8.4.1 O Sistema Toyota de Produção – STP

O STP foi construído sob a premissa básica da redução dos custos de produção. Ohno (1997) postula que "a redução de custos deve ser o objetivo dos fabricantes de bens de consumo que busquem sobreviver no mercado atual" (Ohno, 1997, p.30). A análise dessa última abordagem implica "na realização de esforços implacáveis para cortar custos, sem os quais uma empresa não sobrevive" (Shingo, 1996, p.44). Sobreviver no mercado atual significa ser competitivo por meio da redução dos custos de produção, sem alterar as demais dimensões da qualidade, constituindo um novo paradigma segundo o qual as organizações devem ser gerenciadas.

Sob a mesma ótica, Ghinatto (1996) afirma que "o STP é em essência a constante perseguição às perdas e sua completa eliminação. Contudo, isto só tem sentido caso esteja vinculado consistentemente ao objetivo de redução dos custos" (Ghinatto, 1996, p.53). Dessa forma, o enfoque da redução dos custos de produção pela eliminação de perdas, conforme proposto no STP, faz com que o custo seja visto sob outro prisma.

Antunes Júnior (1998) afirma que, dentro da lógica desenvolvida por Ohno e Shingo, a ideia de custo toma outro significado. O custo passa a ser visualizado como todo o valor realmente agregado ao produto (como operações de montar, fresar, etc.). Já as atividades improdutivas (como contar peças, inspecionar, retrabalhar peças, etc.) são vistas como desperdícios e, dessa forma, como "custos" que devem ser eliminados.

Antes da crise do petróleo ocorrida na década de 70, os preços de venda dos produtos eram determinados pela equação: preço de venda = custo de produção + lucro. Por essa lógica, ocorria o repasse das ineficiências dos processos de produção aos clientes. Assim, tanto operações produtivas quanto operações improdutivas (como movimentações, esperas) eram consideradas custos. Essa visão só é sustentável em uma situação de demanda maior que a oferta, ou seja, em mercados em expansão.

No início da década de 70, essa noção de custos começou a sofrer modificações. O novo significado dos custos provocou, então, a seguinte mudança na equação: preço de venda − custo de produção = lucro. Ohno (1997) explica que, para conseguir um aumento nos lucros de acordo com essa equação, é preciso reduzir custos, uma vez que o preço de venda é determinado pelo mercado. Segundo o autor, a preocupação deve ser reduzir os custos em vez de calculá-los. Por essa nova lógica, os custos são somente as atividades que agregam valor ao produto, e atividades improdutivas são vistas como desperdício.

Buscando atingir os objetivos do princípio da subtração do custo, Ohno (1997) estudou os movimentos dos trabalhadores e observou que esses movimentos poderiam ser divididos em desperdício e trabalho. Desperdício ou perda é toda a atividade desnecessária que gera custos e não agrega valor ao produto, serviço ou ideia. Segundo o autor, o trabalho pode ser dividido em dois tipos:

a) Trabalho sem adição de valor: são movimentos decorrentes das condições atuais de trabalho, como a necessidade de caminhar para apanhar uma peça e fixá-la em um centro de usinagem para processamento.
b) Trabalho com adição de valor: é o trabalho efetivo, processamento de matérias-primas ou peças. No exemplo anterior, esse trabalho efetivo constitui o próprio processamento da peça no centro de usinagem.

Segundo Ohno (1997), para aumentar a proporção de trabalho com valor agregado, é necessário preocupar-se com os movimentos que não agregam valor, ou seja, a total eliminação do desperdício. Essa visão de Ohno deve ser entendida como uma estratégia de longo prazo, que busca uma constante reavaliação das perdas, ou seja, trata-se de uma lógica de melhoria contínua.

A partir do entendimento de que o cenário no qual a Toyota Motor Company estava inserida era o de produção em pequenos volumes e alta variedade de produtos e do entendimento de como deveria ser analisado o fenômeno da produção (dando origem ao mecanismo da função produção, discutido no Capítulo 3), foram desenvolvidos vários conceitos e ferramentas, como TRF, *kanban*, multifuncionalidade, leiaute celular, entre outros. Esses conceitos e ferramentas deram origem ao STP, na busca da eliminação dos desperdícios existentes nos processos produtivos, para a redução dos custos de produção e aumento dos ganhos, assegurando, assim, a competitividade da empresa.

8.4.2 A Teoria das Restrições

A TOC foi desenvolvida pelo físico israelense Eliyahu Goldratt, mundialmente conhecido após a publicação do livro *A Meta* em 1984, no qual introduz os princípios globais dessa teoria em estilo socrático (Goldratt e Cox, 2011).

Segundo o autor, "a meta de uma empresa industrial é ganhar dinheiro" (Goldratt e Cox, 2011, p. 49). Essa meta é alcançada pela otimização das restrições de um sistema de produção.

Cox III e Spencer (2002) afirmam que "restrição é qualquer elemento ou fator que impede que um sistema conquiste um nível melhor de desempenho no que diz respeito a sua meta. As restrições podem ser físicas, como, por exemplo, um equipamento ou a falta de material, mas elas podem ser também de ordem gerencial, como procedimentos, políticas e normas". (Cox III e Spencer, 2002, p.38).

Antunes Júnior (1998) salienta que Goldratt desenvolveu um processo de pensamento que constitui um método de identificação, análise e solução de problemas baseado no método científico – relações do tipo efeito-causa-efeito. Trata-se de uma abordagem que permite a implantação de mudanças nos processos de produção pela realização de melhorias neles. Para tanto, deve-se responder três perguntas:

a) O que mudar?
b) Para o que mudar?
c) Como realizar a mudança?

Entender o cenário atual do processo de produção responde a primeira pergunta. A segunda pergunta implica decidir qual é a situação que se deseja para esse cenário. A terceira pergunta é respondida pelo método utilizado para que as mudanças sejam efetivadas.

Segundo Goldratt e Cox (2011), "a soma dos ótimos locais não é igual à soma dos ótimos globais". Os questionamentos principais dessa afirmação são os seguintes: a) qual é o ótimo global de uma empresa e quem determina essa meta?; b) como saber se a meta está sendo alcançada?; c) como definir ações locais visando o alcance da meta?

A partir do processo de pensamento, Goldratt desenvolveu um sistema de medidores com a função de orientar as ações de melhorias para a implantação das mudanças: os indicadores de desempenho, cuja função é medir o alcance da meta da empresa. Estes indicadores são:

a) **lucro líquido**, que consiste em um medidor absoluto de alcance da meta;
b) **retorno sobre o investimento**, que consiste em um medidor relativo de alcance da meta;

c) **caixa**, que consiste em um medidor de sobrevivência.

Esses são os indicadores globais da empresa. No entanto, para saber se as ações gerenciais, em nível de fábrica, estão alinhadas com esses indicadores, é preciso estabelecer uma ligação com eles. Para isso, Goldratt e Cox (2011) propõem três indicadores locais (operacionais) de desempenho:

a) **ganho**, que é a taxa pela qual o sistema gera dinheiro pelas vendas. Este indicador é obtido subtraindo-se o valor das matérias-primas do preço dos produtos;
b) **investimento**, que é todo o dinheiro que o sistema investe na compra de coisas que pretende vender. Os prédios da empresa, terrenos, computadores, móveis, máquinas, veículos e similares são classificados como investimentos. Neste indicador, também estão incluídos os estoques (matéria-prima, produtos em processamento e produtos acabados) que se transformam em ganho no momento da venda;
c) **despesas operacionais**, que é todo o dinheiro que o sistema gasta para transformar o inventário em ganho. Neste indicador estão incluídas todas as despesas da empresa.

A relação entre os indicadores globais e locais é:

i) O lucro líquido é obtido subtraindo-se as despesas operacionais do ganho.
ii) O retorno sobre o investimento é obtido pela divisão do lucro pelo investimento.

Os indicadores locais, como se observa, são diferentes daqueles tradicionalmente utilizados pela contabilidade de custos. Portanto, é importante considerar o ganho como a medida mais importante. Assim, uma melhoria não é necessariamente uma redução de custos, mas um aumento do ganho.

Com base nos indicadores de desempenho, Goldratt e Cox (2011) propõem o gerenciamento das restrições de um sistema de produção por meio de uma sequência de ações, que constituem as etapas de focalização da TOC. Segundo Cox III e Spencer (2002), essas etapas permitem que os gerentes planejem o processo global de produção e concentrem sua atenção nos recursos que criam o maior impacto.

O gerenciamento das restrições tem maior impacto na medida em que permite aos gerentes desenvolver uma visão da organização como um sistema, o que é diferente da visão tradicional, que consiste em otimizar o desempenho de cada departamento de forma isolada.

Conforme COX III e Spencer (2002), as cinco etapas de focalização da TOC são:

1ª *Identificar a(s) restrição(ões) do sistema.* As restrições podem ser internas ou externas. Em uma determinada situação de mercado, quando a demanda é maior do que a capacidade instalada de produção, há uma restrição interna, denominada gargalo de produção. É essa restrição que define a capacidade de produção de todo o sistema produtivo.

Quando a demanda é menor do que a capacidade instalada, há uma restrição externa – o mercado.

2ª *Decidir como explorar a restrição do sistema.* Se a restrição for interna, esta etapa significa maximizar a utilização da restrição a favor da meta da empresa. Na situação em que a restrição é externa, não existem gargalos no processo de produção e a meta da empresa estará limitada pelas restrições impostas pelo mercado.

3ª *Subordinar todos os demais recursos à restrição.* Nesta etapa, considerada por Cox III e Spencer (2002) a mais difícil de ser implantada, todas as outras atividades do processo de produção devem ser subordinadas à restrição. Independentemente de a restrição ser interna ou externa, os recursos não restritivos devem seguir o ritmo da restrição.

4ª *Elevar a capacidade da(s) restrição(ões).* Esta etapa consiste em aumentar a capacidade de produção dos recursos restritivos. No caso da restrição interna, atua-se sobre o sistema de produção pela compra de equipamentos, redução dos tempos de paradas, etc. No caso da restrição externa, as ações devem estar relacionadas ao incremento da demanda da empresa no mercado (em uma visão ampla, devem ser consideradas outras restrições possíveis como: *i*) falta de capital financeiro; *ii*) falta de efetivo com qualificação e *iii*) sazonalidade dos produtos ofertados para o mercado, que limitam a capacidade de produção de uma organização.

5ª *Voltar à etapa 1 se a restrição for quebrada, não permitindo que a inércia tome conta do sistema.* O aumento da capacidade do recurso restritivo implicará na quebra da restrição, surgindo uma nova restrição. Dessa maneira, deve-se retornar à etapa 1, reiniciando todo o processo para evitar que a inércia interrompa o processo de melhoria contínua do sistema.

O conceito de unidades estratégicas de negócio, o princípio do custeio variável ou direto, com foco nos resultados, o Sistema Toyota de Produção e a Teoria das Restrições constituem as bases conceituais que deram origem ao SPP, conforme representado na Figura 8.6.

A partir destas bases conceituais, foi desenvolvido o modelo de referência do SPP, apresentado na Figura 8.1, no início deste capítulo. Conforme comentado, esse sistema foi organizado para acionar circuitos de melhoria contínua de acordo com a dimensão da competitividade estratégica que a empresa necessita alavancar para a obtenção dos melhores resultados econômico-financei-

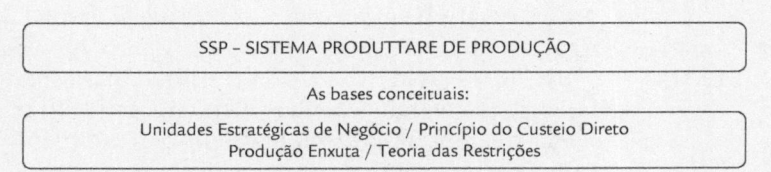

SSP – SISTEMA PRODUTTARE DE PRODUÇÃO
As bases conceituais:
Unidades Estratégicas de Negócio / Princípio do Custeio Direto Produção Enxuta / Teoria das Restrições

Figura 8.6 Bases conceituais do SPP.

ros. Assim, o SPP operacionaliza a gestão da melhoria contínua, devendo estar, para isso, integrado ao sistema de indicadores da empresa.

O sistema de monitoramento e controle do desenvolvimento do modelo de referência do SPP é suportado pelo método PDCA, discutido no Capítulo 2 deste livro. Conforme mostrado na Figura 8.1, a gestão da competitividade da produção é suportada por circuitos de melhoria contínua, cada um dos quais alinhados a uma dimensão da competitividade.

8.5 Circuitos de melhoria contínua do SPP

Os circuitos de melhoria contínua alinhados a cada uma das dimensões da competitividade do SPP são os seguintes:

8.5.1 Circuito 1 – Produtividade

Este circuito é vinculado à dimensão da competitividade "custo", com foco na melhor utilização da capacidade dos recursos existentes pela redução dos custos e aumento do ganho, e é suportado por três pilares:

1. **Gestão dos postos de trabalho (GPT)**, que visa maximizar a utilização dos ativos de produção pela melhoria dos processos e das operações mais lentas do sistema produtivo com o aumento da eficiência operacional calculada pelo IROG (índice de rendimento operacional global), discutido no Capítulo 3.
2. **Tempos de processamento (TP)**, que visa a redução dos tempos de processamento (também denominado tempo de ciclo ou tempo padrão) dos recursos críticos identificados a partir da análise de uma planilha de Capacidade × Demanda (C × D), discutida no Capítulo 7.
3. **Manutenção produtiva total (MPT/TPM)**, que tem ênfase na conservação e manutenção dos equipamentos da empresa, utilizando, para isso, métodos e técnicas de manutenção tendo por base a atuação em equipe envolvendo os profissionais ligados à produção e à manutenção.

8.5.2 Circuito 2 – Atendimento

Este circuito é vinculado à dimensão da competitividade "prazo" e tem como objetivo o atendimento aos prazos de entrega demandados pelo mercado, o que deixa a empresa em vantagem sobre a concorrência.

Exemplos de pilares deste circuito são: *i*) nivelamento de Capacidade × Demanda (C × D), que possibilita o monitoramento da capacidade de cada recurso restritivo de forma individual frente a diferentes cenários ou diferentes *mixes* de demanda; *ii*) programação final da produção (PFP) cujo objetivo principal consiste na sincronização da produção para atendimento dos pedidos no prazo, pela definição do melhor sequenciamento de atividades para os recursos produtivos; *iii*) matriz de posicionamento estratégico de materiais (MPEM), que consiste em um instrumento para a gestão segmentada de suprimentos no contexto produtivo; e *iv*) sistema de execução da manufatura (MES), responsável pelo gerenciamento do processo de produção.

8.5.3 Circuito 3 – *Lead Time*

Este circuito é vinculado à dimensão da competitividade "velocidade", cujo objetivo é garantir a velocidade de produção para atender com agilidade as demandas do mercado, com máximo giro de estoques em processo, acarretando na redução de custos e no atendimento.

Exemplos de pilares deste circuito são: *i*) mapeamento do fluxo de valor (MFV), com o objetivo de proporcionar à empresa a visualização dos desperdícios (perdas) existentes nos processos produtivos; *ii*) leiaute, com o objetivo de combinar a força de trabalho com as características físicas da área fabril (máquinas, rede de serviços, áreas de armazenagem, recebimento e expedição e equipamentos de transporte); e *iii*) operação-padrão, com o objetivo de combinar de forma efetiva materiais, trabalhadores e máquinas para que produzam com eficiência pela execução de um trabalho padronizado.

8.5.4 Circuito 4 – Flexibilidade

Este circuito é vinculado à dimensão da competitividade "flexibilidade", buscando garantir o atendimento às variações de *mix* de produção demandadas pelo mercado.

Exemplos de pilares deste circuito são: *i*) Troca Rápida de Ferramentas (TRF), que busca a flexibilização da produção em relação ao atendimento da flutuação do volume e variedade e *ii*) *preset*, que tem a função de organizar, manter, reparar, repor e armazenar em endereços específicos todo o material (ferramentas e dispositivos) aplicado à produção, dando suporte na preparação de máquinas.

8.5.5 Circuito 5 – Qualidade

Este circuito, como o próprio nome indica, é vinculado à dimensão da competitividade "qualidade", cujo objetivo é desenvolver e manter metodologias e ferramentas da qualidade para promover a melhoria contínua dos processos produtivos.

Exemplos de pilares deste circuito são: *i*) Controle Estatístico de Processos (CEP), com a finalidade de fornecer subsídios para que se possa atuar nos processos de forma preventiva, a fim de evitar a produção de produtos que não atendam as especificações; *ii*) FMEA (*Failure Mode and Effects Analysis* – Análise do Modo e Efeito de Falha), que tem como objetivo identificar e classificar falhas potenciais, as causas de falhas potenciais, as ações corretivas para reduzir ou eliminar as falhas potenciais e manter o registro técnico das análises de forma sistemática; e *iii*) *poka-yoke*, para a detecção de condições de anormalidade no processo produtivo, realizando a inspeção na fonte e identificando e mantendo sob controle as causas geradoras dos defeitos.

8.5.6 Circuito 6 - Inovação Industrial

Este circuito é vinculado à dimensão da competitividade "tecnologia", cujo objetivo é suportar metodologicamente a Gestão da Inovação de Processos, com vistas à evolução contínua da tecnologia nos processos produtivos de forma incremental como semirradical e/ou radical, por métodos e técnicas de gestão de projetos e por meio de abordagens de trabalho para a melhoria contínua.

Exemplos de pilares deste circuito são: *i*) *kaizen*, voltado ao desenvolvimento e melhoria contínua das dimensões da competitividade; *ii*) Círculos de Controle da Qualidade (CCQ), que têm por objetivo buscar soluções para os problemas relacionados com a redução dos desperdícios, a redução de custos, a qualidade dos produtos e o aumento da eficiência operacional, entre outros, nos processos produtivos; e *iii*) Engenharia de Valor/Análise de Valor (EV/AV), que busca atingir o valor ótimo de um produto, sistema ou serviço de acordo com as funções necessárias, pelo menor custo.

8.6 A matriz de responsabilidades

A operacionalização do SPP pressupõe a construção de uma estrutura de melhoria constituída por colaboradores da empresa denominada matriz de responsabilidades, apresentada na Figura 8.7.

Conforme se observa na Figura 8.7, a macroestrutura da matriz de responsabilidades é composta por um comitê de direção, um comitê de implantação, coordenadores das unidades estratégicas de negócio e de manufatura e responsáveis por circuito, além de outros colaboradores como implementadores, digitadores e pessoas provenientes das áreas de apoio.

As atribuições dos integrantes da matriz de responsabilidades são as seguintes:

Comitê de direção:

1. Definir e aprovar as diretrizes para a implementação e consolidação do sistema de produção da empresa, tendo por base os conceitos, princípios e ferramentas do Sistema Toyota de Produção (STP) e da Teoria das Restrições (TOC).
2. Deliberar sobre os indicadores e metas a serem buscados no sistema de produção da empresa.
3. Acompanhar as ações e os resultados alcançados no sistema de produção da empresa.
4. Deliberar sobre redimensionamentos do sistema de produção da empresa.
5. Deliberar sobre as decisões demandadas pelo comitê de implementação.

Comitê de implementação:

1. Realizar a implementação e consolidação do sistema de produção da empresa a partir das diretrizes estabelecidas pelo comitê de direção.

O Sistema Produttare de Produção e a inserção dos métodos GPT e TP • 189

MATRIZ DE RESPONSABILIDADES SPE

- Comitê de Direção
- Comitê de Implantação
- Unidades de Negócio e de Manufatura
- Áreas de Apoio (Melhoria Contínua, PCP, Suprimentos, Engenharia RH, Custos, ...)

Circuitos: Quantidades | Atendimento | Lead time | Flexibilidade | Qualidade | Inovação Industrial

RESPONSÁVEIS PELOS CIRCUITOS

COORDENADORES — IMPLEMENTADORES

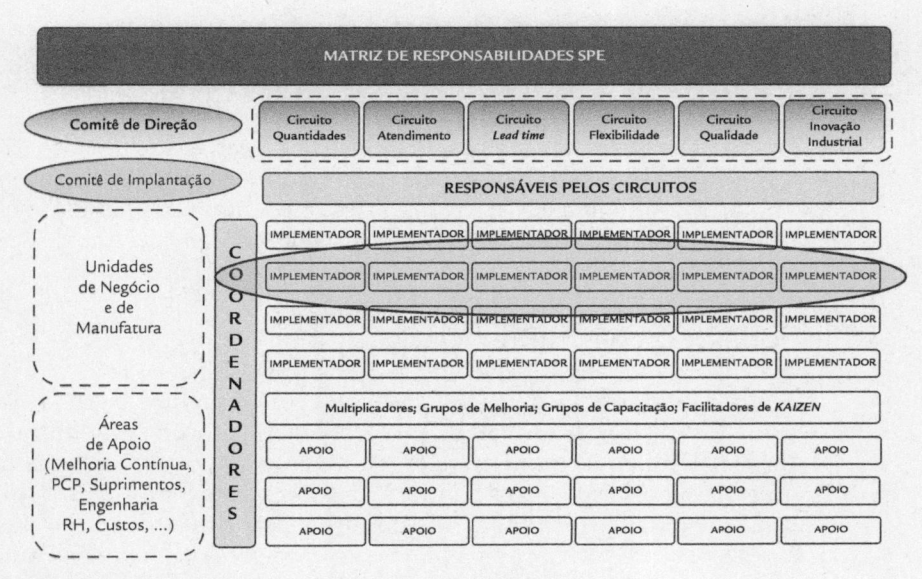

Multiplicadores; Grupos de Melhoria; Grupos de Capacitação; Facilitadores de KAIZEN — APOIO

Figura 8.7 Estrutura da matriz de responsabilidades.

2. Dar suporte à implementação dos conceitos e ferramentas no sistema de produção da empresa, com base nos conceitos, princípios e ferramentas do Sistema Toyota de Produção (STP) e da Teoria das Restrições (TOC).
3. Monitorar os desempenhos dos indicadores estabelecidos no sistema de produção da empresa.
4. Tomar decisões em relação às demandas oriundas da matriz de responsabilidades.

Responsável por circuito:

1. Ser o responsável pelo projeto, implementação e manutenção do método GPT em sua UEN.
2. Dominar conceitos, princípios, ferramentas e metodologia associados aos circuitos sob suas responsabilidade.
3. Desenvolver e gerenciar cronogramas de implementação dos métodos e ferramentas relacionados aos circuitos sob sua responsabilidade.
4. Apoiar os coordenadores das UENs e das UMs na melhoria do seu desempenho.

Coordenador:

1. Ser o responsável pelo projeto e implementação e manutenção do método GPT em sua UEN.
2. Analisar a evolução dos indicadores de desempenho relacionados com o IROG.
3. Validar os planos de ação elaborados para o aumento do IROG.
4. Prover os recursos necessários para a realização das ações preconizadas nos planos de ação.

Implementador:
1. Analisar a evolução dos indicadores de desempenho relacionados com o IROG.
2. Organizar as reuniões de rotina para a gestão do método GPT.
3. Elaborar os planos de ação para o aumento do IROG.
4. Monitorar a execução das ações constantes dos planos de ação com o objetivo de manter atualizados os prazos de realização dessas ações.

8.7 Considerações finais

Desenvolvido com foco nas dimensões da competitividade (custo, prazo, velocidade, flexibilidade, qualidade e tecnologia), o Sistema Produttare de Produção possibilita à empresa um entendimento amplo do cenário competitivo em que está inserida, propiciando, a identificação de seus pontos fracos. Pela atuação em circuitos específicos do SPP e pela implementação dos respectivos conceitos, técnicas e ferramentas, a empresa pode não só aumentar a sua participação no mercado, mas também consolidar-se nele. O SPP é uma proposta robusta para responder às necessidades de melhorias e alavancagem operacional encontradas nas organizações, sendo que sua implementação segue metodologias desenvolvidas para as necessidades específicas da empresa.

A questão central deste livro é a implantação de melhorias nos processos produtivos das organizações para a melhor utilização dos seus ativos fixos, de acordo com o conceito de tecnologia citado no Capítulo 1 e proposto por Vasconcellos e Vidal (1998): "tecnologia vem a ser a maximização da utilização dos recursos abundantes (porque são proporcionalmente mais baratos) e a

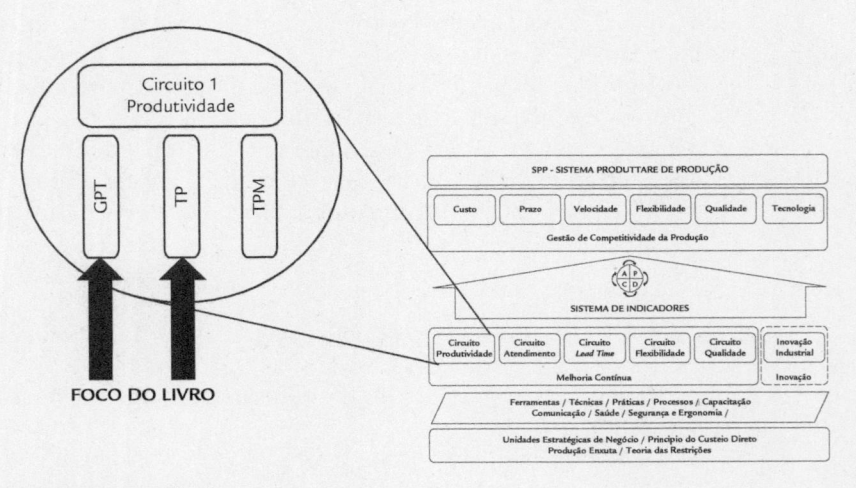

Figura 8.8 Foco do livro.

minimização dos recursos escassos (porque são proporcionalmente mais caros)". Assim, este livro voltou-se para o Circuito 1 – Produtividade do modelo de referência do SPP, conforme destacado na Figura 8.8, com foco nos pilares Gestão do Posto de Trabalho – GPT e Tempos de Processamento – TP.

Atualização na internet

Produttare: tecnologias e soluções para gestão. http://www.produttare.com.br
AGI-Goldratt Institute - Real Solutions Real Results. http://www.goldratt.com
Lean Enterprise Institute. http://www.lean.org
Strategos Lean Manufacturing. http://www.strategosinc.com/focused_factory.htm

Referências

ANTUNES JÚNIOR, J. A. *Em direção a uma teoria geral do processo na administração da produção*: uma discussão sobre a possibilidade de unificação da teoria das restrições e da teoria que sustenta a construção dos sistemas de produção com estoque zero. Tese (Doutorado em Administração) - Programa de Pós-Graduação em Administração, Universidade Federal do Rio Grande do Sul, Porto Alegre, 1998.

BORNIA, A. C. *Análise gerencial de custos*: aplicação em empresas modernas. Porto Alegre: Bookman, 2002.

COX III, J. F.; SPENCER, M. S. *Manual da teoria das restrições*. São Paulo: Bookman, 2002.

DUPONT, A. C.; SOUZA, J. S. Análise gerencial de custos: uma abordagem voltada para o aumento do resultado econômico-financeiro das organizações. In: SIMPÓSIO DE ENGENHARIA DE PRODUÇÃO, 14., 2007, Bauru. *Anais...* Bauru: UNESP, 2007.

DUPONT, A. C.; ANTUNES JÚNIOR, J. A.; PANTALEÃO, L. H. Unidades estratégicas de negócio: implicações na análise gerencial de custos. In: SIMPÓSIO DE ENGENHARIA DE PRODUÇÃO, 16., 2009, Bauru. *Anais...* Bauru: UNESP, 2009.

FISCHMANN, A.; SANTOS, S. Uma aplicação de UEN´s: unidades estratégicas de negócio na formulação do planejamento estratégico. *Revista de Administração*, São Paulo ano 17, n. 3, p.5-20, 1982.

GHINATTO, P. *Sistema Toyota de produção*: mais do que simplesmente just-in-time. Caxias do Sul: Universidade de Caxias do Sul, 1996.

GOLDRATT, E. M.; COX, J. F. *A meta:* um processo de melhoria contínua. São Paulo: Nobel, 2011.

HARMON, R.; PETERSON, L. *Reinventando a fábrica*: conceitos modernos de produtividade aplicados na prática. Rio de Janeiro: Campus, 1991.

OHNO, T. *O Sistema Toyota de produção*: além da produção em larga escala. Porto Alegre: Bokmann, 1997.

SHINGO, S. *Sistemas de produção com estoque zero*: o sistema Shingo para melhorias contínuas. Porto Alegre: Bookman, 1996.

SKINNER, W. Manufacturing: missing link in corporate strategy. *Harvard Business Review*, Boston, ano 47, n.3, p. 156-167, 1969.

SKINNER, W. The focused factory. *Harvard Business Review*, Boston, ano 52, n. 3, p. 113-121, 1974.

VASCONCELLOS, G. F.; VIDAL, J. W. Poder dos trópicos: meditação sobre a alienação energética na cultura brasileira. São Paulo: Casa Amarela, 1998.

Índice

A
Ativo do capital, 19
Ativo do conhecimento, 19

C
Cálculo
　da eficiência de utilização das pessoas, 49
　do índice de multifuncionalidade, 47
　do índice de rendimento operacional global, 35, 44
CCR *ver* Recursos com restrição de capacidade
Circuitos de melhoria contínua do SPP, 186
　circuito 1 – produtividade, 186
　circuito 2 – atendimento, 186
　circuito 3 – *Lead Time*, 187
　circuito 4 – flexibilidade, 187
　circuito 5 – qualidade, 187
　circuito 6 – inovação industrial, 187
Competitividade, dimensões da, 1

D
Descartes, método segundo, 17

E
Estudos de caso de aplicação
　ferramenta capacidade versus demanda (C X D), 151
　método gestão do posto de trabalho (GPT), 93-125

I
Implementação do método de TP, 132
Indicadores do método de TP, 138
Índice de desempenho (μ_2), 40
Índice de disponibilidade (μ_1), 40
Índice de eficiência das pessoas, abordagem conceitual do, 27-61
　cálculo, 49
　gargalos e recursos com restrição de capacidade, 34

histórico, 27
mecanismo da função produção, 32
　função operação, 32
　função processo, 32
Índice de multifuncionalidade, abordagem conceitual do, 27-61
　cálculo, 47
　gargalos e recursos com restrição de capacidade, 34
Índice de qualidade (μ_3), 41
Índice de rendimento operacional global, abordagem conceitual do, 27-61
　cálculo, 35, 44
　　vários postos de trabalho monitorados simultaneamente, 45
　　visão genérica, 44
　exercício numérico para o cálculo do, 55
　　posto de trabalho (fenômeno físico não representado na unidade de tempo), em, 58
　gargalos e recursos com restrição de capacidade, 34
　importância das paradas administrativas no cálculo do, 46
　índices que compõem o, 39
　　índice de desempenho (μ_2), 40
　　índice de disponibilidade (μ_1), 40
　　índice de qualidade (μ_3), 41
IROG *ver* Índice de rendimento operacional global

F
Fatores de produção
　países de primeiro mundo, 11
　realidade brasileira, 11
Ferramenta C x D, gestão da capacidade *versus* demanda, 143-174
　análise crítica, 150
　apresentação, 145

capacidade de produção e os postos de trabalho restritivos, 143
estudos de caso de aplicação, 151
Função operação (Mecanismo da Função Produção), 32
Função processo (Mecanismo da Função Produção), 32

G
Gestão das empresas, método e a, 18
Gestão do posto de trabalho, método de, 63-92
  aspectos gerais, 63
  elementos estruturantes e operacionais, 90
  implementação, 67
  manual, 90
  manutenção e melhoria dos resultados, 80
GPT ver Gestão do posto de trabalho

M
Matriz de responsabilidades, 188
Mecanismo da função produção (MFP), 32
Mercado brasileiro, 1-16
  competitividade, dimensões da, 1
  condições gerais, 5
  fatores de produção
    países de primeiro mundo, 11
    realidade brasileira, 11
  histórico, 1
Mercado mundial, 1-16
  competitividade, dimensões da, 1
  condições gerais, 1
  fatores de produção
    países de primeiro mundo, 11
    realidade brasileira, 11
  histórico, 1
Método, importância do, 17-26
  ativo do conhecimento e o ativo do capital, 19
  gestão das empresas, 18
  método segundo Descartes, 17
  PDCA, 22
Método GPT, estudos de casos de aplicação do, 93-125
  casos práticos de cálculo do índice de rendimento operacional global, 93
    indústria alimentícia
      caso da cooperativa, 118
      caso da máquina embaladora, 93

indústria de medicamentos: implementação do painel de gestão eFact, 108
indústria de mineração: o caso do britador, 99
indústria metalomecânica
  aplicação no setor de prensas, 100
  caso da linha de pintura líquida, 106
  caso do centro de usinagem e torno mecânico, 103
indústria química: o caso do moinho, 96
MFP ver Mecanismo da função produção

P
PDCA, 22

R
Recursos com restrição de capacidade, gargalos e, 34

S
Sistema Produttare de Produção e a inserção dos métodos GPT e TP, 175-191
  análise gerencial de custos nas UENs, 178
  circuitos de melhoria contínua do SPP, 186
    circuito 1 – produtividade, 186
    circuito 2 – atendimento, 186
    circuito 3 – *Lead Time*, 187
    circuito 4 – flexibilidade, 187
    circuito 5 – qualidade, 187
    circuito 6 – inovação industrial, 187
  matriz de responsabilidades, 188
  metodologias de gestão como base conceitual, 181
    sistema Toyota de produção, 181
    teoria das restrições, 183
  unidade estratégica de negócio, 177
Sistema Toyota de produção, 181
SPP ver Sistema Produttare de Produção
STP ver Sistema Toyota de produção

T
Tempos de processamento, método de, 127-141, 129
  implementação, 132
  indicadores, 138
  lógica, 128
TP ver Tempos de processamento